Kohlhammer

Der Autor

Maximilian Gottschlich ist emeritierter Professor für Publizistik- und Kommunikationswissenschaft der Universität Wien. Seine zahlreichen Bücher, Aufsätze und Artikel setzen sich mit der modernen Kommunikationsgesellschaft, der Medien- und Kommunikationsethik, der Problematik des Antisemitismus, dem Verhältnis von Religion, Medien und Gesellschaft sowie der Arzt-Patienten-Kommunikation auseinander. Als Christ mit jüdischen Wurzeln beschäftigt er sich seit vielen Jahren mit Fragen jüdisch-christlicher Verständigung und Spiritualität. Seit Beginn seines Ruhestandes widmet sich Gottschlich wieder vermehrt der abstrakten Malerei.

Maximilian Gottschlich

Bedrohte Humanität

Plädoyer für eine
empathische
Kommunikationskultur

Verlag W. Kohlhammer

Dieses Werk einschließlich aller seiner Teile ist urheberrechtlich geschützt. Jede Verwendung außerhalb der engen Grenzen des Urheberrechts ist ohne Zustimmung des Verlags unzulässig und strafbar. Das gilt insbesondere für Vervielfältigungen, Übersetzungen, Mikroverfilmungen und für die Einspeicherung und Verarbeitung in elektronischen Systemen.

Die Wiedergabe von Warenbezeichnungen, Handelsnamen und sonstigen Kennzeichen in diesem Buch berechtigt nicht zu der Annahme, dass diese von jedermann frei benutzt werden dürfen. Vielmehr kann es sich auch dann um eingetragene Warenzeichen oder sonstige geschützte Kennzeichen handeln, wenn sie nicht eigens als solche gekennzeichnet sind.

Es konnten nicht alle Rechtsinhaber von Abbildungen ermittelt werden. Sollte dem Verlag gegenüber der Nachweis der Rechtsinhaberschaft geführt werden, wird das branchenübliche Honorar nachträglich gezahlt.

Dieses Werk enthält Hinweise/Links zu externen Websites Dritter, auf deren Inhalt der Verlag keinen Einfluss hat und die der Haftung der jeweiligen Seitenanbieter oder -betreiber unterliegen. Zum Zeitpunkt der Verlinkung wurden die externen Websites auf mögliche Rechtsverstöße überprüft und dabei keine Rechtsverletzung festgestellt. Ohne konkrete Hinweise auf eine solche Rechtsverletzung ist eine permanente inhaltliche Kontrolle der verlinkten Seiten nicht zumutbar. Sollten jedoch Rechtsverletzungen bekannt werden, werden die betroffenen externen Links soweit möglich unverzüglich entfernt.

Titelbild: Maximilian Gottschlich, *Blaue Komposition*, Acryl auf Leinwand, 2021 (Foto: Gerd Frühwirth).

Autorenportrait: Manfred Bobrowsky.

1. Auflage 2022

Alle Rechte vorbehalten
© W. Kohlhammer GmbH, Stuttgart
Gesamtherstellung: W. Kohlhammer GmbH, Stuttgart

Print:
ISBN 978-3-17-042657-3

E-Book-Formate:
pdf: ISBN 978-3-17-042658-0
epub: ISBN 978-3-17-042659-7

Inhaltsverzeichnis

Vorwort	9
Einleitung	17

Teil 1 Über Mitgefühl

Vorbemerkung	23
1 Biologisches Programm	**25**
Gespiegelte Gefühle	26
Ohne Du, kein Ich	30
2 Moralische Aufgabe	**33**
Einfühlen und Mitfühlen	34
Solidarität der Verletzbaren	40
3 Politisches Projekt	**48**
Das Gewicht fremden Leids	51
Neue Metaerzählung	57

Inhaltsverzeichnis

4	Therapeutische Kraft	60
Macht des Unglücks		61
Existenzielle Beziehung		63

5	Spirituelle Erfahrung	66
Schöpferisches Potenzial		67
Jüdisch-christliche Markierungen		69

Teil 2 Die Feinde des Mitgefühls

Vorbemerkung	75

6	Hass	78
Destruktives Vorurteil: Antisemitismus und Judenhass		82
Destruktive Ängste		91
Digitaler Hass		101

7	Narzissmus	108
Leitneurose unserer Zeit		109
Frühe Bindungsstörungen		117
Digitale Egomanie		122

8	Gleichgültigkeit	129
Tugend oder Mangel		131
Flucht in die Indifferenz		136
Selbstentfremdung		138

Teil 3 Die Sprache des Mitgefühls

Vorbemerkung	145

9	Verbale Achtsamkeit	157
Schwieriges Terrain		158
Sprachliche Existenz		160
Empathisches Verstehen		170
Kommunikatives Gewissen		179

10	Anteilnehmende Fürsorge	182
Existenzielle Grundbefindlichkeit		183
Partizipative Intersubjektivität		192
Vom Beobachter zum Teilnehmer		195

11	Bewahrte Würde	199
Eine Frage der Achtung		200
Erwartungsfreies Engagement		209

12	Wiederhergestellte Integrität	212
Über andere zum Selbst		217
Soziale Unsichtbarkeit		221

13	Gerechte Kommunikation	226
Asymmetrische Beziehung		229
Intimität und Scham		236

Inhaltsverzeichnis

Epilog

Nur universales Mitgefühl kann uns retten   251

Literaturverzeichnis   258

Vorwort

Während ich diese Zeilen schreibe, im Zentrum Wiens, mit Blick über eine sich friedlich ausbreitende Dachlandschaft, aus der zum Greifen nahe die filigrane Eleganz des Stephansdoms in den Frühsommerhimmel ragt, fallen in nicht allzu weiter Entfernung russische Bomben und Raketen auf ukrainische Städte. Seit 100 Tagen führt Russlands Präsident Wladimir Putin einen Terrorkrieg gegen die Ukraine, die es seiner ideologischen Überzeugung nach als Nation nicht geben darf, und es ist nicht absehbar, wie lange dieser Krieg noch dauern und wie er enden wird. Derzeit konzentriert sich die russisch Armee auf die Eroberung der östlichen Region der Ukraine, den heißumkämpften Donbass, und betreibt mithilfe ihrer Artillerie und dem Bombardement durch die Luftwaffe eine Strategie der »Entvölkerung« und der »Auslöschung der Zivilisation«, wie es Deutschlands Außenministerin Annalena Baerbock formulierte.

Seit dem denkwürdigen 24. Februar 2022 ist die Welt eine andere geworden. Was in den Jahrzehnten der Entspannung zwischen Ost und West unvorstellbar schien, ist plötzlich bittere Realität geworden: Krieg in Europa. Tagtäglich erschüttern Nachrichten und Bilder des Grauens Europa und die westliche Welt. Wohngebäude, Spitäler, Altenheime, Theater, Schulen, Kindergärten, ja selbst Geburtskliniken werden dem Erdboden gleich gemacht. Männer, Frauen und Kinder sterben im Granat- und Kugelhagel einer Invasionsarmee, die zwischen militärischen Anlagen und ziviler Infrastruktur, zwischen Soldaten und Zivilisten keinen Unterschied macht. Mittlerweile sind Millionen Menschen, vorwiegend Mütter mit ihren Kindern, auf der Flucht, während die wehrdienstfähigen Männer zurückbleiben, um ihr Land gegen die Usurpatoren zu verteidigen. Wer sich nicht rechtzeitig in Sicherheit bringen kann, ist der Willkür und Barbarei der russischen Besatzer ausgesetzt, den

Vorwort

Vergewaltigungen, Morden, Plünderungen und Verwüstungen. Dort, wo die russische Soldateska wütete, pflastern Leichen ziviler Opfer russischer Massaker die Straßen und Plätze. Immer mehr Massengräber ermordeter Zivilisten werden gefunden. Nach dem Rückzug russischer Einheiten dokumentieren Vertreter internationaler Organisationen, Forensiker und andere Experten die Gräueltaten der Besatzer. Bisher konnten an die 15.000 Kriegsverbrechen dokumentiert werden – und das ist erst der Anfang der Bilanz des Schreckens. Inzwischen werden gegen die für diese Verbrechen unmittelbar Verantwortlichen und auch gegen Putin sowie seinen engsten Beraterkreis vom Internationalen Gerichtshof in Den Haag Anklagen wegen Kriegsverbrechen und Völkermordes vorbereitet. Europa und das westliche Verteidigungsbündnis, die Nato, befinden sich in anhaltendem Alarmzustand. Angesichts der durch den Ukrainekrieg veränderten geopolitischen Lage beginnt die EU, ihre Sicherheitsarchitektur neu zu entwerfen. In einem ersten Schritt wird die Nato-Ostflanke militärisch aufgerüstet, während die bis dahin bündnisfreien Staaten Finnland und Schweden vor ihrer Aufnahme in die Nato stehen. Von Tag zu Tag eskaliert die Situation. Die westliche Unterstützung der ukrainischen Armee mit modernen Waffensystemen, die eine effiziente Verteidigung möglich machen sollen, wird von der Sorge begleitet, ob die russische Invasionsarmee bei ihrem Eroberungsfeldzug nicht auch chemische, biologische oder gar atomare Waffen zum Einsatz bringen wird, um die Ukraine zur Kapitulation zu zwingen. In den EU-Staaten wächst die Angst vor einer atomaren Eskalation und einer Ausweitung des Krieges.

Zugleich erhält das Bild europäischer Einheit und Geschlossenheit in der Ächtung des russischen Eroberungskriegs erste Risse. Die anfänglich nahezu überbordende Hilfsbereitschaft und empathische Solidarität weichen inzwischen wachsendem nationalem Eigeninteresse. Denn die umfänglichen Boykottmaßnahmen der EU gegen Russland bleiben auch für die europäischen Staaten nicht ohne spürbare Folgen: Rasant steigende Energiekosten treiben die Preise in die Höhe, für breite Kreise der Gesellschaft wird der gewohnte Lebensstandard immer weniger leistbar. Haushalte mit niedrigerem Einkommen sind davon besonders betroffen und lassen überall in der EU den Ruf nach staatlichen Unterstützungsmaßnahmen laut werden. Dass das Embargo des Westens zwar Putin und seiner Entourage schadet, aber auch Europa in wirtschaftliche, insbesondere energiepolitische Schwierigkeiten stürzt, wurde zwar vorhergesehen, macht sich aber erst jetzt schmerzlich bemerkbar. Solidarität ist ein hoher humanitärer und politischer Wert, sie hat aber auch ihren Preis, den immer weniger Menschen im Westen zu zahlen bereit sind, je länger der Krieg dauert und je ungewisser sein Ausgang ist. Und so stellt sich die Frage, wie lange dieses blau-gelbe Band der Solidarität Europas und der USA mit dem um seine Freiheit, Souveränität und territoriale Integrität kämpfenden ukrainischen Volk der Zerreißprobe standhalten wird, wenn die ökonomischen Belastungen und die Sorge vor einem Dritten Weltkrieg zunehmen?

Ich habe dieses Buch knapp vor der russischen Invasion fertiggestellt. Und auch der gewählte Titel *Bedrohte Humanität* stand fest, noch bevor sich die Szenen eines »postapokalyptischen Schlachtfelds«[1] in unser Bewusstsein einbrannten, noch bevor Butscha und Kramatorsk zum schrecklichen Symbol für das Monströse geworden sind, das Menschen anderen Menschen antun können. Schon wenige Wochen nach Kriegsbeginn machte der Bürgermeister von Kiew, Vitali Klitschko, in einem Appell an die Führer der Weltreligionen deutlich, dass in diesem Vernichtungsfeldzug der Begriff der Humanität außer Kraft gesetzt werde. Kein Tag des Kriegs vergeht, an dem sich diese bittere Einsicht nicht auf immer neue, immer perversere Art bestätigte.

Aber die Humanität wird nicht erst durch entfesselte kriegerischer Gewalt, durch Verbrechen gegen die Menschlichkeit und durch Völkermord außer Kraft gesetzt. Sie ist schon wesentlich niederschwelliger in Gefahr, verwässert, missachtet oder über-

---

1 Simone Brunner: Zuerst Butscha, dann Putin. In: Die Zeit, Nr. 16 vom 13.04.2022, S. 19.

haupt zum Verlöschen gebracht zu werden. Die langsame Erosion der Humanität vollzieht sich in unseren alltäglichen sozialen Beziehungen – überall dort, wo die für unsere persönliche und soziale Entwicklung unverzichtbare Emotion des Mitgefühls unterdrückt, missachtet oder ganz zum Verschwinden gebracht wird. Wo es an Mitgefühl mangelt, dort ist die Unmenschlichkeit nicht weit. Unsere Humanität hängt nicht an unseren intellektuellen Fähigkeiten und Leistungen, nicht am wissenschaftlichen und technologischen Fortschritt, sondern an unserer Fähigkeit zum Mitgefühl. Das Mitgefühl ist das Zentrum der Menschlichkeit. Sich auf einen anderen, seine Situation und sein Schicksal ganz einzulassen, ist ein kommunikativer Akt, der besondere Achtsamkeit für die Person und auch besondere Aufmerksamkeit für die Sprache erfordert. Sprache ist mehr als ein bloßes Instrument des Informationsaustausches oder der Verständigung. Sprache kann viel mehr. Sie kann Wunden schlagen, vermag aber auch, in Gestalt des mitfühlenden Wortes geschlagene Wunden zu heilen. Es ist gerade dieses Thema des heilstiftenden Potenzials der Sprache, das mich seit vielen Jahren beschäftigt. In meinen Publikationen zur Problematik defizitärer Arzt-Patienten-Beziehungen habe ich zu zeigen versucht, dass empathische Kommunikation in der Medizin nicht nur eine ethische Verpflichtung ist, sondern dass das mitfühlende ärztliche Wort unmittelbaren und empirisch nachweisbaren positiven Effekt auf das Heilungsgeschehen hat. Mitfühlende kommunikative Praxis ist also auch eine therapeutische Notwendigkeit.

In diesem Buch nun lege ich eine breitere Perspektive an: Nicht nur die Medizin, sondern die Gesellschaft insgesamt bedarf einer neuen empathischen Kommunikationskultur, will sie nicht ihren humanitären Anspruch verlieren. Das ist eine Herausforderung, die nicht von heute auf morgen zu bewältigen ist, sondern die an die gesellschaftlichen Institutionen – allen voran Pädagogik, Bildung, Politik, Kunst und Kultur – ja, die primär an jeden von uns gerichtet ist. Mitgefühl kann nicht von oben herab verordnet werden, es kann nur als Prinzip unserer sprachlich vermittelten sozialen Beziehungen gelebt und solcherart eingeübt werden. Die Ausgangslage für eine solche empathische Kulturrevolution ist allerdings, das muss man nüchtern sehen, nicht gerade ermutigend. Denn das Mitgefühl hat mächtige Gegenspieler: allen voran die negativen und destruktiven Emotionen Hass, Narzissmus und Gleichgültigkeit. Sie sind Symptome eines gesellschaftlichen Entfremdungsprozesses, der unweigerlich in die Inhumanität führt. Es stellt sich daher die dringliche Frage, wie wir das Mitgefühl inmitten tiefgreifender gesellschaftlicher und technologischer Umbrüche als humane Grundhaltung bewahren und fördern können. Die Antwort, die ich in diesem Buch zu geben versuche: Es sind vor allem unsere kommunikativen Beziehungen, die wir zum fruchtbaren Boden einer neuen Kultur des Mitgefühls machen müssen. Wie dies geschehen kann, welche besonderen Ansprüche eine Sprache empathischer Empfindsamkeit erfüllt und an welchen kommunikationsethischen Maßstäben sie sich bemisst – damit setzt sich dieses Plädoyer zur Rettung des Mitgefühls in einer zunehmend empathielosen Gesellschaft auseinander.

Viele Einsichten und Überlegungen dieses Buches verdanke ich besonders jenen Begegnungen und Gesprächen, in denen mir die eigenen Mängel im kommunikativen Umgang mit anderen deutlich vor Augen geführt wurden. Scheiternde Gespräche sind immer eine vergebene Chance. Aber wir alle lernen aus unseren Fehlern. Der große Martin Buber schrieb einmal in seiner Dialogphilosophie:

»Mein Du wirkt an mir, wie ich an ihm wirke. Unsere Schüler bilden uns, unsere Werke bauen uns auf [...], wie werden wir von unseren Kindern, wie von Tieren erzogen! Unerforschlich einbegriffen leben wir in der strömenden All-Gegenwärtigkeit«.[2]

In diesem Sinne danke ich meinen Kindern Max, Markus, Theresa und Elias für ihre Liebe und Geduld und oft genug auch für ihre Nachsicht mit dem Vater, wenn er seinen eigenen »gepredigten«

---

2 Martin Buber: Das dialogische Prinzip. Gütersloh: Gütersloher Verlagshaus 2009[11], S. 19 f.

kommunikativen Ansprüchen nicht gerecht wird. Dass sie nie aufgehört haben, mich an ihrem Leben und ihrer Entwicklung Anteil nehmen zu lassen, ist ein besonderes Geschenk. Meiner langjährigen Lebensgefährtin, Muse und Ärztin, Ingrid Wernhart, danke ich nicht nur für ihre unermüdliche Sorge um mein gesundheitliches und emotional-seelisches Wohlergehen, sondern auch für die vielen wertvolle Erfahrungen empathischer Beziehungspraxis, die ich an ihrer Seite auf unserem gemeinsamen Weg durch die Wechselfälle des Lebens mit all' den Höhen und Tiefen machen durfte. Wie schon bei früheren Publikationen, begleitete auch diesmal wieder ihre gleichermaßen liebevolle wie unbestechliche, jedenfalls immer inspirierende Kritik den Entstehungsprozess dieses Buches. Meinem ältesten Sohn Max bin ich für seine sachkundigen philosophischen Einlassungen, wertvollen Anregungen und bereichernden Gespräche dankbar. Meine Tochter Theresa stand mir, wie schon so oft bei Texten und früheren Büchern, auch diesmal wieder hilfreich und geduldig bei der Bewältigung so mancher überraschungsreicher Eigenheiten und Raffinessen meines Computers zur Seite. Besonderer Dank gilt Peter Kritzinger, der maßgeblich dafür sorgte, dass dieses Buch in das Verlagsprogramm von Kohlhammer aufgenommen wurde. Bei Julius Alves bedanke ich mich herzlich dafür, dass er das Manuskript mit so großer Sorgfalt und Umsicht lektorierte.

Widmen möchte ich dieses Buch dem Andenken dreier Menschen, ohne deren empathisches Engagement es meine gesamte Familie, einschließlich meiner Person, nicht gäbe. Die Geschichte geht weit zurück in die Vergangenheit: Wien im Februar oder März des Jahres 1923. Eine verzweifelte junge Frau, ihr Name ist Grete Bugram, sie stammt aus Oberösterreich und arbeitet als Dienstmädchen in Wien, ist in einem westlichen Wiener Außenbezirk unterwegs. In ihren Armen ein Neugeborenes, eingehüllt in eine Decke. Eine zufällig vorbeikommende Passantin sieht sie an, bleibt stehen und fragt unvermittelt im breiten Wiener Dialekt: »Warum schau'ns denn so? Wollen's gar das Kind'l da weggeben?« Die junge Frau erzählt von ihrem Schicksal, dass das Kind unehelich geboren wurde, der Vater aber nichts davon wissen wolle, dass der Säugling, ein Mädchen, viel zu früh auf die Welt gekommen sei und sie nicht wisse, wie sie das Neugeborene mit knapp mehr als zwei Kilo am Leben erhalten könne. Spontan fordert die Unbekannte die unglückliche junge Frau auf, mitzukommen – sie kenne nicht weit von hier ein Ehepaar, das kinderlos geblieben sei und das Baby vielleicht in Pflege nehmen könne. Dieses Ehepaar, Barbara und Martin Hamernik, lebt in einer Hausmeisterwohnung bestehend aus Küche und kleinem Kabinett in den sogenannten Bahnhäusern unweit der Trasse der Westbahnstrecke. Die Hamerniks hören sich die Geschichte der jungen Mutter an und willigen kurzentschlossen ein, das Kind in Pflege zu nehmen, obwohl sie beim auffällig unterernährten Zustand des Winzlings stark daran zweifeln, ob es überhaupt überleben werde können. Weil der Säugling keinerlei Nahrung bei sich behält, ist er auch mehr zum Sterben als zum Leben. Die Armut im Wien der 1920er Jahre ist groß, es mangelt überall an Nahrung und Heizmaterial. Die Hamerniks pachten zu dieser Zeit unterhalb der Bahntrasse einen kleinen Schrebergarten, in dem sie etwas Gemüse anpflanzen. Und weil das Baby, das sie nun in Pflege haben, außer Kakao, der lediglich mit Wasser angerührt wurde, nichts anderes verträgt, kommen sie auf die Idee, es mit Ziegenmilch zu probieren. Irgendwie gelingt es ihnen, eine Ziege zu besorgen und im Schrebergarten zu halten. Und wirklich: Die Ziegenmilch bringt die Wende und sichert dem Säugling das Überleben. Das Baby ist auf den Namen Cäcilia getauft und wird von den Hamerniks liebevoll Lilli gerufen. Cäcilia war meine Mutter, die nach einem erfüllten Leben im hohen Alter von 86 Jahren starb.

Ohne diese drei Menschen, die sich von der Not eines anderen Menschen berühren ließen, ihrer Intuition folgten und beherzt handelten, wäre alles ganz anders gekommen. Ich habe den Namen dieser großen Unbekannten, die den Kontakt zu den Pflegeeltern meiner Mutter herstellte, leider nie erfragt, als noch Zeit dazu gewesen wäre. Barbara und Martin Hamernik haben mich liebevoll durch meine Kindheit und Jugend hindurch begleitet – ich wünschte, ich hätte ihnen schon Zeit ihres Leben die Anerkennung und Wertschätzung entgegengebracht, die sie verdient haben.

Postscriptum: Grete Bugram, meine Großmutter, wanderte im Zweiten Weltkrieg nach England aus, wo sie in einem Londoner Spital als Krankenschwester arbeitete. Später übersiedelte sie nach Cork in Irland, heiratete und verbrachte dort einige Jahre mit ihrem Mann, Jim Murphy, bevor beide schließlich in die USA emigrierten und bis zu ihrem Tod in der kleinen Stadt Poughkeepsie im Bundesstaat New York lebten. Grete blieb ohne weitere Kinder.

Wien, Pfingsten 2022 und Schawuot 5782   Maximilian Gottschlich

Einleitung

Mitgefühl ist zur kostbaren Ressource geworden, die zwar die boomende Branche der Psychotherapeuten, aber immer seltener unsere zwischenmenschlichen Beziehungen bereichert. Unser zunehmend automatisierter Alltag ist empathiearm geworden. Je mehr wir dem Diktat des Digitalen ausgeliefert sind, uns von algorithmusgesteuerten Computerprogrammen bestimmen lassen und unser Denken der Logik der Systeme Künstlicher Intelligenz angleichen, desto dringlicher stellt sich die Frage nach dem, was uns noch von selbstlernenden Maschinen unterscheidet und als Menschen auszeichnet. Dazu gehört in erster Linie unsere emotionale und soziale Kompetenz, allen voran die Fähigkeit zum Mitgefühl. Wenn wir das Mitgefühl verlieren, verlieren wir unsere Menschlichkeit. Dann verwandeln wir uns zu roboterhaften Humanoiden. Mitgefühl ist das eigentlich *Menschliche im Menschen*, das Herzstück unserer Humanität. Aber dieses Herzstück schwächelt zunehmend, seine lebenserhaltende Kraft droht zu erlahmen. Seit Langem schon beobachten Soziologen eine zunehmende »Vereisung des sozialen Klimas« und ein zunehmend »verrohendes Bürgertum« (W. Heitmeyer). Die brennenden Krisen unserer Tage spalten die Gesellschaft, rufen kollektive Ohnmachtsgefühle und Bedrohungsängste hervor und befeuern autoritäre Einstellungen, Wut, Empörung und Hass. Nicht nur die Corona-Pandemie macht uns schmerzlich bewusst: Wir sind verwundbarer als wir es für möglich hielten. Der »verzweifelte Zustand unserer Welt« (Dalai Lama) ist ein Stresstest für die Widerstandskraft unseres demokratischen Bewusstseins gegen die wachsende autoritäre Versuchung und Radikalisierung in vielen westlichen Gesellschaften. Zugleich ist er auch der Prüfstein für unsere moralische und emotionale Sensibilität.

Ist die Zeitenwende, die wir erleben, eine Wende zur empathielosen Gesellschaft? Die Alarmsignale sind unüberhörbar: Wie ein Flächenbrand verbreiten sich Hass und eine Sprache rassistischer, antisemitischer und sexistischer Gewalt in den sozialen Netzwerken, vergiften die private wie auch öffentliche Kommunikation und hinterlassen weithin Ratlosigkeit, wie dem wachsenden Übel der Hasskriminalität beizukommen wäre. Nicht weniger alarmierend sind die diagnostischen Hinweise auf eine sich ausbreitende narzisstische Egomanie. Narzissmus gilt inzwischen als internetaffine *Leitneurose* unserer Zeit. Narzissmus steht der Fähigkeit entgegen, tiefe und echte Beziehungen einzugehen und am Schicksal anderer uneigennützig Anteil zu nehmen. Dazu kommt eine dritte Kraft, die das empathische Vermögen lähmt: wachsende Gleichgültigkeit – Gleichgültigkeit und Indifferenz oftmals nicht trotz, sondern wegen eines Übermaßes an Information. Die Kluft zwischen den globalen und dringend lösungsbedürftigen Problemen und einer sich ausbreitenden Haltung »globaler Gleichgültigkeit« (Papst Franziskus) wird immer größer statt kleiner. Viele Menschen fühlen sich durch die anschwellende Flut an Informationen kognitiv und emotional überfordert und schalten einfach ab. Geht in der postfaktischen Epoche des omnipräsenten Einflusses sozialer Medien nicht nur die Wahrheit verloren, sondern auch das Mitgefühl? Verlieren wir das Mitgefühl, verlieren wir alles, was uns als Menschen und als reife Gesellschaft auszeichnet.

Wie also lässt sich eine so notwendige neue Kultur des Mitgefühls inmitten des *digital turns* der modernen Kommunikationsgesellschaft etablieren? Und auf welche Weise könnte sie gegen Hass, Narzissmus und Gleichgültigkeit immunisieren? Die Antwort, die ich in diesem Buch zu geben versuche: Der Weg zu einer neuen Kultur des Mitgefühls führt über unsere Sprache. Denn Mitgefühl entfaltet sich primär in unseren sprachlich vermittelten sozialen Beziehungen, in unserem Sprechen, das Anteil nimmt an der Person und dem Leben des anderen, in jedem Wort, in dem sich der andere in seinen Sorgen und Nöten ernst genommen und verstanden fühlt. Wenn das Mitgefühl nicht in unserer mitfühlenden Sprache ist, wo dann sollte es sein? Die Sprache empathischer Empfindsamkeit folgt anderen Prinzipien als unsere meist auf

Funktionalität, Effizienz und Durchsetzung von Interessen aller Art orientierte Kommunikation. Ich versuche in diesem Buch einige dieser mir zentral erscheinenden Prinzipien zu beschreiben und zu begründen, warum sie für empathische Beziehungen unverzichtbar sind. Nicht immer geht es dabei um kommunikative Zuwendung zu Menschen, die von Schicksalsschlägen betroffen sind, um Krankheit, Kummer, Not und Sorge. Aber dort, wo es um diese existenziellen Grenzerfahrungen geht, wo ein anderer – sei er uns nahe oder auch fern – des tröstenden Zuspruchs, der anteilnehmenden Fürsorge oder auch nur des schweigenden, aber aktiven Zuhörens bedarf, dort ist in besonderer Weise unser Sprechen, unsere Sprache der Empfindsamkeit gefordert. Das ist keine Frage sprachlicher Techniken oder rhetorischer Finesse – die Sprache empathischer Empfindsamkeit gleich eher einer Kunst. In der Sprache des Mitgefühls geht es nicht um die Darstellung oder Mitteilung von Sachverhalten, nicht um Artikulation von Interessen, auch nicht um Argumentation oder gar um Überredung. Die Sprache empathischer Empfindsamkeit ist eine Sprache, in der nichts verhandelt wird, die nicht im Dienst irgendwelcher Interessen oder Erwartungen steht, in der es nichts durchzusetzen gilt, in der es auch nicht um Wahrheit oder Richtigkeit geht. Nichts davon macht das Eigentliche empathischer Intersubjektivität aus. In jeder Frage, wie es einem anderen geht oder was ihn quält, ist sowohl eine Stellungnahme als auch ein unausgesprochenes Versprechen enthalten: Ich habe Dich und Deine Not wahrgenommen – als wahr angenommen; Dein Schicksal ist mir nicht gleichgültig, ich ignoriere es nicht, sondern wende mich Dir in der Absicht zu, Dir zu helfen. Dort, wo mit der empathischen Zuwendung zugleich die innere Bereitschaft gegeben ist, zu helfen, für den anderen da zu sein – dort ist empathisches Sprechen mehr als bloß Rhetorik.

Angesichts eines unendlichen, nie versiegenden Stroms des Unglücks und Leids, mit dem wir tagtäglich konfrontiert sind, laufen Mitleid und Mitgefühl Gefahr, abzustumpfen und über das Niveau flüchtiger und austauschbarer Affekte nicht hinauszukommen. An diesem Prozess der Unterminierung des Mitgefühls zugunsten schnell wechselnder Affekte haben die sozialen Medien erheblichen Anteil. Ich werde im weiteren Verlauf des Buches zeigen, inwiefern das Digitale im Allgemeinen und die sozialen Medien im Speziellen systematisch unsere Fähigkeit zum Mitgefühl untergraben. Der bloße Affekt begründet noch kein Mitgefühl im eigentlichen Sinne. Affekte sind kurzfristige, anlassbezogene, steuer- und manipulierbare Gefühlsregungen, mit denen etwa Politik, Wirtschaft und Medien Aufmerksamkeit herstellen. Das Internet und mit ihm die sozialen Medien sind ausgesprochene Affektmedien, die Gefühlsregungen und Stimmungen unterschiedlichster Art mobilisieren – Empörung, Wut, Hass, Angst, Neugier, Begehren und eben auch Mitgefühl. Wir haben keinen Mangel an Affekten. Wir haben aber einen Mangel an echtem Mitgefühl, wobei ich unter echtem Mitgefühl eine Grundhaltung wohlwollender Interessiertheit an anderen verstehe. Mitgefühl ist, so betrachtet, ein moralisches Gefühl, eine Tugend oder Einstellung, die – im Unterschied zum bloßen Affekt – der steten Einübung bedarf. Die Tugend des Mitgefühls ist keine kurzfristig aufflackernde Stichflamme, die in dem Moment erlischt, in dem ihr der Sauerstoff oder das Brennmaterial entzogen wird. Wir müssen, mahnt der Dalai Lama, »die grundlegenden Sichtweisen verändern, auf denen unsere Gefühle beruhen [...]. Jeder von uns ist dafür verantwortlich, dass wir versuchen auf der tieferen Ebene unseres gemeinsamen Menschseins hilfreich zu handeln.«[3] Das ist ein moralischer Anspruch, der weit über spontane Affektreaktionen hinausgeht. Wie wir diesen Anspruch in unseren alltäglichen sozialen Beziehungen einlösen können und wie sehr es dabei auf unsere Sprache ankommt – das ist Thema dieses Buches.

---

3 Dalai Lama: Empathie. Es fängt bei dir an und kann die Welt verändern. Freiburg im Breisgau: Herder 2017, S. 21 f.

Teil 1

Über Mitgefühl

Vorbemerkung

>»Doch das Mitgefühl ist die in uns eingebaute Schranke zum Unmenschlichen. Mit seiner Unterdrückung und Verzerrung ist die Geschichte unserer Zivilisation nicht nur verflochten, sie ist ihr Fundament.«
>(Arno Gruen)

>»Du bist der andere meiner Selbst«
>(Karl Löwith)

Wir brauchen Mitgefühl zum Leben und zum Überleben. Mitgefühl ist ein menschliches Grundbedürfnis und die Basis unseres sozialen Zusammenlebens. Unsere gesamte psychische, intellektuelle und soziale Entwicklung ist unabdingbar an die Erfahrung mitfühlender Zuwendung gebunden. Häufig jedoch bleibt dieses Bedürfnis ungestillt. Wir sind zwar durch allerlei smarte Kommunikationstechnologien engmaschig miteinander vernetzt, aber wir sind einander nicht nahe. Im Gegenteil: Unterhalb der Oberfläche einer laut tönenden Kommunikationsgesellschaft kommt es zu einem unheimlichen Verstummen, wenn es um die eigentlichen, die Menschen berührenden existenziellen Fragen geht. Da ist vielfach niemand da, der Trost und Halt in schwierigen Phasen unseres Lebens gibt. Wo es an mitfühlenden Worten und Gesten empathischer Zuwendung mangelt, dort wachsen Einsamkeit und seelische Not. Umgekehrt wissen wir aber auch: Nichts vermag seelische Verletzungen besser zu heilen als die Begegnung mit wahrhaft empathischen Menschen, die an dem, was uns quält, bedrückt und ängstigt, Anteil nehmen. Aber da ist immer seltener jemand, der uns seine Aufmerksamkeit schenkt und zuhören möchte. Vielfach stehen wir im Bann unserer eigenen Probleme und wollen gar nicht so genau wissen, wie es dem anderen, dem wir begegnen, wirklich geht. Daher

Teil 1 Über Mitgefühl

scheuen wir oftmals davor zurück, uns allzu intensiv in die Lebens- und vielleicht auch Leidensgeschichte anderer, uns nicht so nahestehender Personen involvieren zu lassen.

Im Folgenden werde ich die, für unser Mensch-Sein so wichtige, ja unverzichtbare Emotion des Mitgefühls aus fünf unterschiedlichen, aber einander wechselseitig bedingenden Perspektiven beleuchten.

1

Biologisches Programm

Der Mensch ist von Natur aus zum Mitgefühl befähigt. Damit er sich aber auch tatsächlich zum mitfühlenden Wesen entwickeln kann, müssen bestimmte Voraussetzungen erfüllt sein. Wie alle anderen emotionalen und kognitiven Fähigkeiten, die den Menschen auszeichnen, bedarf auch das Mitgefühl zu seiner Entfaltung kontinuierlicher Impulse und Anregungen aus dem unmittelbaren sozialen Umfeld des Individuums. Es ist das frühkindliche Erleben positiver, emotionaler und mitfühlender Beziehungen zu den engsten Bezugspersonen – in der Regel den Eltern –, die zur Grundlage dafür werden, dass das Individuum später selbst zu einer mitfühlenden Persönlichkeit reifen kann. Die moderne Gehirnforschung zeigt, dass sowohl die frühkindliche emotionale Entwicklung als auch die schrittweise Selbstwerdung des Menschen eine neurobiologische Basis in Gestalt neuronaler Netzwerke haben. Damit sich diese Nervennetzwerke entfalten können, bedürfen sie der ständigen Anregung von außen, also der kontinuierlichen Interaktion und Kommunikation mit der Umwelt. Fehlen diese Kommunikationsangebote, dann bleiben sie mangels anregender Informationen unterversorgt und verkümmern.

Gespiegelte Gefühle

In der »neuronalen Architektur« des Menschen spielt das System der Spiegelneuronen eine besondere Rolle.[1] Aufgabe dieser Art von Nervenzellen ist es, beobachtbare Körpersignale oder Handlungen im Gehirn des Beobachters zu simulieren und nachzubilden. Das Gehirn »spiegelt« gleichsam beobachtbare Handlungen oder den körpersprachlichen Ausdruck anderer Menschen. Spiegelneuronen »lesen« Körpersignale und sorgen dafür, dass im Empfänger von Körpersignalen eine Resonanz ausgelöst wird, die denjenigen Gefühlszustand widerspiegelt, der im Sender vorhanden war.[2]

Diese Spiegelsysteme im Gehirn des Menschen sind die neurobiologische Basis für die emotionale Entwicklung des Menschen, für das intuitive Wissen, den Austausch von Emotionen und Empfindungen, die sich in der Körpersprache manifestieren. Spiegelneuronen sorgen dafür, dass beobachtbare Handlungen im Gehirn des Beobachters mitvollzogen werden. Wenn sich Menschen im Laufe ihrer Entwicklung an den verschiedensten Vorbildern orientieren, ihnen nacheifern, sie imitieren, dann lernen sie am Modell. Dieses Lernen am Modell lässt sich an der Wirkung sogenannter

---

1 Vgl. Joachim Bauer: Wie wir werden, wer wir sind. Die Entstehung des menschlichen Selbst durch Resonanz. München: Blessing 2019².
2 Vgl. ebd., S. 85.

Influencer in den sozialen Medien als massentaugliches Phänomen gut beobachten. Es hat seine neuronale Grundlage im System der Spiegelneuronen. Die Spiegelung ist dabei wechselseitig, ein Vorgang wechselseitiger Repräsentation des einen im anderen. Jeder der Partner entwirft in sich ein mentales Bild des jeweils anderen, an dem er sich in seinem Kommunikationsverhalten orientiert. Bevor zwei Menschen, die einander begegnen, ein mehr oder minder wortreiches Gespräch beginnen, deuten sie einander auf Basis körpersprachlicher Zeichen, die sie wechselseitig interpretieren und die mitentscheidend dafür sind, ob ein Gespräch stattfindet und wenn ja, welche Richtung ihm gegeben wird. Diese wechselseitige Spiegelung nonverbaler Körpersignale führt zu einem ersten intuitiven Verständnis des jeweils anderen. Die sozialen Neurowissenschaften haben mit bildgebenden Verfahren herausgefunden, dass das Gehirn von jemand, der beobachtet, dass ein anderer Schmerz empfindet, so reagiert, als würde er selbst unter Schmerzen leiden. Das dafür zuständige Gehirnareal, die vordere Insula, zeigt nicht nur bei eigenem, sondern auch bei beobachtetem Schmerz entsprechende Aktivität. Der beobachtete Ausdruck des Schmerzes wird im Beobachter dank der Spiegelnervenzellen nachempfunden. Sie sind die neurobiologische Basis von Empathie. Spiegelnervenzellen sind Teil eines neurobiologischen Resonanzsystems, das dazu verhilft, dass der Mensch auf dem Weg von Resonanzreaktionen seine Um- und Mitwelt und damit auch sich selbst zu deuten lernt.

Alles beginnt mit diesem intuitiven Erschließen der Umgebung und der engsten Bezugspersonen mithilfe von Resonanzen. Resonanzreaktionen sind die Grundform kommunikativer Beziehungen. Bereits von den ersten Lebenstagen an tritt der Säugling in intensive, nonverbale Interaktion mit den Menschen, die ihm am nächsten sind. Schon unmittelbar nach der Geburt findet ein »Tanz der Augen« zwischen Mutter und Kind statt. In diesem intimen Interaktionsprozess, in dem der Säugling die freudigen Augenreaktionen, die Mimik, Gestik und liebevolle Stimme der Mutter zu lesen lernt, bahnt sich die Mutter-Kind-Bindung an. Untersuchungen zeigen, dass zwölf Tage alte Säuglinge bereits differenziert auf den emotionalen Gesichtsausdruck Erwachsener reagieren können.[3] Das Lächeln des Kindes wird mit einem Lächeln der Eltern beantwortet. Diese frühen Formen der Interaktion und Kommunikation des Kleinkindes mit seiner engsten sozialen Umwelt beruhen auf intuitiven Spiegelresonanzen. Sie lassen die Mutter oder den Vater spüren, wie es dem Kind geht, ob es sich wohl oder unwohl fühlt, zufrieden oder unzufrieden ist. Umgekehrt liest schon das Kleinkind in den nonverbalen Ausdrücken der Mimik und Gestik, auch in der Tonalität der Sprache, wie sein eigenes Verhalten auf die Eltern wirkt. Zunächst ist es ausschließlich die Körpersprache und die von ihr ausgehenden Spiegelresonanzen, über die sich das Kind auf vorsprachliche, nonverbale Weise mit seiner Mitwelt verständigt. Schon in den ersten beiden Lebensjahren bildet sich die Basis für die Fähigkeit zum intuitiven Verstehen anderer, die uns durch unser ganzes Leben hindurch begleiten wird und die in unseren späteren Entscheidungsprozessen eine nicht unerhebliche Rolle spielt.

Über diese frühe Erfahrung lernt das Kleinkind, Emotionen wahrzunehmen und zu unterscheiden. Fehlt diese Resonanz der Umwelt, kann sich kein Spiegelsystem ausbilden. Die Folge: Dem Kind fehlt die Orientierung, die es zunächst nur durch Resonanz durch seine Umwelt, in der Regel durch seine Eltern gewinnen kann. Wenn diese frühkindliche Interaktionsbereitschaft auf keine oder nur ungenügende Resonanz stößt, keine den Erwartungen und Bedürfnissen des Säuglings adäquate Reaktion seitens seiner nächsten Bezugspersonen erfolgt, dann reagiert der Säugling entweder verzweifelt oder gar mit Apathie. Menschen, die als Kind in ihrer emotionalen Befindlichkeit wenig gespiegelt wurden, können später ihr eigenes emotionales Empfinden – wie etwa Mitgefühl – nicht ausreichend differenziert entwickeln. Sie selbst sind dann auch wenig resonanzfähig und haben Schwierigkeiten, sich in an-

---

[3] Vgl. Arno Gruen: Der Verlust des Mitgefühls. Über die Politik der Gleichgültigkeit. München: dtv 1998², S. 68 f.

dere Menschen einzufühlen. Der Mangel an positiver emotionalen Resonanzerfahrungen im frühen Kindesalter kann dazu führen, dass in späteren Jahren die neurobiologischen Programme fehlen, die dafür verantwortlich sind, dass die Gefühle, die bei anderen wahrgenommen werden, spontan und unwillkürlich rekonstruiert werden können. Sind diese neuronalen Systeme der Spiegelnervenzellen mangels positiver, mitfühlender Interaktionserfahrungen in der frühen Kindheit nicht ausreichend entwickelt, dann bleibt auch die Fähigkeit zum Mitgefühl unterentwickelt. Diese Menschen tun sich damit schwer, Mitgefühl zu empfinden und zu zeigen.[4]

Ihnen fehlt gleichsam die notwendige Software, das neuronale Empathie-Programm, das in empathischen Interaktionsbeziehungen von früh auf gebildet wird und mit der Entwicklung des Kindes und der Qualität der Interaktionsbeziehungen mit seiner sozialen Umwelt mitwächst. Herrscht ein Mangel an solchen positiven Interaktions- und Kommunikationsbeziehungen vor, dann wirkt sich das nachteilig auf die emotionale Entwicklung des heranwachsenden Menschen aus. Das Verabsäumte kann später nicht mehr aufgeholt werden und führt oftmals zu bleibenden psychischen Schäden. Emotionale Defizite, die durch die schmerzliche Erfahrung des Mangels an liebevoller Zuwendung und positiver emotionaler Resonanz entstehen, werden dann nicht selten – so sie nicht therapeutisch aufgearbeitet werden – durch allerlei Ersatzhandlungen kompensiert. Dazu zählen neben Drogen und Alkohol eine übermäßige Erfolgs- oder Konsumfixierung oder auch die Flucht in die verschiedensten Angebote der Unterhaltungsindustrie.

---

4 Vgl. Joachim Bauer: Warum ich fühle, was du fühlst. Intuitive Kommunikation und das Geheimnis der Spiegelneurone. München: Heyne 2006[5], S. 51 und S. 127. Vgl. auch: Maximilian Gottschlich: Medizin und Mitgefühl. Die heilsame Kraft empathischer Kommunikation. Wien/Köln/Weimar: Böhlau 2007, S. 140–144.

Ohne Du, kein Ich

Ein Mangel an positiven Kommunikationserfahrungen in der Kindheit wirkt sich nicht nur negativ auf die Empathiefähigkeit des Menschen aus, sondern insgesamt auf seine Selbstwerdung. Unser Selbst ist ein kommunikatives Selbst, das eines permanenten kommunikativen Austausches bedarf und das sich ohne intensive Kommunikation und Interaktion mit der Umwelt nicht zu entwickeln vermag. Auch für die kommunikative Konstruktion des Selbst bildet das System der Spiegelnervenzellen die neuronale Basis. Selbstwerdung gelingt nicht als isoliertes Individuum, sondern nur im engen Austausch mit der Umwelt. Dieser identitätsbildende Austausch, das machen die modernen Neurowissenschaften klar, beginnt bereits im Säuglingsalter mit dem Erlebnis von Spiegelungserfahrungen. Denn, so beschreibt der Neurobiologe und Psychotherapeut Joachim Bauer den beginnenden Prozess der Selbstwerdung,

> »die an das Kind adressierten Resonanzen sind überlebenswichtig, sie führen den bei der Geburt hochgradig unreifen Säugling langsam aus seiner postnatalen Desorientierung heraus [...]. Die anfängliche Desorientierung des Säuglings weicht einer sich Stück für Stück etablierenden inneren Grundordnung zwischen zwei Polen: einem Ich und einem Du, einem Selbst und einem signifikanten Anderen. Beide Vorstellungen, sowohl die vom Du als auch die des Ich, entstehen gemeinsam. Das Selbst des Menschen ist sozusagen ein Zwei-Perspektiven-Selbst. Innere Bilder von Du und Ich werden [...] tatsächlich in einem gemeinsamen neuronalen Netzwerk abgespeichert.«[5]

Um Ich werden zu können, muss der Mensch schon von Geburt an im anderen, zunächst den engsten Bezugspersonen, Resonanz auf sein eigenes Wesen finden können. Unterbleiben diese Resonanzen, wird auch der Prozess der Selbstwerdung gefährdet.

Damit untermauern die Erkenntnisse der modernen Neurowissenschaften eindrucksvoll, wovon Philosophen von Johann Gottlieb

---

5 Bauer, Wie wir werden, wer wir sind, S. 27.

1 Biologisches Programm

Fichte über Georg Friedrich Hegel bis hin zu Martin Buber immer schon ausgegangen sind: Der Mensch wird nur durch andere Menschen zum Menschen. Um Ich zu werden, um also ein um sich selbst wissendes Bewusstsein ausbilden zu können, bedarf es der Beziehung zu einem Du. Die Begegnung mit sich selbst führt immer über den Umweg eines Du, in dem sich das Ich spiegeln kann. In diesem Sinn macht Martin Buber in seiner dialogischen Ethik deutlich, dass das Ich nur Ich sein kann, wenn es sich in einem Du erkennt. Neurobiologie und Philosophie greifen hier direkt ineinander. Paul Celan gibt dieser wesensbestimmenden Verflechtung von Ich und Du, in der erst das Selbst des einen wie des anderen hervorgebracht wird, mit der Gedichtzeile »Ich bin du, wenn ich ich bin«[6] einen bleibenden literarischen Ausdruck. Prosaischer gesagt: Das Selbst des Menschen entsteht und wandelt sich in kommunikativer Resonanz mit der Mitwelt. Dieser existenzielle Kommunikationsprozess setzt bereits bei der Geburt ein und verläuft zunächst noch auf non-verbaler Ebene, indem der Säugling lernt, die ihm widergespiegelten verbalen, mehr aber noch non-verbalen Reaktionen seiner Bezugspersonen auf sein Verhalten zu deuten. Er beginnt Schritt für Schritt, sich von seiner Mitwelt zu unterscheiden und bestimmte Muster des Verhaltens auszubilden, wobei ihm stets die ihm widergespiegelte Reaktionen seiner Mitwelt gleichsam als Orientierung in Form von Verstärkung oder Versagung, Zuspruch und Erfüllung oder auch Widerspruch und Verweigerung dienen. Kurz: Der Heranwachsende lernt durch Resonanz sich selbst kennen und erkennen, also erste Schritte zur Ausbildung eines Selbstkonzepts zu setzen.

Nach der präverbalen Phase kommt ab dem zweiten Lebensjahr der Sprache entscheidende Bedeutung bei diesem Prozess der Entwicklung eines Selbst zu. Auch die Sprache erwirbt der Mensch durch Spiegelung und Resonanz:

---

6 Diese Zeile befindet sich in Paul Celans Gedicht *Lob der Ferne*, das er 1948 während eines kurzen Aufenthalts in Wien verfasste.

> »Die im kindlichen Gehirn durch die an das Kind gerichtete Sprache hervorgerufene Resonanz hinterlässt eine bleibende Spur, eine Art Fingerabdruck, der dem Kind bei seinem eigenen ersten Sprachversuch auf die Beine hilft. Das Kind erwirbt die Sprache durch Imitationsversuche, deren Anmut bekanntlich jeden Vater und jede Mutter verzücken kann«.[7]

Wo diese Widerspiegelung durch vertraute Mitmenschen ausbleibt, es also zu keiner authentischen emotionalen Resonanz kommt, da verkümmert das eigene emotionale Erleben, und mit ihm die Fähigkeit zum emotionalen Verstehen anderer. Es erleidet aber auch die Entwicklung des Selbst des Menschen Schaden, weil fehlende Resonanz die Möglichkeit zur Orientierung unterbindet. Ohne Resonanz durch die Mitwelt kann der Mensch in kein Verhältnis zu sich selbst und zu anderen treten. Er hängt gleichsam in der Luft. Durch wechselseitig gespiegelte Resonanzen werden »Möglichkeitsräume« eröffnet, in die das Selbst des Kindes hineinwachsen kann. An das zunächst nonverbal, mittels Körpersignale vermittelte Resonanzgeschehen schließt etwa mit Beginn des dritten Lebensjahres die sprachlich vermittelte Resonanz an. So genannte Selbstsysteme sorgen nun dafür, dass das Kind über den Austausch von Worten und die Herstellung von Vergleichen und Ähnlichkeiten allmählich ein Verhältnis zu sich selbst und zu anderen gewinnt.[8]

Als Medium von Resonanz bleibt Sprache und sprachliche Kommunikation ein ganzes Leben lang von grundlegender Bedeutung. Ich werde in diesem Buch immer wieder auf den grundlegenden Zusammenhang von Mitgefühl und Sprache zu sprechen kommen. Mitgefühl bedarf der sprachlichen Beziehungen, um ein Verhältnis aktiver Anteilnahme am anderen begründen zu können, wie auch umgekehrt sprachliche Beziehungen der Haltung des Mitgefühls bedürfen, damit sich über das Wort das handlungsleitende Prinzip der Orientierung am Wohlergehen des anderen vermitteln kann. Der Grundstein dafür wird in den ersten Lebensjahren gelegt.

---

7 Bauer, Wie wir werden, wer wir sind, S. 45.
8 Vgl. ebd., S. 135–143.

2

Moralische Aufgabe

Die neurowissenschaftliche Forschung konnte den Nachweis erbringen, dass wir von unseren biologischen Voraussetzungen her auf Mitgefühl hin angelegt sind. Es sind die neuronalen Resonanzsysteme, die uns zum *homo empathicus* befähigen. Dass die Forschung als biologischen »Sitz« des Mitgefühls die reziprok mit dem Thalamus und der Amygdala verbundene Inselrinde ausgemacht hat, ist ohne Zweifel eine wichtige neurowissenschaftliche Erkenntnis. Aber die neurobiologische Struktur des Mitgefühls macht noch keine mitfühlende Grundeinstellung, kein mitfühlendes Wort und kein empathisches, helfendes Handeln aus. Mitgefühl ist nicht nur ein Merkmal unseres Menschseins unter anderen Merkmalen, sondern Mitgefühl ist die Voraussetzung für unsere soziale Existenz und unsere Humanität. Wer sich menschlich verhält, der verhält sich im Prinzip auch mitfühlend und umgekehrt: Wer es an Mitgefühl mangeln lässt, der verhält sich unmenschlich, der wird dem Anspruch der *humanitas* nicht gerecht. Der Mensch erweist sich gerade im Mitgefühl als Mensch oder Unmensch.

Einfühlen und Mitfühlen

Wie ein roter Faden durchzieht die Philosophiegeschichte die Frage nach der Bedeutung von Gefühlen für unser Menschsein und die Art und Weise, wie der Mensch sein Leben im Spannungsfeld zwischen affektiv-emotionalem und kognitiv-rationalem Vermögen gestalten soll. Die Antworten, die darauf gefunden wurden, bieten sowohl in philosophischer als auch psychologischer Sicht ein höchst heterogenes und facettenreiches Bild.[9] Die Begriffe Empathie und Mitgefühl weisen nicht nur eine miteinander »verwobene Geschichte« (F. von Harbou) auf, sondern werden häufig auch in einem rivalisierenden Verhältnis zueinander gesehen.

Unter Empathie wird häufig ein Vorgang neutralen Einfühlens in eine andere Person verstanden. Schauspieler brauchen Empathie, um eine Rolle glaubwürdig spielen zu können, Kriminalbeamte müssen in der Lage sein, sich in den mutmaßlichen Täter einzufühlen, um ihn der Tat überführen zu können, und Mediatoren bedürfen eines gewissen Maßes an Einfühlungsvermögen in die Konfliktpartner, um eine zufriedenstellende Konfliktlösung möglich zu machen. Der Wettstreit um politische Machtpositionen, Einflusssphären oder Marktanteile setzt die Fähigkeit voraus, sich in den politischen Gegner oder wirtschaftlichen Konkurrenten hineinzuversetzen, um dessen Motive und Handlungsstrategien zu

---

9 Eine gute Übersicht findet sich bei Frederik von Harbou: Empathie als Element einer rekonstruktiven Theorie der Menschenrechte. Baden-Baden: Nomos 2014.

antizipieren und schließlich konterkarieren zu können. Ohne diese Fähigkeit zur Einfühlung würden unsere zwischenmenschlichen Beziehungen nicht gelingen, wäre Verständigung unmöglich. Dann gibt es auch noch die dunklen Seiten der Empathie: Der Sadist entwickelt Empathie für sein Opfer, um es noch besser quälen zu können, und der Betrüger versetzt sich in die Situation derjenigen Person, der er mit viel List Geld aus der Tasche locken möchte.[10] Das empathische Vermögen kann also auch zum Bösen missbraucht werden und zum Schaden für andere werden.

Die Fähigkeit, sich in eine andere Person einzufühlen, sagt also, wie diese wenigen Beispiele zeigen, noch nichts aus über die moralische Qualität der damit verbundenen Absichten und Motive. Wer sich gut einfühlen kann, muss deswegen nicht auch schon mitfühlend sein, also dem anderen Gutes erweisen wollen. Empathisches Einfühlungsvermögen ist zwar eine notwendige, aber noch keine hinreichende Voraussetzung für Mitgefühl und mitfühlendes Handeln. Für unsere sozialen Beziehungen spielt diese begriffliche Unterscheidung eine nicht unerhebliche Bedeutung. Es macht einen großen Unterschied, ob sich jemand in einen anderen empathisch einfühlt, um ihm gegenüber seine eigenen Interessen besser durchsetzen zu können, oder ob er in mitfühlender Zuwendung das Wohl einer anderen Person im Auge hat. Für beide Verhaltensweisen wird unterschiedslos oftmals der Begriff der Empathie verwendet, aber damit wird das moralische Gefälle zwischen *ein*fühlendem und *mit*fühlendem Handeln eingeebnet.

Wenn vom Mitgefühl die Rede ist, wird häufig zugleich auch das Mitleid miteingeschlossen – und umgekehrt. Beide Emotionen hängen auch eng miteinander zusammen und oft werden beide Begriffe auch synonym gebraucht. Im Unterschied zum Mitleid deckt der Begriff des Mitgefühls ein breiteres emotionales Spektrum ab und schließt auch positive Emotionen mit ein. Die Fähigkeit zum Mitgefühl bewährt sich aber nicht dort, wo es um Mit-

---

10 Vgl. Fritz Breithaupt: Die dunklen Seiten der Empathie. Berlin: Suhrkamp 2017².

freude oder die Anteilnahme an anderen positiven Emotionen geht, sondern in den schicksalhaften Grenzfällen des Lebens – Leid, Not, Sorge, Trauer, Angst und Verzweiflung –, die uns in Gestalt eines unglücklichen anderen begegnen. Dort wartet die eigentliche moralische und kommunikative Herausforderung für unser Mitgefühl.

Schon mit diesen wenigen Anmerkungen wird deutlich, dass Fragen der Empathie und des Mitgefühls immer auch eine moralische Dimension haben. Beide eng miteinander verwobenen Begriffe – wir können noch das ihnen anverwandte Mitleid hinzunehmen – sind nicht nur elementare menschliche Gefühle, sondern zugleich auch Gefühle mit hoher moralischer Relevanz, sie sind moralische Gefühle. Bis zum heutigen Tag bewegt die Moralphilosophie die kontrovers diskutierte Frage, ob Moral überzeugender durch Vernunft, also das rationale Urteil, oder durch Gefühle wie Mitleid und Mitgefühl begründbar ist, wie dies die philosophischen Konzepte der Gefühlsethik nachzuweisen versuchen. Zu ihren bekanntesten Vertretern gehören die beiden schottischen Philosophen David Hume und Adam Smith, die davon ausgingen, dass alle moralischen Werturteile auf dem naturgegebenen Einfühlungsvermögen des Menschen beruhen. Der Mensch, so behaupteten sie, hat ein ihm angeborenes moralisches Empfinden (*moral sense*), um zwischen gut und böse, tugendhaft oder untugendhaft, nützlich oder schädlich usw. zu unterscheiden. Die moralische Wertung und Urteilsbildung erfolgt nicht aufgrund rationaler Überlegungen oder abstrakter Moralvorschriften, sondern dadurch, dass der Mensch sich in die Gefühlslage anderer Menschen einzufühlen vermag und nachempfinden kann, was andere empfinden – z.B. Freude oder Schmerz. Auf Basis dieses angeborenen moralischen Empfindens vermag er zu bewerten, ob Charaktereigenschaften, Handlungsabsichten und Handlungen moralisch zu billigen oder abzulehnen sind. Der Verstand bzw. die Vernunft (Hume verwendet beide Begriffe synonym) spielen dabei eine untergeordnete Rolle. Die Vernunft steht vielmehr im Dienst der Gefühle, sie ist, postuliert Hume, »Sklavin der Affekte«, deren Aufgabe lediglich darin besteht, die Wege und Mittel aufzuzeigen, um diejenigen Zwecke und Ziele zu erreichen, die durch unsere Gefühle als positiv empfunden werden.[11] Da die Welt laut Hume nur über die Sinne zugänglich ist und es erfahrungsunabhängige Erkenntnis nicht gibt, sind die eigentlichen Herren im moralischen »Haushalt« die Gefühle, die bei allen moralischen Urteilen eine Rolle spielen – sie und nicht irgendwelche Vernunfturteile sind Grundlage und Motiv menschlichen Wollens.

Ein anderer prominenter Repräsentant der Gefühlsethik war Arthur Schopenhauer. Er sah im naturgegebenen Mitleid des Menschen die Grundlage aller Ethik und stellte sich damit in scharfen Widerspruch zur Vernunftethik Immanuel Kants, der der moralischen Bedeutung von Gefühlen einen untergeordneten Rang zuteilte. Für Schopenhauer ist das Mitleid ein »ethisches Urphänomen«[12], das dem menschlichen Bewusstsein von Natur aus eigen ist. Die nicht hoch genug einzuschätzende moralische Bedeutung des Mitleids liegt darin, dass es den Menschen davon abhält, anderen Schaden und Leid zuzufügen, was auch dann geschieht, wenn man den anderen ungerecht behandelt, ihm also geistiges Leid zufügt.[13] Inspiriert durch Buddhismus und die frühe hinduistische Philosophie leitete Schopenhauer das Mitleid aus einer metaphysischen Wesensidentität aller Lebewesen ab. Der Mensch erkennt sich selbst und sein Innerstes in allen Wesen, so wie er sich umgekehrt mit allen Wesen dem Schmerz der Welt ausgesetzt sieht.[14]

---

11 Vgl. David Hume: Eine Untersuchung über die Prinzipien der Moral. Übersetzt und hrsg. von Gerhard Streminger. Stuttgart: Reclam 1984, S. 153.
12 Arthur Schopenhauer: Die beiden Grundprobleme der Ethik. In: Sämtliche Werke. Hrsg. von Arthur Hübscher. Bd. 4: Schriften zur Naturphilosophie und Ethik. Wiesbaden: F. A. Brockhaus 1972³, S. 209.
13 Ebd., S. 214.
14 Schopenhauer machte dieses Prinzip eines Sich-im-anderen-Erkennens zur Grundlage seiner Mitleidsethik, die sich nicht nur auf Menschen, sondern auf alle Lebewesen erstreckt. Dazu sagt Schopenhauer: »Mein wahres inneres Wesen existiert in jedem Lebenden so unmittelbar, wie es in meinem Selbstbewußtsein sich nur mir selber kundgibt. Diese Erkenntnis,

Durch dieses universell geteilte Mitleid vermag der Mensch schließlich, seinen leidbringenden Egoismus zu überwinden und zur wahren Menschenliebe voranzuschreiten.

In unseren Tagen sind es insbesondere die Arbeiten des US-Philosophen Richard Rorty und der amerikanischen Entwicklungspsychologin Carol Gilligan, der Begründerin der Care-Ethik, die sich mit der besonderen Rolle von Empathie und Mitgefühl für die Entwicklung des moralischen Fortschritts der modernen Gesellschaft auseinandersetzen. Rorty plädiert angesichts kollektiv geteilter Leiderfahrungen der Gesellschaft für mehr Solidarität durch Empathie, die dazu beitragen soll, Leid zu minimieren.[15] Gilligans Care-Konzept – heute vielfach die moralische Basis für Pflegeleitbilder – beruht auf Grundhaltungen wie Fürsorge, Achtsamkeit, Zuwendung, Verbundenheit und ähnlichen am anderen orientierten Wertorientierungen. Gemäß dem Ethos der fürsorglichen Praxis sollte jedes moralische Urteil den Umstand berücksichtigen, dass Individuen nicht autonom und isoliert voneinander leben und handeln, sondern miteinander in einem Netzwerk von Beziehung stehen und daher nicht nur die Besonderheit der jeweiligen Person berücksichtigt werden muss, sondern auch deren sozialer Kontext.[16]

Den verschiedenen Konzepten der Gefühlsethik – und den mit ihnen verbundenen moralphilosophischen Problemstellungen – soll hier nicht weiter nachgegangen werden, da uns vorrangig die Frage interessiert, wie und unter welchen Voraussetzungen das Mitgefühl in unseren sozialen Beziehungen gefördert werden kann

---

für welche im Sanskrit die Formel ›tatwam asi‹, das heißt, »dies bist Du« der stehende Ausdruck ist, ist es, die als Mitleid hervorbricht, auf welche daher alle echte, d. h. uneigennützige Tugend beruht und deren realer Ausdruck jede gute Tat ist« (Arthur Schopenhauer: Gedanken zur Ethik. Berlin: Ullstein 1997, S. 107).

15 Vgl. Richard Rorty: Kontingenz, Ironie und Solidarität. Frankfurt am Main: Suhrkamp 2021^{13}, S. 305–320.

16 Vgl. Carol Gilligan: Die andere Stimme. Lebenskonflikte und Moral der Frau. München: dtv 1996.

und welche möglichen Hindernisse der Verwirklichung dieser Absicht entgegenstehen. Dass damit unweigerlich auch unsere moralische Praxis in den Fokus der Aufmerksamkeit rückt, liegt auf der Hand, denn Mitgefühl und Moral sind einander wechselseitig eingeschrieben. Wer mitfühlend handelt, handelt im Dienst des Wohlergehens oder der Leidminderung anderer; wer sein Handeln an humanitären Prinzipien orientiert, wird sich in seinem Handeln vom Mitgefühl oder auch vom Mitleid leiten lassen.

Ich werde Mitgefühl und Empathie unter der Voraussetzung als synonyme Begriffe verwenden, dass empathische Einfühlung auch mit einem *helfenden Engagement*[17], also einer prosozialen Handlungsmotivation verbunden wird. Damit bringen beide Begriffe eine moralische Grundhaltung zum Ausdruck, deren entscheidendes Merkmal darin besteht, dass sie am Wohlergehen eines hilfsbedürftigen anderen interessiert ist und sich in einer teilnehmenden Praxis zu bewähren hat. Wenn also im weiteren Verlauf der Überlegungen von Mitgefühl und Empathie, von empathischem Vermögen sowie von empathischer Sprache bzw. empathischer Kommunikation und Intersubjektivität die Rede ist, dann ist damit immer dieses umfänglichere Verständnis von Empathie und Mitgefühl gemeint und nie ein bloß neutrales, moralisch indifferentes Einfühlen in die Person oder die Erlebniswelt eines anderen, an deren Ende vielleicht nicht mehr als ein unbeteiligtes Achselzucken steht. Wer mit jemandem mitfühlt, wer in eine echte empathische Beziehung mit einem anderen tritt, der hört sich dessen Schicksal nicht einfach mehr oder minder unbeteiligt an, der fühlt sich auch nicht bloß ein in den anderen, sondern macht sich dessen Schicksal zu eigen, lässt sich involvieren und empfindet in sich einen Handlungsauftrag, auf welche Weise auch immer zu helfen. Darin erst wird Empathie zur sozialen Tugend und moralischen Grundhaltung.

---

17 Martha Nussbaum bezeichnet dies als »eine höhere Form des Mitgefühls«: Martha C. Nussbaum: Politische Emotionen. Berlin: Suhrkamp 2014, S. 227.

Diese mitfühlende, empathische Grundhaltung wird dem Menschen nicht in den Schoß gelegt, sie ist auch nicht nur ein Bauchgefühl, das der eine mehr und der andere weniger hat, sondern sie muss im Alltagsleben eingeübt werden. Wie bei jeder anderen Tugend auch, bedeutet Mitgefühl »Arbeit an einem selbst« (L. Wittgenstein). Diese besteht im Wesentlichen in der nicht leicht zu meisternden Aufgabe, die egozentrische Perspektive zugunsten der Einnahme der Perspektive eines anderen aufzugeben. Das geschieht nicht automatisch und unwillkürlich wie beim empathischen Affekt, also der Gefühlsansteckung, zu der auch Tiere in der Lage sind, sondern bedarf des reflexiven, also willentlichen und beurteilenden Handelns. Wir sind zwar von Natur aus mit der Möglichkeit zu Empathie, Mitgefühl und Mitleid ausgestattet, aber es liegt an uns, dieses emotionale Potenzial zu kultivieren und eine empathische und mitfühlende Grundhaltung auszubilden.

Solidarität der Verletzbaren

Mitgefühl beruht auf dem intuitiven Verstehen einer anderen Person, ihrer emotionalen Befindlichkeit und ihrer jeweiligen Situation. Mitfühlendes Verstehen, das am Wohl des anderen orientiert ist, vermindert die Distanz zum anderen und führt zur Identifikation mit dem anderen. Dieses empathische Verstehen geht aber über ein rein hermeneutisches Problem hinaus, denn der andere berührt mich nur als Subjekt und nicht als Begriff oder Objekt der Betrachtung. Ich verstehe den anderen nicht wirklich, wenn ich nur den semantischen Gehalt seiner Worte verstehe. Verstehen im empathischen Sinn bedeutet nicht primär Erkenntnis, ist also zunächst kein epistemisches Problem, sondern zuallererst Anerkennung, ist also eine Frage wohlwollender Akzeptanz des anderen als Person. Im empathischen Verstehen geht es nicht darum, den anderen zu ergründen, ihn zu entdecken – denn das hieße ja, ihn zum Objekt zu machen, und das Verstehen würde Gefahr laufen, unversehens in ein Verfügen über den anderen zu münden. Empathisches Verstehen beginnt vielmehr mit der Offenheit für den Appell, den Anruf, der der andere für mich ist. Dieser Appell, der der andere für mich ist, geht noch allen Worten, die gesprochen werden, voraus. Dies liegt daran, dass wir nicht zuerst miteinander sprechen und daraufhin erst eine Beziehung begründet wird, sondern dass wir nur deswegen miteinander sprechen können, weil wir aufgrund der Gemeinsamkeit unseres Menschseins miteinander verbunden sind. Gerade empathisches Verstehen ist – unabhängig von den Worten, die gesprochen werden – an diese Voraussetzung menschlicher Koexistenz gebunden. Deswegen können wir einander auf einer tieferen Ebene verstehen, auch wenn keine Worte ausgetauscht werden. Der andere selbst *ist* das Wort, das sich an uns richtet, oder wie es Emanuel Lévinas formuliert: »das Verstehen des Nächsten ist von seiner Anrufung nicht zu trennen«.[18] Empathisches Verstehen rührt hier an die existenzielle Tiefe eines inneren Wissens oder Ahnens von der menschlichen Schicksalsgemeinschaft, in der sich der eine im anderen wiedererkennt, in der die Freude des einen zur Freude des anderen, das Unglück des einen, zum Unglück auch für den anderen wird. In diesem »sittlichen Bewußtsein von der Gemeinschaft der Menschen« (H. Cohen) gründet das Verständnis von Mitgefühl auch als moralisches Gefühl.

In der Antike führten die griechischen Tragödien dem Publikum anschaulich vor Augen, wie das Schicksal alle Menschen, unabhängig von ihrem sozialen Status, treffen kann. Diese antiken Lehrstücke entfalteten »eine nach außen gerichtete oder universelle Wirkung, die die enge Fokussierung des Mitgefühls [...] tendenziell korrigiert«.[19] Ihre Bedeutung lag nach Überzeugung der amerika-

---

18 Emmanuel Lévinas: Zwischen uns. Versuche über das Denken an den anderen. München: Hanser 1995, S. 17.
19 Nussbaum, Politische Emotionen, S. 400.

nischen Philosophin Martha C. Nussbaum darin, dass sich die Menschen fragten,

> »wieviel von dem Leiden, das sie sehen, das Ergebnis unveränderbarer Umstände und wie viel das Ergebnis verwerflichen menschlichen Verhaltens ist. Die Tragödie zeigte die Grenzen menschlichen Strebens auf, dies jedoch nicht auf eine Weise, die zur Lähmung des Willens führt und die schwierige Frage nach Schuld, Verantwortung und der Möglichkeit von Veränderung unter den Teppich kehrt.«[20]

Griechische Tragödien rechneten mit der Blindheit der Schicksalsmächte, die jeden zum Opfer machen können. Zugleich waren und sind sie aber auch Lehrstücke gegen die Resignation angesichts unveränderbarer unentrinnbarer, schicksalhafter Verkettungen, die die Menschen in den Abgrund reißen. Und sie erhoben einen universalistischen Anspruch, indem sie zeigten, dass das Leid keine Standesunterschiede kennt. Weil das Schicksal unterschiedslos alle, auch die Privilegierten, treffen kann, wurde damit auch der gesellschaftlichen Segregation entgegengewirkt.[21]

Wir alle sind den Unwägbarkeiten menschlicher Existenz ausgesetzt – verletzte und verletzbare Wesen unter anderen verletzten und verletzbaren Wesen. Diese Einsicht ist es, die – über alle Unterschiede hinweg – Solidarität stiftet. Und die hellhörig macht für die Anrufung und den Appell, der der andere für mich ist. In ihrem Roman *Was fehlt Dir?* konstatiert Sigrid Nunez, dass es zwei Sorten von Menschen gebe, die unterschiedlich auf das Leid anderer reagieren: Diejenigen, die sich vorstellen können, dass das Schicksal der anderen auch sie selbst treffen könne, und diejenigen, die denken, dass ihnen das nie passieren könne. »Die einen helfen uns durchzuhalten, die anderen machen uns das Leben zur Hölle.«[22] Diese Solidarität der Verletzten und Verletzbaren ist es, die echtes Mitgefühl und wahre Empathie von der bloßen empathischen Pose unter-

---

20 Ebd.
21 Vgl. ebd., S. 398–401.
22 Sigrid Nunez: Was fehlt dir? Berlin: Aufbau Verlag 2021, S. 146.

scheidet und die dazu führt, dass wir uns in das Schicksal eines anderen involvieren lassen, an ihm teilhaben. Das Problem ist nur: Wir lassen uns nicht so gerne in das Leben und die Probleme anderer involvieren, es sei denn, es betrifft den eng umgrenzten Kreis unserer Familie und unserer Freunde. Deswegen entwickeln wir allerlei Strategien, um ein solches Hineingezogen-Werden in das Schicksal anderer tunlichst zu vermeiden. Wer sich involviert, tritt in ein Verhältnis der Verantwortung für einen anderen. Übernahme von Verantwortung bedeutet aber auch, Bindungen einzugehen. Wir scheuen es meist, solche Bindungen einzugehen, weil wir uns alle Optionen offenhalten wollen und dies als Ausdruck unserer Freiheit verstehen. Dass Freiheit und Bindung einander nicht ausschließen, sondern dass Freiheit im Gegenteil nur im Rahmen von Bindung konkret werden kann, hat in der Multioptionsgesellschaft wenig Gewicht. Deswegen wollen wir gar nicht so genau wissen, wie es dem anderen wirklich geht, und finden allerlei Gründe, die unser bewusstes Wegsehen oder Ignorieren des stummen Appells des Bedürftigen rechtfertigen: Zeitmangel, das Gefühl, nicht wirklich helfen zu können, die Annahme, dass der Hilfsbedürftige selbst an seinem Elend schuld sei, dass jeder selbst sehen muss, wo er bleibt, oder auch, dass andere berufener seien zu helfen als man selbst. Diese Muster der Rationalisierung eigenen asozialen Verhaltens sitzen tief und niemand ist davor gefeit. Sozialpsychologische Experimente konnten zeigen, dass sich selbst Menschen mit ausgeprägten prosoziale Orientierungen ganz leicht durch äußere Faktoren und Umstände – wie empfundenen Zeitdruck – davon abhalten lassen, zu helfen.[23]

---

23 In einem berühmt gewordenen Experiment der beiden Psychologen John Darley und C. Daniel Batson in Princeton mit Theologiestudenten im Jahre 1978 wurde getestet, welche Faktoren bei der Entscheidung eine Rolle spielen, einer hilfsbedürftigen Person beizustehen oder diesen Beistand zu verweigern. Die Theologiestudenten wurden in verschiedene Gruppen eingeteilt, denen jeweils unterschiedliche Aufgaben zugeteilt wurden. So sollte sich eine Gruppe gedanklich auf einen Vortrag zum Thema Berufs-

Teil 1 Über Mitgefühl

Am anderen und dessen Schicksal teilzuhaben, setzt eine besondere und gar nicht selbstverständliche Fähigkeit voraus, nämlich die Fähigkeit zur Perspektivenübernahme bzw. zum Perspektivenwechsel. Sie besteht darin, von sich selbst als Bezugspunkt abzusehen und den Fokus der Aufmerksamkeit auf den anderen zu richten. Diese Fähigkeit zum Perspektivenwechsel wird in frühen

---

chancen von Theologen vorbereiten, während eine andere Gruppe aufgefordert wurde, sich darauf einzustellen, über das biblische Gleichnis des barmherzigen Samariters zu sprechen. Die Studenten wurden in ein Gebäude geschickt, in dem der Vortrag zu halten war, wobei einem Drittel der Probanden mitgeteilt wurde, dass sie unverzüglich aufbrechen müssten, um pünktlich beginnen zu können. Einem weiteren Drittel wurde bedeutet, sie seien schon zu spät dran, und dem restlichen Drittel, sie hätten noch ausreichend Zeit. Auf dem Weg zum Vortragsgebäude platzierten die Versuchsleiter einen vermeintlich verletzten, in sich gesunkenen, hustenden und stöhnenden Mann. Wie reagierten die Teilnehmer auf diese Situation? Diejenigen, denen gesagt wurde, sie hätten viel Zeit, halfen zu 63 %, die Gruppe derer, die pünktlich unterwegs waren, halfen zu 45 %, hingegen nur 10 % derer, die unter hohem Zeitdruck standen. Das betraf auch diejenigen Versuchspersonen, die über christliche Barmherzigkeit und Nächstenliebe referieren sollten: Unter Zeitdruck schrumpft selbst deren Bereitschaft zu helfen rapide, auch wenn diese Gruppe unter normalen zeitlichen Bedingungen nahezu doppelt so häufig bereit war zu helfen als diejenige, die eine Rede über das profane Thema theologischer Berufschancen zu halten hatte. Zeitdruck erwies sich also als bestimmender externer Faktor, der selbst bei jenen ein entscheidendes Hindernis zu helfen darstellt, die sich geistig auf eine Thematik vorbereiten, die von nichts anderem handelt als von tätigem Mitgefühl. Das Experiment zeigt, dass autoritäre Gehorsamsbereitschaft – hier in Gestalt eines Zeitdiktats – unter entsprechenden Voraussetzungen die ethische Überzeugung überlagert, in der Not helfen zu müssen. Auch die geistige Beschäftigung mit dem Thema Barmherzigkeit und Nächstenliebe ist offenbar kein hinreichender Grund, diese Barmherzigkeit auch zu praktizieren. Man kann theologische Texte oder philosophische Traktate rational verstehen – auch jene, in denen es um Mitgefühl geht – und dennoch am intuitiven, spontanen Verstehen der Situation eines hilfsbedürftigen Menschen scheitern.

Kindertagen erworben, nämlich dann, wenn das Kind zwischen Ich und Du zu unterscheiden lernt und aus den gespiegelten Reaktionen familiärer Bezugspersonen ein Bild von sich und den anderen zu entwerfen vermag. Das Kleinkind lernt allmählich durch Spiegelresonanzen, sich und die Welt aus Sicht anderer wahrzunehmen (▶ Kap. 1).

Jedes empathische Verstehen setzt die Fähigkeit und Bereitschaft voraus, die Perspektive des anderen einzunehmen, was aber keinesfalls bedeutet, sie auch akzeptieren oder moralisch gutheißen zu müssen. Perspektivenwechsel ist die Grundbedingung für gelingende Gesprächsbeziehungen. Ohne sie können Dialoge nicht gelingen, weil zwischen den Dialogpartnern Einigkeit über den gemeinten Sinn der geäußerten Aussagen herrschen muss. Das aber setzt die Fähigkeit und Bereitschaft voraus, die Sicht des jeweils anderen zu teilen, ohne sie sich notwendigerweise zu eigen zu machen. Jeder wahrhafte Dialog verlangt von den Partnern Einfühlungsvermögen in die Person und die Sichtweise des jeweils anderen. Damit wird deutlich, dass Perspektivenübernahme mehr bedeutet als das bloße Sammeln von Informationen, um Kenntnis über eine andere Person zu erlangen. Jede Krankengeschichte z. B., jedes Anamnesegespräch sucht solche möglichst objektivierbaren Informationen und Kenntnisse über den Gesundheitszustand bzw. das Krankheitsbild eines Patienten. Der Anspruch einer empathischen Arzt-Patienten-Beziehung geht aber entscheidend über Diagnosefindung und die Erstellung von Therapiekonzepten hinaus. Er besteht darin, nicht nur die *Krankheit*, sondern das *Kranksein* des ganzen Menschen einschließlich seiner seelischen und emotionalen Befindlichkeit im Blick zu haben. Das setzt die Fähigkeit voraus, sich in die Situation des Patienten einzufühlen, in seine Nöte, Sorgen und seine Ängste. In der Perspektivenübernahme tritt der Arzt aus seiner Rolle heraus und begegnet dem Patienten von Existenz zu anderer Existenz – als jemand, der genauso wie der Patient verletzt und verletzbar ist. Bezeichnenderweise gelingt dies Ärzten meist erst dann, wenn sie selbst zu Patienten geworden sind und daher diese Perspektivenübernahme durch den erzwungenen Rollenwechsel am eigenen Leib verspüren mussten. Diese Fähigkeit und Bereitschaft zur Perspektivenübernahme ist für aktives Mitgefühl eine unverzichtbare Voraussetzung. Damit sie gelingen kann, bedarf es der entsprechenden Vorstellungskraft, um sich die Situation des anderen zu vergegenwärtigen, sich in sie geistig hineinzuversetzen.[24] Dazu meint Martha C. Nussbaum:

> »Angesichts der unvollkommenen Fähigkeit des Menschen, Notlagen richtig einzuschätzen, sollten wir nach besten Kräften versuchen, uns die Notlagen anderer vorzustellen, und dann herausfinden, was wir über das, was wir uns vorgestellt haben, denken. Wir sollten auch davon ausgehen, dass Empathie an sich etwas moralisch Wertvolles enthält: nämlich die Erkenntnis, dass der andere ein Zentrum des Erlebens ist. Der empathische Folterer ist etwas sehr Schlimmes, aber vielleicht ist es noch schlimmer, den anderen nicht als ein Zentrum des Erlebens wahrnehmen zu können«.[25]

Aber wie weit reicht der Radius unserer Vorstellungs- und Identifikationskraft mit dem Leid anderer? Beschränkt er sich auf den engen Kreis der uns Liebsten und Vertrauten oder schließt er auch den uns fremden, aber bedürftigen anderen mit ein? Nimmt die Bereitschaft, mit dem anderen mitzufühlen, gleichsam mit dem Quadrat der räumlichen, sozialen und emotionalen Entfernung ab? Bisweilen mag es gelingen, mithilfe einer anschaulichen Erzählung unser Vorstellungsvermögen so zu stimulieren, dass auch uns fremde Menschen »in den Mittelpunkt der Dinge rücken, die für

---

24 Experimentelle Untersuchungen von Daniel Batson in den 1990er Jahren unter amerikanischen Studenten konnten zeigen, dass die durch das Hören einer Geschichte über die beklagenswerte Lage eines Studenten hervorgerufenen Vorstellungen entscheidenden Anteil an der Entwicklung von Mitgefühl und der Bereitschaft zur Hilfe hatten, wenn Hilfe leicht organisiert werden kann. Die Kontrollgruppe in diesem Experiment war angehalten, den Inhalt der Geschichte zu ignorieren und lediglich auf die technische Qualität der Übertragung zu achten. Diese Gruppe hatte nicht das gleiche emotionale Erlebnis. Vgl. Nussbaum, Politische Emotionen, S. 222.
25 Ebd., S. 225.

uns wichtig sind.«[26] Aber in der Regel entzieht sich das Schicksal des anderen unserem leidgesättigten Vorstellungsvermögen. Wir sind, was die Kultivierung von Mitgefühl betrifft, in einer ungünstigen Situation. Denn je anhaltender und intensiver die medial vermittelte Konfrontation mit fremdem Leid ist, desto eher besteht die Gefahr der Immunisierung gegenüber fremdem Unglück. Die elektronischen Medien verwandeln die Wirklichkeit in ein virtuelles Universum flüchtiger, austauschbarer Bilder. Früh schon, vor mehr als 30 Jahren, wies der französische Kulturphilosoph Jean Baudrillard kritisch darauf hin, dass mit der Flut an Bildern alle Imagination vernichtet würde, man sich nicht einfühlen könne, alles »wie ein Drehbuch« erlebe, so als befänden wir uns »in einer großen Produktion«.[27] Die Übersättigung mit Information und die mit ihr einhergehende Entfesselung visueller Reize drückt uns den Stempel des passiven Zuschauers des täglichen Stücks Weltgeschichte auf, das die medialen Inszenierungen für uns bereitstellen. Verloren geht damit nicht nur die Fähigkeit zur Bindung an ein Sinnganzes, mit dessen Hilfe wir uns orientieren könnten, sondern auch die Widerstandsfähigkeit gegenüber den Versuchungen der *acedia*, der »Trägheit des Herzens«, die unserem Fortschritt als regressives Element eingeschrieben ist. Die archaische Wucht der Bilder der griechischen Tragödie hatte noch diese imaginative Kraft, den Zuschauern des Geschehens zu einem wachen Bewusstsein ihrer unaufhebbaren Einbindung in eine Schicksalsgemeinschaft zu verhelfen. Dieses moralische und politische Bewusstsein einer universalen und solidarischen Schicksalsgemeinschaft der Menschheit ist heute angesichts vielfacher Bedrohungen dringender denn je.

---

26 Ebd., S. 221.
27 Interview mit Jean Baudrillard, geführt von Nikolaus von Festenberg und Claudius Seidl angesichts des Golfkriegs 1991: Der Feind ist verschwunden. In: Der Spiegel Nr. 6/1991, auch online: https://www.spiegel.de/politik/der-feind-ist-verschwunden-a-de20d391-0002-0001-0000-000013487866 (abgerufen am 06.04.2022).

3

Politisches Projekt

Der Sommer 2015 veränderte alles. Danach war in Europa nichts mehr so, wie es war. Die Flüchtlings- und Migrationsströme, die sich in diesen denkwürdigen Wochen und Monate in Richtung Europa bewegten, wurden zur größten politischen und humanitären Bewährungsprobe seit Bestehen der EU. Sie hat diese Bewährungsprobe nicht bestanden und ringt bis heute um eine politisch vernünftige und menschlich gebotene Migrationspolitik.

Knapp sieben Jahre später, am 24. Februar 2022, erlebte Europa eine weitere tiefgehende Zäsur. Der völkerrechtswidrige Angriffskrieg Russlands gegen das flächenmäßig zweitgrößte Land Europas, die Ukraine, markiert eine Zeitenwende im Verhältnis Europas zu Russland. Zugleich bedeutet die russische Invasion eine Abkehr von der bis dahin praktizierten Appeasement-Politik gegenüber dem russischen Diktator und eine Neuausrichtung der europäischen Sicherheitsarchitektur, die in enger Partnerschaft mit den USA und der NATO erfolgt. Die in den vergangenen Jahrzehnten seit der Auflösung des Ostblocks genährte Hoffnung eines »gemeinsamen Hauses Europa«, in dem auch Russland seinen Platz findet, hat sich als Illusion entpuppt. In einem Interview mit der *Zeit* resümierte der französische Philosoph Bernard-Henri Lévy:

> »Wir dachten das Zeitalter des Tragischen liege hinter uns [...]. Wir lebten in einer Mischung aus historischem Optimismus und institutioneller Zuversicht, die uns glauben ließen, wir könnten Putin einhegen. Wir dachten, dass uns nichts passieren könne. Das war ein dramatischer Irrtum.«[28]

Weder enge Wirtschafts- und Handlungsbeziehungen noch Diplomatie hinderten den russischen Machthaber daran, unter fadenscheinigen und geschichtsfälschenden Vorwänden seinen imperialen Großmachtphantasien zu folgen und souveräne Nachbarstaaten mit Krieg zu überziehen, um die territoriale Einflusssphäre Russlands zu erweitern. Es war pures Wunschdenken, das die Russlandpolitik des Westens in den vergangenen Jahrzehnten bestimmte – die naive Wunschvorstellung, »dass das Tragische sich im Kommerz auflösen ließe« (B.-H. Levy). Seitdem füllen Bilder und Berichte des Grauens die Nachrichtenkanäle des freien Westens. Wir kennen diese Bilder und Berichte aus den postsowjetischen Kriegen: insbesondere aus dem zweiten Tschetschenien-Krieg, in dem Grosny 1999/2000 durch die russische Armee dem Erdboden gleich gemacht wurde, aus dem Georgienkrieg 2008 und aus dem Krieg in Syrien, in dem russische Truppen im syrischen Bürgerkrieg 2015/16 an der Seite von Staatschef Baschar al-Assad gegen oppositionelle Kräfte kämpften und Städte wie Aleppo oder Homs in Schutt und Asche bombten. Für die meisten Europäer lagen diese Tragödien außerhalb des Radius ihres Interesses und auch ihres Mitgefühls für die unschuldigen Opfer dieser Kriege. Das hat sich geändert: Im

---

28 Bernard-Henri Lévy im Gespräch mit Iris Radisch: Frieden kann abscheulicher sein als Krieg. In: Die Zeit, Nr. 14 vom 31.03.2022, S. 47.

Krieg gegen die Ukraine ist uns das systematische Zerstören, Vergewaltigen, Vertreiben und gezielte Töten unschuldiger Zivilisten buchstäblich nahegekommen. Der Krieg und die in ihm begangenen Verbrechen gegen die Menschlichkeit gehen auch uns an. Denn bedroht ist nicht nur die Existenz und territoriale Integrität eines souveränen Nachbarstaates, sondern bedroht ist ganz Europa. Entsprechend hoch ist die Identifikationsbereitschaft und die empathische Solidarität mit den leidenden Menschen vor Ort und den Millionen, vor allem Frauen und Kindern, die aus ihrer Heimat flüchten mussten.

Putins Krieg ist auch ein Krieg gegen die westliche, liberale Gesellschaftsordnung insgesamt. Nichts fürchten autokratische Herrscher mehr als ein freies, pluralistisches und rechtsstaatliches Gesellschaftsmodell, nichts fürchten sie mehr als die mobilisierende Kraft demokratischer Bewegungen innerhalb und außerhalb der Grenzen ihres politischen Systems der Repression; nichts fürchten sie mehr, als dass der Funken der Freiheit überspringt und ihr System der Unfreiheit, der Lüge und der Unterjochung der eigenen Bürger zum Einsturz bringen könnte. In den meisten europäischen Staatskanzleien ist – über alle nationalen Grenzen und ideologische Unterschiede hinweg – schlagartig klar geworden, was im Umgang mit totalitären Systemen und mit Diktatoren seit jeher schon galt, aber nach dem Zusammenbruch der Sowjetunion in den vergangenen Jahrzehnten vielfach ignoriert und verdrängt wurde: Die offene Gesellschaft muss willens und in der Lage sein, ihr politisches System der Freiheit, der Toleranz und Rechtsstaatlichkeit gegen Totalitarismus, Repression, Unfreiheit und Intoleranz glaubhaft zu verteidigen, will sie nicht Gefahr laufen, selbst deren Opfer zu werden. Heute muss sich der Westen eingestehen, dass er sich in der Einschätzung Putins und seines gewaltsamen Expansionswillens geirrt hat. Und er musste auch einsehen, dass sich sein Politikmodell der liberalen Demokratie mit den Prinzipien der Rechtsstaatlichkeit, des Pluralismus, der Marktwirtschaft, der sozialen Sicherung und des Individualismus nicht exportieren lässt. Das vor einem Vierteljahrhundert proklamierte »Ende der

Geschichte« (F. Fukuyama) war voreilig und hat sich als Trugschluss herausgestellt. Die Vision zunehmender Konvergenz unterschiedlicher kultureller und ideologischer Systeme durch Globalisierung und weltumspannende Kommunikationstechnologien ist nicht Realität geworden. Zwischen den demokratischen Gesellschaften des Westens und dem überwiegenden Rest der Welt wird die kulturelle und ideologische Kluft immer größer statt kleiner.[29] Der Kampf zwischen demokratischem Liberalismus und militantem Autoritarismus, zwischen Demokratie und Diktatur erfährt unter veränderten geo- und sicherheitspolitischen Bedingungen eine Neuauflage – er bleibt auch weiterhin geschichtsbestimmend. Der Ukrainekrieg könnte dafür erst der Auftakt sein.

Nicht weniger wichtig als die Sorge um die Bewältigung der Klima- und der Migrationskrise ist also auch die Sorge um die Stabilität demokratischer Gesellschaftsordnungen mitten in einer zunehmend kulturell auseinanderdriftenden, mehrheitlich autokratisch regierten Welt. Und es stellt sich die Frage, inwieweit unser demokratisches Bewusstsein auch emotional verankert ist, was uns also die Würde des Individuums, Menschenrechte, Freiheit, Pluralismus, Selbstbestimmung, Rechtsstaatlichkeit wert sind? Für die verzweifelt und heldenhaft gegen die russischen Invasoren kämpfenden Ukrainer sind dies jedenfalls Werte, für die sie bereit sind, ihr Leben einzusetzen.

Das Gewicht fremden Leids

Ob es sich um den Klimawandel und seine verheerenden Folgen für große Teile der Weltbevölkerung oder um die mit den Klimakatastrophen aufs engste verbundene Migrationsproblematik oder

---

29 Vgl. David Brooks: A New World Takes Shape. In: The New York Times International Weekly, 19.04.2022, S. 3

um – wie zuletzt im Fall der Ukraine – Eroberungskriege und die mit ihnen einhergehenden Verbrechen gegen die Menschlichkeit handelt – immer stellt sich zugleich mit diesen apokalyptischen Geschehnissen eine grundsätzliche Frage: Brauchen wir nicht auch ein neues Bewusstsein – das Bewusstsein einer globalen Schicksalsgemeinschaft der Menschheit? Und: Brauchen wir angesichts globaler Krisen und globalen Leids nicht auch die Fähigkeit zu einem entgrenzten, universalen Mitgefühl?

Wenn die Kluft zwischen kosmopolitischen Realitäten und unserem kosmopolitischen Bewusstsein immer größer statt kleiner wird, dann besteht die Gefahr, dass auch unser empathisches Vermögen in dieser Kluft verschwindet. Die uns alle betreffenden globalen Probleme können nur gelöst werden, wenn wir Egozentrismus und nationale Engstirnigkeit überwinden. Wie kann, fragt Volker Gerhardt, der Mensch, der Wert darauf legt, *animal rationale* und *homo sapiens* genannt zu werden, so leben, dass er bald nichts mehr zum Leben hat? Und er fragt weiter, was es dem Menschen, der sich so viel auf sein Mitgefühl zugutehält, möglich macht, so gleichgültig, ja so schändlich mit anderen Lebewesen umzugehen.[30] Was wir brauchen, so Gerhardt, ist ein neues Bewusstsein des Menschen seiner »Zuständigkeit für seine Welt«, aus dem heraus er den Mut aufzubringen habe, »ein Mensch zu sein«.[31]

Diese den Menschen auszeichnende Fähigkeit, seine Zuständigkeit für seine Welt wahrzunehmen, also Verantwortung für die Welt zu übernehmen, wurzelt nicht nur im moralischen Bewusstsein des Menschen, sondern auch in seinem Vermögen zum Mitgefühl. Das schließt eine Politik der Förderung von Gruppenegoismen und des nationalen Chauvinismus grundsätzlich aus. Gefordert ist vielmehr ein weiter, visionärer Denkhorizont, der die Fixierung auf bloß nationale Interessen überwindet. Ein solches kosmopolitisches

---

30 Vgl. Volker Gerhardt: Humanität. Über den Geist der Menschheit. München: Beck 2019, S. 11.
31 Ebd., S. 13.

Bewusstsein, von dem wir noch weit entfernt sind, bedarf zu seiner Fundierung einer ebenso weiten, egozentrische Grenzen sprengenden, kosmopolitischen Gefühlskultur. Zwar lassen sich Menschen schnell für narzisstische Projekte gewinnen, aber sie ignorieren die Bedürfnisse von Menschen, die außerhalb ihres engen Umfelds leben. In einer TV-Dokumentation des Schweizer Fernsehens über das Weltwirtschaftsforum in Davos wurde der Gründer dieses seit 1971 regelmäßig stattfindenden politischen Megaevents, der Wirtschaftswissenschaftler Klaus Schwab, gebeten, auf ein leeres Blatt Papier den Begriff zu schreiben, der seiner Meinung nach am treffendsten den derzeitigen Zustand der Welt charakterisiert. Schwab schrieb, ohne zu zögern: Egoismus.

Nichts scheint heute dringlicher als eine Gegenkultur zum Egoismus. »Letztlich gibt es nur eine Menschheit und unser aller Heimstatt ist der winzige Planet Erde. Wenn wir ihn schützen wollen, muss jeder von uns im Geist eines universalen Altruismus leben«, mahnt der Dalai Lama.[32] Wir alle sind mit der komplexen Herausforderung konfrontiert, nicht nur eng umgrenzte Verantwortung für uns selbst und unsere Lieben zu übernehmen, sondern Verantwortung global, planetarisch zu denken. Zum ersten Mal in der Weltgeschichte ist mit der alle Länder und damit die Menschheit insgesamt betreffenden Klimakrise der gesamten Menschheit Verantwortung für ihr eigenes Überleben auferlegt. Dieses planetarische Bewusstsein *einer* Menschheit auf *einem* ihr überantworteten Planeten bedarf eines stabilen *emotionalen* Fundaments – einer starken inneren Verbundenheit mit der Schöpfung. Wenn uns unser politisches, ökonomisches und wissenschaftliches Handeln aus der Krise führen soll, dann müssen die damit verbundenen Prinzipien und Ziele sowie die daraus abgeleiteten Forderungen und Maßnahmen durch entsprechende Emotionen begleitet und gestützt werden.

---

32 Dalai Lama: Meine spirituelle Autobiographie. Zürich: Diogenes 2009, S. 27.

Wie gerade Musik zur Bildung eines solchen emotionalen Fundaments beitragen kann, zeigt das Musikprojekt *The [uncertain] Four Seasons*, das mit Blick auf die UN-Klimakonferenz COP26 in Glasgow im November 2021 ins Leben gerufen wurde. Anhand von Variationen von Vivaldis berühmter Komposition *Die vier Jahreszeiten* aus dem Jahr 1725 sollen die globale Erwärmung und die prognostizierten Veränderungen hörbar gemacht werden. An diesem globalen musikalischen Experiment nehmen 14 Orchester aus der ganzen Welt teil. Mithilfe von Systemen Künstlicher Intelligenz und eines entsprechenden Algorithmus werden weltweit gesammelte Daten und Prognosen des IPCC (*Intergovernmental Panel on Climate Change*) zu Niederschlägen, Artensterben, Meeresspiegelanstieg und extremen Wetterereignissen zu computergenerierten Variationen der Originalkomposition von Vivaldi. Da die Auswirkungen des Klimawandels regional unterschiedlich sind, ist auch jede Partitur von *The [uncertain] Four Season*s anders. Die Organisatoren dieses weltumspannenden musikalischen Experiments unterstreichen mit dieser außergewöhnlichen Aktion die Dringlichkeit des Problems des Klimawandels.[33] Die nüchternen Daten und datengestützten Prognosen, die zwar Experten beschäftigen, aber in der täglichen Informationsflut untergehen, werden so zu verstörenden Klangbildern – zu Klangbildern der Katastrophe, auf die die Welt zusteuert ...

Die Frage, wie sich umfassendes Mitgefühl als gesellschaftlicher Wert etablieren und fördern lässt, durchzieht wie ein roter Faden die politische Ideengeschichte. Es war die Französische Revolution, die mit ihren politischen Idealen der Freiheit, Gleichheit und Brüderlichkeit die gesellschaftsphilosophischen Überlegungen und Konzepte der großen Sozialphilosophen des 18. und 19. Jahrhunderts inspirierte. Im Prinzip ging es trotz unterschiedlicher Denkmodelle um die Grundfrage, wie sich das gesellschaftliche Zusammenleben auf eine höhere moralische Stufe heben ließe. Die Entwicklung des demokratischen Staatswesens in Europa sollte auch

---

33 Vgl. https://the-uncertain-four-seasons.info (abgerufen am 21.04.2022).

mit einer ideellen Neuorientierung einhergehen, die den Zusammenhalt der Gesellschaft und damit die Stabilität der staatlichen Ordnung gewährleisten sollte. Diese normativen Visionen einer besseren Gesellschaft würden zu ihrer Verwirklichung auch einer neuen Gefühlskultur bedürfen, die sich nicht an egozentrischen, sondern an altruistischen Werten orientieren und dadurch dem Allgemeinwohl dienen sollte. Bereits damals schon ging es auch um die Frage nach den Möglichkeiten, den Radius des Mitgefühls über die engen Grenzen familiärer Beziehungen hinaus auszuweiten.[34]

Dieses Thema ist heute dringlicher denn je. Die postindustrielle Moderne befindet sich mitten in einem Transformationsprozess, der sich durch zunehmende Globalisierung ökonomischer und kultureller Beziehungen bei gleichzeitig wachsender Singularisierung, also durch einen Vorrang des Individuellen und Außergewöhnlichen gegenüber dem Allgemeinen, gekennzeichnet ist. Zugleich wird mit der Migrations- und Klimakrise immer deutlicher, dass nationale Problemlösungsstrategien unzureichend bleiben müssen. Auch die Corona-Pandemie zeigt, dass nur transnationales Handeln Erfolg versprechen kann. Die Industrienationen der westlichen Welt haben erkannt, dass sie schon aus nationalem Eigeninteresse heraus den Kampf gegen die Pandemie auch in den Ländern der Dritten und Vierten Welt führen müssen, um das Entstehen weiterer Virus-Mutationen und ihre globale Verbreitung bestmöglich zu unterbinden. Angesichts dieser uns alle bedrohenden Krisenszenarien gilt es, die Probleme universell zu denken und globale Lösungsansätze zu entwickeln. Dazu bedarf es nicht nur eines globalen Problembewusstseins, sondern eben auch einer stabilen emotionalen Fundierung. Wenn wir uns um die Gestaltung unseres eigenen Lebens oder des Lebens uns Nahestehender sorgen, sind wir nicht nur rational, sondern auch emotional engagiert. Aber unser emotionales Engagement, unser Mitgefühl ist meist auf einen kleinen Kreis beschränkt. Vieles, was wir unternehmen, um die von uns gesetzten

---

34 Vgl. dazu die überblicksmäßige Darstellung maßgeblicher Denkpositionen der Aufklärung bei Nussbaum, Politische Emotionen, S. 90–129.

Ziele zu erreichen, um die von uns angestrebten Werte möglichst gut zu verwirklichen, ist emotional unterfüttert.[35] Für Themen, Ziele oder Werte außerhalb unseres unmittelbaren Betroffenheitsradius ist ein solches emotionales Engagement schon weniger selbstverständlich. Darum aber geht es – um Emotionen, die nicht im Dienst selbstbezogener Ziele und Zwecke stehen, sondern die sich auf das Allgemeinwohl beziehen und an bestimmte unverzichtbare humanitäre Prinzipien gebunden sind. Soziale Gerechtigkeit etwa ist ein solches humanitäres Prinzip, das angesichts der immer weiter aufgehenden Schere zwischen arm und reich einer Politik der Fürsorge bedarf. Die Bewahrung der Schöpfung ist ein anderes Prinzip, das sich nicht allein aus der rationalen Einsicht in die Notwendigkeit eines radikalen Umdenkens in der Energie- und Klimapolitik durchsetzen wird, sondern das zu seiner Verwirklichung in den nächsten Jahren und Jahrzehnten vor allem auch emotionale Unterstützung braucht – emotionales Engagement, wie es etwa bei der *Fridays-for-Future*-Bewegung zum Ausdruck kommt. Zur Durchsetzung beider humanitärer Prinzipien bedarf es einer Allianz zwischen rationalen politischen Überzeugungen und politischen Emotionen, die diesen Überzeugungen die notwendige Schubkraft verleihen. So lässt sich auch Mitgefühl als politische Emotion begreifen, die das entsprechende (verteilungs-)politische und ökologische Handeln begleiten muss. Ohne empathisches Verständnis von Fragen sozialer Gerechtigkeit, ohne empathisches Verständnis einer gemeinsamen Verantwortung für diesen, unseren Planeten wird die Forderung nach sozialer Gerechtigkeit ein leeres Schlagwort bleiben und werden die dringend benötigten klimapolitischen Maßnahmen an partikularen Interessen scheitern. Es geht nicht um Symbolpolitik oder eine dem bloßen Machtkalkül dienende Politik der Gefühle, sondern um eine politische Förderung von Emotionen wie gerade dem Mitgefühl. Martha C. Nussbaum sieht für eine solche Förderung positiver Emotionen zwei Aufgaben. Erstens, »ein starkes Engagement für die guten Projekte zu schaffen und aufrechtzuerhal-

---

35 Vgl. Nussbaum, Politische Emotionen, S. 13.

ten, die Anstrengung und Opfer erfordern«, und zweitens, »die Kräfte in Schach zu halten, die in allen Gesellschaften [...] lauern: das fragile Ich durch Herabsetzung und Diffamierung anderer zu schützen. Abscheu, Neid sowie das Bedürfnis, andere zu erniedrigen – all diese Gefühlsregungen sind in allen Gesellschaften und höchstwahrscheinlich auch in jedem Menschen vorhanden.«[36] Politische Emotionen stehen also im Dienst der Förderung des Gemeinwohls. Oder wie es der Dalai Lama ausdrückt: »Ich glaube, dass größeres Mitgefühl auf allen gesellschaftlichen Ebenen – in der Familie, national und international – der Schlüssel zu einer besseren und glücklicheren Welt ist«.[37]

Neue Metaerzählung

Ohne tiefergehende, emotionale Fundierung läuft jedes Engagement für einzelne Projekte wie Umweltschutz, Flüchtlingshilfe, soziale Umverteilung usw. Gefahr, sich angesichts immer wieder neu zu bewältigender Widerstände und Schwierigkeiten bald zu erschöpfen und auch durch die Macht aufbrechender Gruppenegoismen unterlaufen zu werden. Für die Durchsetzung positiver politischer, ökonomischer oder ökologischer Ziele bedarf es nicht nur der diskursiven Logik, um das denkbar Beste aus der Vielfalt des Möglichen herauszufiltern und der öffentlichen Konsensfindung auszusetzen, sondern es bedarf auch entsprechender *positiver Gefühle*, die die Wünschbarkeit dieser Ziele zum Ausdruck bringen. Es könnte ja sein, dass das proklamierte Ende der Metaerzählungen voreilig war und sich mit der zu Beginn des 21. Jahrhunderts ausgerufenen *Rettung der Welt* vor dem Hintergrund der drohenden Apokalypse eine neue, alle bisherigen Metaerzählungen in den

---
36 Ebd., S. 13 f.
37 Dalai Lama, Meine spirituelle Autobiographie, S. 28.

Schatten stellende, große öko-empathische Erzählung ins kollektive Bewusstsein einzuschreiben begonnen hat. Wenn dem so wäre, würde sich die Postmoderne mit ihren sich fragmentierenden und partikularisierenden Sinnstrukturen zu einer *ökologischen Moderne* entwickeln, in der sich die ausdifferenzierende Vielheit an Sinnstrukturen in die übergeordnete Einheit eines neuen systemischen Ganzen zu integrieren vermag. Partikulare, also nur mehr für gesellschaftliche Teilbereiche zuständige, mehr oder weniger in sich geschlossene Sinnstrukturen verlieren nämlich ihre Bedeutung, wenn das gesamte ökologische System des Planeten irreparabel entgleist, also der Sinn des Ganzen infrage steht.

»Es kommt darauf an, das Hoffen zu erlernen«, leitete der marxistische Romantiker Ernst Bloch vor mehr als einem halben Jahrhundert sein Opus Magnum *Das Prinzip Hoffnung* ein.[38] Auch über seine Utopie einer sozialistischen Gesellschaft ist die Zeit und die Geschichte hinweggegangen. Zu Recht wurde gegen Bloch eingewendet, dass Hoffnung kein ideologisches Prinzip ist, sondern eine anthropologische Konstante, die ideologisch missbraucht werden kann und von den großen Ideologien des 20. Jahrhunderts mit den furchtbarsten Folgen auch aufs Schlimmste missbraucht wurde. So wie Hoffnung ist auch Mitgefühl eine anthropologische Konstante. Aber sie ist zugleich auch ein ideologieresistentes, handlungsleitendes ethisches Prinzip. Als solches kann Mitgefühl mit politischer Vernunft und politischer Zweckmäßigkeit in Konflikt geraten – die Migrationsproblematik liefert dafür reichlich Anschauungsmaterial. Aber im Namen des Mitgefühls wird nicht erobert, unterworfen, gemordet und ausgebeutet. Jenes zivilgesellschaftliche Engagement für die Aufnahme von Flüchtlingen in Länder der Europäischen Union, das sich über alle parteipolitischen und ideologischen Grenzen hinweg organisiert, mag vielleicht politisch naiv sein, weil es die damit verbundenen realpolitischen Folgen eines solchen mitleidsgetriebenen Engagements ausblendet, aber es steht unzwei-

---

38 Ernst Bloch: Das Prinzip Hoffnung. Bd. 1. Frankfurt am Main: Suhrkamp 1980[7], S. 1.

felhaft im Dienst der Humanität. Arno Gruens Feststellung, dass das Mitgefühl die in uns eingebaute Schranke zur Unmenschlichkeit ist und dass mit seiner Unterdrückung und Verzerrung die Geschichte unserer Zivilisation nicht nur verflochten, sondern dass sie sogar ihr Fundament ist, ist heute brisanter denn je. Unser gesellschaftlicher und technologischer Fortschritt kann auf Dauer nicht um den Preis der Ausblendung der Leidenden dieser Welt und der Bedingungen, die dieses Leiden schafft, vorangetrieben werden. So ließe sich in Abwandlung des Diktums Blochs einmahnen: Es kommt darauf an, das Mitfühlen neu zu erlernen, ohne welches das Leben der Menschen nicht nur leer und unerfüllt bliebe, sondern auch unmenschlich wäre. Wenn Bloch davon spricht, dass der Affekt der Hoffnung aus sich herausgeht und die Menschen weitmacht, statt sie zu verengen,[39] dann gilt das genauso und noch unmittelbarer und greifbarer für das Mitgefühl: Die Selbstüberschreitung ist dem Mitgefühl genauso wie der Liebe eingeschrieben. Wer mitfühlt, sieht von sich ab – und sei es nur für kurze Zeit. Er macht den anderen zum Zentrum der Aufmerksamkeit und er findet sich nicht ab mit dem Elend des anderen. Nicht nur das auf Zukunft hin gerichtete Denken und damit Hoffen überschreitet, wie Bloch sagt, sondern auch das Mitfühlen – indem es die Selbstliebe transzendiert im fürsorgenden Da-Sein für den bedürftigen anderen, im tiefen Wissen oder Ahnen jener existenziellen Solidarität der Verletzten und Verletzbaren, aus der sich jedes echte Mitgefühl speist. Die Programmatik dieser Einsicht geht weit über das individuelle Verhalten hinaus und reicht tief hinein in die öffentlich-politische Sphäre. Sozialpolitik bedarf zu ihrer emotionalen Fundierung genauso des Mitgefühls als politischer Emotion wie die Gesundheitspolitik oder die Migrations- und Klimapolitik. Als ethisches und zugleich auch politisches Prinzip wird Mitgefühl so zum Prüfstein für die demokratiepolitische und moralische Reife einer Gesellschaft.

---

39 Vgl. ebd., S. 2.

4

Therapeutische Kraft

Es sind die Grenzerfahrungen des Lebens, die in besonderer Weise der Erfahrung mitfühlender Zuwendung bedürfen. Krankheit, Tod, Verlusterlebnisse, physische und seelische Schmerzen und ähnliche Schicksalsschläge lassen nicht selten ein Gefühl der Ohnmacht und Hilflosigkeit entstehen. Nicht nur für den Unglücklichen bedeutet dies eine große physische und psychische Herausforderung und Anstrengung, sondern auch für die ihm nahestehenden Menschen.

Macht des Unglücks

Krankheit bedeutet nicht nur körperliches Leid – sie bereitet auch seelischen Schmerz. Die französische Philosophin Simone Weil sah in diesem seelischen Schmerz, der zum körperlichen Leid hinzukommt und der wie »eine Beklemmung des Atems, eine schraubende Klammer um das Herz, oder ein ungestilltes Bedürfnis, ein Hunger« empfunden wird, das eigentliche Unglück.[40] In ihrem Traktat über *Die Gottesliebe und das Unglück* schreibt sie, »dass unter allen Leiden, die uns zustoßen können, das Unglück etwas Besonderes und völlig anderes ist als das bloße Leiden. Es bemächtigt sich der Seele und prägt ihr bis ins Innerste einen Stempel auf, der nur ihm allein gehört: den Stempel der Sklaverei.« Und sie zitiert einen aus der Zeit der Römer und der römischen Sklaverei stammenden Satz: »Mit dem Tage, an dem ein Mensch zum Sklaven wird, verliert er die Hälfte seiner Seele«.[41] Das mit körperlichem Leid verbundene Unglück okkupiert die Seele des Leidenden, versklavt ihn förmlich.

> »Das Unglück ist eine Entwurzelung des Lebens, etwas, das in mehr oder minder abgeschwächter Form dem Tode gleichkommt, etwas, das der Seele unabweisbar gegenwärtig ist durch den Zugriff oder die unmittelbare Drohung des körperlichen Schmerzes [...]. Unterliegt der Geist durch den Zugriff eines körperlichen Schmerzes, und sei er noch so leicht, dem Zwang, die Anwesenheit des Unglücks anzuerkennen, so ist die Folge ein ebenso gewaltsamer Zustand wie der eines Verurteilten, der gezwungen wäre, lange Stunden hindurch das Fallbeil zu betrachten, das ihm den Kopf abschneiden wird.«[42]

Der Zwang, das einem widerfahrene Unglück anzuerkennen, die Unterwerfung unter die Sklaverei des Unglücks – das ist der Ernst-

---

40 Simone Weil: Zeugnis für das Gute. Traktate, Briefe, Aufzeichnungen. Hrsg. von Friedhelm Kemp. München: dtv 1990, S. 13.
41 Ebd.
42 Ebd., S. 14.

fall und der Anlassfall für das wohlwollende und fürsorgende Engagement, das Mitgefühl ausmacht. Empathische Zuwendung trägt dazu bei, diesem Zwang der Unterwerfung unter das Unglück etwas entgegenzusetzen. Mitgefühl und das mitfühlende Wort haben die durch nichts zu ersetzende Bestimmung, die durch das erfahrene Unglück infrage gestellte Selbstbehauptung und Selbstwertschätzung des Leidenden zu stärken, dazu beizutragen, dass er sich von dieser »schraubenden Klammer um das Herz« zu befreien vermag. Es macht einen großen Unterschied, ob eine Person Krankheit, Leid und Kummer, Ohnmacht und Hilflosigkeit zum Lebensinhalt und Sinnersatz macht, sich also davon dominieren lässt, oder ob sie versucht, größtmögliche Autonomie, Selbstbestimmung Sinnorientierung und Handlungsfähigkeit zurückzugewinnen. Darin liegt die unschätzbare Bedeutung empathischer Zuwendung: Sie verhilft dazu, den Leidtragenden aus der Umklammerung des Unglücks, die der Seele gleichsam die Luft zum Atmen nimmt, zu befreien. Die Kommunikation zwischen Arzt und Patient z. B. scheitert oft nicht primär an der ungenügenden Vermittlung von Informationen, die zu einer besseren Krankheitserkenntnis des Patienten führen, sondern daran, dass der Patient mit seinem Unglück meist allein gelassen bleibt.

Mitgefühl schafft dieses Unglück nicht aus der Welt, es hilft aber dabei, das empfundene Leid und die destruktive Kraft des Unglücks zu verwandeln. Dies kann, wie im dritten Teil noch näher gezeigt werden soll, nur auf kommunikativem Weg gelingen. Denn die Sprache des Mitgefühls macht den Leidenden nicht zum Objekt der Betrachtung, wie das häufig gerade im Medizinbetrieb, aber auch im ganz normalen Alltag geschieht, sondern sie eröffnet ihm den Raum, in dem er mit all seinen Sorgen und Ängsten er selbst sein kann. Darin hat die empathische Beziehung ihre vornehmste und wohl auch therapeutische Aufgabe. Sie ist immer eine Beziehung der Intimität, der Nähe, die von wechselseitiger Anerkennung zwischen den Partnern getragen wird. Nur unter dieser Voraussetzung von Akzeptanz und Bejahung kann die Widerstandskraft des Unglücklichen gegen die alles okkupierende Macht des Unglücks gestärkt werden. Das bedarf nicht immer vieler Worte. Empathische Zuwendung beginnt nicht selten mit dem gemeinsamen Schweigen. Einem Schweigen, in dem auch der empathisch Helfende die Not und Verzweiflung des anderen in all ihrer Schwere aushalten muss und gerade darin dem anderen nahe ist – vielleicht näher, als dies Worte vermögen. Der französische Dichter Edmond Jabès schreibt: »Das wirkliche menschliche Zwiegespräch, das der Hände, der Pupillen, ist ein schweigendes Zwiegespräch.«[43] Aus diesem verbindenden Schweigen werden vielleicht auch achtsame, behutsame, empathische Worte geboren – Worte, die den anderen stützen, an denen er sich anhalten und aufrichten kann.

Existenzielle Beziehung

In einer solchen existenziellen Beziehung geschieht mehr als ziel- und zweckgerichtete Verständigung. Vielmehr erkennen die Partner einander und jeder sich selbst im anderen. Der Philosoph, Arzt und Psychiater Karl Jaspers formulierte es so:

> »Der Andere ist selber, was ich bin: ich sehe mich selbst im Anderen; ich bin gleichsam außer mir. Ich habe mich als mich verloren [...]. Jedes Ich ist angewiesen auf den Anderen, wie der Andere auf das Ich. Ich-Sein ist nicht aus sich allein, sondern durch den Anderen, wie dieser durch mich.«[44]

Diese für existenzielle Beziehungen notwendige wechselseitige Durchlässigkeit des einen für den anderen schließt jegliches Rollenverständnis in der Interaktion aus. Arzt und Patient, Hilfesuchender und Hilfegebender stehen einander nicht in einem Verhältnis von Rollenzuschreibungen gegenüber, sondern in einer Beziehung von Existenz zu Existenz, jeder auf seine Weise der Brü-

---

43 Edmond Jabès: Das Buch der Fragen. Frankfurt am Main: Suhrkamp 2019, S. 61.
44 Karl Jaspers: Von der Wahrheit. München/Zürich: Piper 1991[4], S. 372 f.

chigkeit des Seins und den Grenzsituationen des Lebens ausgesetzt. Aus dem Sich-selbst-Erkennen im leidenden anderen entsteht jenes Gefühl der Solidarität der Verletzten und Verletzbaren, von dem bereits die Rede war und worauf ich noch öfter zurückkommen werde. Ich bin genauso verletzbar wie Du, wir beide sind Bedürftige im Leben, in der Krankheit und im Sterben. Es ist diese Solidarität der Verletzten und Verletzbaren, die wahres Mitgefühl und eine authentische Sprache des Mitgefühls möglich macht. Aus diesem Bewusstsein solidarischer Verbundenheit des einen mit dem anderen schöpfen wir alle die Kraft, zu therapeutischen Mitmenschen zu werden. »Wer leidet«, schreibt Simone Weil, »sucht sein Leid anderen mitzuteilen [...], um es so zu vermindern und derart vermindert er es in der Tat [...]. [W]er es nicht mitteilen kann, bei dem bleibt das Leid in ihm und vergiftet ihn.«[45] Darin steckt der gesamte therapeutische Anspruch an empathische Kommunikation. Sowohl Psychoanalyse als auch die verschiedenen Psychotherapien schöpfen seit jeher aus diesem heilstiftenden Potenzial des anteilnehmenden und am Selbst des Klienten orientierten Gesprächs. Auch die moderne Medizin weiß von der Kraft gezeigten Mitgefühls. Sämtliche empirische Daten der medizinwissenschaftlichen Forschung der vergangenen Jahrzehnte weisen nach, dass Empathie in der Arzt-Patienten-Beziehung eine Schlüsselvariable im Heilungsgeschehen ist. Ich habe mich an anderer Stelle ausführlich mit dieser Thematik beschäftigt und belasse es an dieser Stelle und auch in den folgenden Kapiteln, in denen es um die heilstiftende Kraft empathischer Kommunikation geht, bei nur wenigen Anmerkungen.[46]

Der Mensch ist ein hochkomplexes kommunikatives Netzwerk, in dem Körper, Seele und Geist in einem ständigen interaktiven Austausch stehen. Das Immunsystem ist gleichsam die kommunikative Schnittstelle zwischen seelisch-geistigen und körperlichen Prozessen. Vermittels gehirnphysiologischer Prozesse reagiert es auf nega-

---

45 Simone Weil: Schwerkraft und Gnade. München: Kösel 1981³, S. 13 f.
46 Vgl. Gottschlich, Medizin und Mitgefühl.

tive Gefühle wie Stress, Trauer, Sorge, Enttäuschung, das Gefühl der Sinnlosigkeit usw. genauso wie auf positive Emotionen wie Freude, die Erfahrung von Sinnerfüllung, sozialer Zuwendung und Integration, um nur einige zu nennen. Auch wenn wir erst am Anfang stehen, diese komplexen Zusammenhänge zu erforschen und sie therapeutisch fruchtbar zu machen, so ist jetzt schon klar, dass Krankheit und Heilung wesentlich vom Zusammenspiel zwischen Gefühlszuständen, mentalen Bildern und biochemischen Prozessen im Körper mitbestimmt werden. Auch die gehirnphysiologischen Prozesse sind bekannt, die dazu führen, dass sich bestimmte Gefühlszustände und mentale Prozesse körperlich auswirken. Der Körper reagiert messbar auf die geistigen Bilder, die unsere kommunikativen Beziehungen begleiten und steuern. Worte vermitteln nicht nur Informationen, sondern Worte erzeugen Gedankenbilder beim Hörer, die wiederum dessen mentalen, seelischen und körperlichen Zustand verändern. Manche dieser Wortspuren bleiben unsichtbar, manche aber können mittels neurobiologischer Messmethoden erkennbar gemacht werden. In der Medizin kennt man die heilsame Wirkung von Placebo-Effekten. Sie beruhen ausschließlich auf der suggestiven Kraft von Worten und den von ihnen hervorgebrachten Vorstellungen. Die Psychoneuroimmunologie kann zeigen, dass es einen engen und direkten Zusammenhang zwischen der Qualität von Kommunikationserfahrungen und jeweiligen Immunreaktionen der Betroffenen gibt. Kommunikativer Stress, Sorgen und Ängste, Beziehungsdefizite und Mangel an Anerkennung wirken sich nachweislich negativ auf das Immunsystem aus. Was kränkt, macht krank, ist eine alte Volksweisheit, die im Licht der modernen Forschung eindrucksvoll empirisch bestätigt wird. Wissenschaftlich kann nachgewiesen werden, dass positive, empathische Kommunikation im Krankheitsfall zur schnelleren und nachhaltigeren Genesung beiträgt, die Morbidität vermindert, während soziale und kommunikative Isolation das Krankheits- und Sterberisiko signifikant erhöht. Dieses Potenzial steht nicht nur dem Arzt oder dem Therapeuten zur Verfügung, sondern jedem von uns – im mitfühlenden Engagement am leidenden und unglücklichen anderen.

5

Spirituelle Erfahrung

Die intuitive Einsicht: Ich bin wie Du, ich bin wie Du nicht gegen Unglück und Leid gefeit und im existenziellen Ausgeliefertsein sind wir einander nicht nur ähnlich, sondern miteinander verbunden, ist letztlich eine zutiefst spirituelle Einsicht. Sie bedeutet einen alternativen Erfahrungsmodus, der sich – im Unterschied zu unserem Alltagsdenken – dadurch auszeichnet, dass die perspektivisch verengte Ego-Zentrierung in der Wahrnehmung von Welt und Mitwelt zugunsten einer ganzheitlichen, den anderen mitdenkenden Betrachtung überwunden wird. Die Grenzen zwischen Ich und Nicht-Ich werden zugunsten eines integralen Ganzen, eines *Wir* aufgehoben. Martin Buber schreibt über dieses Wir:

> »Seine Gedanken hat der Mensch je und je als Ich gedacht und hat als Ich seine Ideen an den Sternenhimmel des Geistes versetzt, aber als Wir hat er sie je und je in das Sein selber gehoben, in jene Art des Seins, die ich das Zwischen oder das Zwischensein nenne. Das ist die zwischen den miteinander kommunizierenden Personen bestehende Seinsart, die wir weder der Psyche noch der Physis zuzuordnen vermögen [...]. Springendes Feuer ist ja das rechte Bild für die Dynamik zwischen den Personen im Wir.«[47]

Schöpferisches Potenzial

In der Erzeugung dieses *springenden Feuers*, dieses *Zwischenseins* der Partner, liegt der eigentliche schöpferische und spirituelle Moment auch jeder wahrhaft empathischen Kommunikationsbeziehung. In diesem Sinn lässt sich Mitgefühl auch als eine spirituelle Emotion begreifen, weil sie die Dualität zwischen Ich und Nicht-Ich zugunsten des Wir menschlicher Schicksalsgemeinschaft, existenzieller Verbundenheit und Einheit aufzulösen vermag. Das Mitgefühl hebt den Menschen über sich hinaus. Indem beide Beziehungspartner diese Ebene des schöpferisch hervorgebrachten Zwischenseins betreten, vermögen sie sich auch von ihrer Selbstfixierung zu lösen. In diesem Zustand des Zwischensein zwischen dem einen und dem anderen verändern die Partner ihre Sicht auf sich selbst, auf einander und die Welt. Diese Qualität des Wirklichkeitsempfindens, die Buber mit dem Bild des »springenden Feuers« zu fassen versuchte, kommt dem recht nahe, was in den Weisheitslehren des Ostens als Erfahrung der *Nondualität* verstanden wird. Das nonduale Verständnis von Welt und Wirklichkeit geht von der Einsicht aus, dass die Grenzen zwischen Subjekt und Objekt, Geist und Materie, Ich und Welt durchlässig und letztlich obsolet sind, denn alles hängt mit allem zusammen und lässt sich nicht voneinander trennen. Das Prin-

---

47 Martin Buber: Logos. Zwei Reden. Heidelberg: Lambert Schneider 1962, S. 68 f.

zip der Nondualität beruht auf der Grundannahme, dass allen Dingen eine gemeinsame Wirklichkeit zugrunde liegt. Was wir als Wirklichkeit erkennen, ist eine Ausdrucksform dieser alles umfassenden einheitlichen, allem zugrundeliegenden Wirklichkeit. Westliches Denken hat mit einem nondualen Verständnis von Welt und Wirklichkeit noch erhebliche Schwierigkeiten, obwohl nicht nur die Quantenphysik, sondern eine Reihe anderer Forschungsdisziplinen ein solches nonduales Welt- und Wirklichkeitsverständnis nahelegen.[48] Jenes »springende Feuer des Zwischenseins« ist diese spirituelle Urerfahrung der Nondualität, der Erfahrung des Eins-Seins mit anderen und der Welt. Mitgefühl und mitfühlende Kommunikationsbeziehungen lassen etwas von diesem Einssein in der Verschiedenheit aufleuchten. Wenn dies, wenn auch nur für Momente gelingt, wird das Erleben echter, mitfühlender Zuwendung zugleich zur Erfahrung spiritueller Entgrenzung und Befreiung. Im Mitgefühl erhebt sich der Mensch über sich hinaus. Im Mitgefühl und im mitfühlenden Wort verwandelt der eine für den anderen die Last leidvoller Wirklichkeit, löst die eiserne Klammer des Unglücks, die das Herz umschließt, verhilft dem unglücklichen anderen dazu, sich neu zu finden und sich auf neue Horizonte hin zu entwerfen. Mitgefühl und mitfühlende Worte sind das »springende Feuer« zwischen den einander in Not, Unglück und Bedürftigkeit Begegnenden, das erhellt und erwärmt und das jenes umfassende Eine und Ganze, das alles umhüllt und allem zugrunde liegt, zum Durchschein bringt. Darin liegt die Spiritualität und letztlich transzendente Bestimmung allen wahrhaften Mitfühlens.

---

48 Vgl. David Loy: Nondualität. Über die Natur der Wirklichkeit. Frankfurt am Main: Krüger 1988.

Jüdisch-christliche Markierungen

Sowohl Christentum wie auch Judentum sind von einer einzigen zentralen spirituell-religiösen Programmatik durchdrungen: Der Mensch soll seinem Schöpfer nachfolgen und ihn nach Kräften nachahmen.[49] Darin sind alle Maximen und Vorschriften religiöser Lebenspraxis zusammengefasst. Nach biblischer Auffassung ist der Mensch nach Gottes Ebenbild geschaffen – er kann nicht wie Gott sein, Gott ist auch nicht wissbar, aber er ist, wie Martin Buber hervorhebt, nachahmbar und der Mensch ist aufgefordert, Gott je nach seinem individuellen Vermögen nachzueifern.[50]

Die jüdisch-christliche Tradition hebt dabei einen Weg der Nachahmung besonders hervor: Die Barmherzigkeit. In der Barmherzigkeit kommt der Mensch dem Anspruch göttlicher Ebenbildlichkeit am nächsten. Einübung in Barmherzigkeit und Erbarmen – *rachamim* im Hebräischen, *misericordia* im Lateinischen – ist *die* zentrale religiöse Tugend, in der der Mensch in den »Fußstapfen Gottes« (M. Buber) gehen kann und gehen soll. Die mystische Tradition des Judentums kennt dreizehn Namen der Barmherzigkeit Gottes, im Christentum wird Jesus Christus als inkarnierte Barmherzigkeit Gottes bekannt. Jesus mahnt in der Bergpredigt: »Seid barmherzig, wie es auch euer Vater ist« (Lukas 6,36). Die Bibel spricht von sieben Werken der Barmherzigkeit, darunter zählen: Kranke zu heilen, Trauernde zu trösten und Gefangene zu besuchen. Barmherzigkeit, Erbarmen und Mitgefühl sind einander

---

49 Ich beziehe mich im Folgenden auf meine Ausführungen zu den Begriffen »Barmherzigkeit« und »Mitgefühl«, die zum verbindenden spirituellen und mystischen Kernbereich von Judentum und Christentum zählen. Vgl. Maximilian Gottschlich: Versöhnung. Spiritualität zwischen Thora und Kreuz. Spurensuche eines Grenzgängers. Wien/Köln/Weimar: Böhlau 2008, S. 142–145 und 208–227.
50 Vgl. Martin Buber: Einsichten. Wiesbaden: Inselverlag 1953, S. 13 sowie Gottschlich, Versöhnung, S. 142–144.

bedingende Anschauungsweisen der *einen* spirituell-religiösen Grundhaltung, die darin besteht, mit wachem, offenen Herzen der Welt und dem Nächsten zu begegnen und Not zu lindern, wo immer sie wahrnehmbar wird. Gottes Erbarmen und seine vergebende Liebe ist in beiden Religionen ethisches Vorbild für das Verhalten der Menschen. Erstes und Zweites Testament handeln von nichts anderem als vom Erbarmen und der Barmherzigkeit Gottes mit der – *seiner* – Menschheit. Die gesamte jüdische Lehre ist von diesem Gedanken, Gott in seiner Barmherzigkeit (gemäß 5. Mose 13,5) zu folgen, durchdrungen. *Rachamim*, das Mitleid, Mitgefühl und Erbarmen Gottes, ist es, das alles umfängt und in dem alles menschliche Scheitern aufgehoben ist. Dieses Erbarmen gehört nicht nur zum Gottesbegriff selbst, sondern kennzeichnet das Leben des ganzen Volkes Israel vom Beginn seiner Geschichte an. Mit dem hebräischen Wort *rachamim* charakterisiert das Erste Testament die besondere, alle Gerechtigkeit und Strenge Gottes überragende zärtlich-liebevolle Beziehung Gottes zu Israel. Diese Beziehung ist, gleich derjenigen zwischen Mutter und Kind, eine ungeschuldete Liebe, in der eine unaufhebbare, alles verzeihende Liebesverbindung ausgedrückt wird.[51]

Für die Christen verkörpert Jesus in vollkommener Weise jene Tugenden des Mitleids und des Mitgefühls: Seine Passion entspringt ja im Mitleid – im Mitleid mit einer erlösungsbedürftigen, in Leid verstrickten und dem Tod ausgelieferten Menschheit. Mit der Auferstehung Jesu, so die österliche Verheißung, hat der Tod keinen Stachel mehr. In dieser transzendenten Hoffnung wurzelt letztlich im Tiefsten auch jene Solidarität der Verletzbaren und Verletzten, von der weiter oben schon die Rede war. In der Solidarität des Gekreuzigten mit seiner Menschheit liegt im Tiefsten auch die Quelle der Solidarität der Menschen miteinander. Diese Solidarität menschlicher Schicksalsgemeinschaft ist es, die dem empathischen Vermögen zugrunde liegt, fremdes Leid mitzutragen

---

51 Vgl. Johannes Paul II.: Enzyklika Dives in misericordia. Über das Göttliche Erbarmen. Linz 1980, S. 6 f.

und damit erträglicher zu machen – das physische Leid in Form von Krankheit und Schmerz, nicht weniger als das metaphysische Leid eines quälenden Bewusstsein der Endlichkeit allen menschlichen Seins und Strebens.

Es ist dieser programmatische Auftrag, den göttlichen Werken der Barmherzigkeit nachzueifern, der – über alle theologischen Unterschiede hinweg – jüdischen und christlichen Glauben verbindet und zur gemeinsamen Arbeit für die Menschheit verpflichtet. In der Tugend der Barmherzigkeit und des Mitgefühls verschmelzen Ethik und Mystik, *vita activa* und *vita contemplativa*. Die mystische Vergegenwärtigung des Erbarmens Gottes mit der Menschheit und das Gewahrwerden menschlichen Leids und menschlicher Not sind zwei Seiten einer Medaille. Wenn Mystik »Sein in Gott« (A. Schweitzer) ist, dann meint das nicht: aufgehen im überindividuellen, überweltlichen Einen, sondern »Einswerden in der Hingabe an das konkrete, individuelle Andere«. Denn »das Allgemeine, Eine ist vielmehr nur im je Konkreten, Individuellen gegenwärtig.«[52] So findet gerade die Kontemplation der Gegenwart Gottes in den Tugenden der Barmherzigkeit und des aktiven Mitgefühls ihren eigentlichen Ausdruck und ihre heilstiftende Bestimmung.

Mitgefühl ist also nicht nur moralische Aufgabe, politisches Projekt und therapeutische Kraft, sondern im aktiven Mitgefühl schwingt immer auch etwas von der Erlösungsbedürftigkeit des Menschen mit – auch das Eingeständnis nur begrenzter Fähigkeiten und Möglichkeiten, sich, auf sich allein gestellt, aus den Verstrickungen des Lebens und des Schicksals zu befreien. Das macht Mitgefühl auch zum spirituellen Gefühl.

---

52 Michael von Brück: Veneratio et contemplatio vitae. Albert Schweitzers Intuition der Ehrfurcht vor dem Leben. In: Peter Lengsfeld (Hrsg.), Mystik – Spiritualität der Zukunft. Freiburg im Breisgau: Herder 2005, S. 139.

Teil 2

Die Feinde des Mitgefühls

Vorbemerkung

> »Was ich in meinem Leben will, ist Einfühlsamkeit,
> ein Fluss zwischen mir und anderen, der auf
> gegenseitigem Geben von Herzen beruht.«
> (Marshall B. Rosenberg)

Das Mitgefühl hat drei potente Gegenspieler: Hass, Narzissmus und Gleichgültigkeit.[1] Diese Feinde des Mitgefühls mögen zwar unterschiedliche Ursachen haben, potenzieren sich aber in ihrer destruktiven Wirkung auf den Einzelnen wie auf die Gesellschaft insgesamt. Wenn wir das Mitgefühl und damit unsere Menschlichkeit retten wollen, dann müssen wir alles tun, um gegen den Hass in der Gesellschaft, gegen narzisstische Selbstsucht wie auch gegen die wachsende Ignoranz und emotionale Unempfindlichkeit zu immunisieren. Das ist zugegebenermaßen ein gigantisches Zukunftsprojekt und eine Mammutaufgabe, die eine Vielzahl gesellschaftlich relevanter Bereiche betrifft und in die Pflicht nimmt: allen voran die Pädagogik, die Medien gesellschaftlicher Kommunikation, die Kunst und Kultur und auch die Religionen.

Hass, Narzissmus und Gleichgültigkeit haben eines gemeinsam: Unter ihrem Einfluss werden Menschen und ihre sozialen Beziehungen verdinglicht. Hass steht in einem antagonistischen Ver-

---

1 Martha Nussbaum sieht in ihrer Auseinandersetzung mit Emotionen im politischen Leben drei andere Feinde des Mitgefühls, nämlich Angst, Neid und Scham. Da jede dieser drei Emotionen auch positive Seiten hat, besteht nach Nussbaum die Herausforderung darin, durch öffentliche Maßnahmen gegen die negativen Ausprägungen dieser Gefühle zu immunisieren (Nussbaum, Politische Emotionen, S. 471-566). Was das Urgefühl des Menschen, die Angst, betrifft, so sehe ich in ihr unter dem Gesichtspunkt wachsender kollektiver Zukunftsängste eine der Quellen des Hasses in der Gesellschaft.

hältnis zur Anteilnahme, zur emotionalen Identifizierung, die Grundlage gelingender sozialer Beziehungen ist. Hass ist ein Nicht-Verhältnis, der Zustand der Nicht-Beziehung, der Erstarrung, die sich nicht selten im Schweigen, der aggressivsten Form der Kommunikation manifestiert. Für den Narzissten wiederum ist der Mitmensch primär unter dem Gesichtspunkt der Nützlichkeit für sein Ego und die Erreichung seiner Ziele und Zwecke wichtig, der andere ist Mittel zum eigenen Zweck. Als Werkzeug wird er danach beurteilt, ob er für die angestrebten Ziele und Zwecke brauchbar oder unbrauchbar ist. Auch in der Haltung der Gleichgültigkeit geht der Blick für die Einzigartigkeit des Individuums, das uns im anderen begegnet, verloren. Dem Gleichgültigen ist nicht nur das Schicksal des anderen gleichgültig, solange es ihn nicht selbst betrifft, sondern er ist sich selbst gegenüber ebenfalls gleichgültig. Er erlebt und behandelt sich selbst als Objekt und nicht als empfindendes, urteilendes, entscheidendes und für sein Tun verantwortliches Subjekt. Deswegen fühlt sich der Gleichgültige machtlos, und in dieser vermeintlichen Machtlosigkeit richtet er sich ein, sie wird ihm zur selbstgenügsamen Behausung. Der Gleichgültige setzt sich keine weiterreichenden Ziele, exponiert sich nicht, eckt nirgends an, sondern folgt stromlinienförmig den Mehrheitsmeinungen. Im politischen Kontext ist Gleichgültigkeit eine der zentralen Voraussetzungen dafür, dass sich Macht, welcher Art auch immer, mangels Widerspruchs, Widerstands und Kontrolle immer weiter auszudehnen vermag. Die Geschichte lehrt, dass Gleichgültigkeit seit jeher der Tyrannei in die Hände spielt. Ohne die Gleichgültigkeit der Vielen hätte die Vernichtungsmaschinerie der Nazis nicht so reibungslos funktioniert können, wie sie funktioniert hat.

Hass, Narzissmus und Gleichgültigkeit sind Ausdrucksformen der Depersonalisierung und Dehumanisierung, denen vielfach ein früher und anhaltender Mangel an qualitativen Interaktionserfahrungen zugrunde liegt. Was allen drei gemeinsam ist, ist ein erstarrtes, lediglich instrumentelles, also verdinglichtes Verhältnis zu sich selbst und zur Mitwelt. Es ist die Verdinglichung des Menschen und der zwischenmenschlichen Beziehungen, die als gemeinsame Klammer Hass, Narzissmus und Gleichgültigkeit miteinander verbindet, so unterschiedlich ihre psychosozialen und sozialpathologischen Ursachen, so unterschiedlich auch ihr Erscheinungsbild und ihre Symptomatik sein mögen. In der Verdinglichung geht der Eigenwert des Menschen verloren, aus dem Subjekt wird ein verfügbares Objekt.

Dagegen steht das Mitgefühl, das gerade in der Wahrung und Förderung des Subjekt-Seins der Person des anderen seinen eigentlichen humanitären Anspruch hat. Wenn wir mit Arno Gruen darin übereinstimmen, dass das Mitgefühl die uns eingebaute »Schranke zum Unmenschlichen« ist, dann deswegen, weil Mitgefühl und mit ihm die empathische Intersubjektivität die einzigen wirksamen Heilmittel gegen die Verdinglichung des Menschen sind. Jede Form teilnehmender Kommunikationspraxis, die die Person des anderen in das Zentrum des existenziellen Interesses rückt, steht gegen die Versuchung der Verdinglichung und entzieht damit den destruktiven Kräften des Hasses, des Narzissmus und der Gleichgültigkeit ihre negative Energie.

6

Hass

Am 9. Oktober 2019 versuchte der ehemalige Chemiestudent Stephan Balliet aus Berndorf bei Halle, in Kampfmontur die Synagoge in Halle zu stürmen, um am Jom Kippur, dem höchsten jüdischen Feiertag, so viele Juden wie möglich zu töten. Der Rechtsterrorist, der mit selbstgebauten Schusswaffen und Sprengsätzen ausgestattet war, scheiterte jedoch an der schweren, versperrten Holztüre der Synagoge. Aus Frustration erschoss er eine zufällig am Tatort vorübergehende Passantin und einen jungen Mann in einer nahegelegenen Imbissstube. Nach einem Feuergefecht mit der Polizei flüchtete Balliet mit seinem Leihwagen, verletzte auf der Flucht mehrere Personen und konnte nach einem Frontalzusammenstoß mit einem Lastwagen schließlich gestellt werden. Das Attentat gilt als die schwerste antisemitische Gewalttat in Deutschland seit dem

Ende des Zweiten Weltkriegs. Balliet filmte den Ablauf seiner Tat in Ego-Shooter-Perspektive mit seinem Handy, das er vor dem Attentat an seinem Helm befestigte. Knapp zuvor nimmt er sich selbst im Auto sitzend auf, um seine antisemitischen Verschwörungstheorien über das Internet zu verbreiten: »Hello, my name is Anon and I think the Holocaust never happened.« Auf Englisch fährt er fort: »Feminismus ist die Ursache für den Rückgang der Geburtenrate im Westen, die als Sündenbock für die Massenimmigration dient. Und die Wurzel all dieser Probleme ist der Jude. Wollt ihr gerne Fans sein?«[2] Im Magdeburger Gerichtsverfahren gegen Balliet attestiert der psychiatrische Gutachter eine tief verwurzelte Persönlichkeitsstörung, die im Denken, Fühlen und in den Beziehungen zu anderen Menschen zu abnormen Erlebens- und Verhaltensweisen geführt hätte. Hass, so der Gutachter, sei das einzige Gefühl, das er in seinen Gesprächen mit Balliet wahrgenommen habe.[3]

Zeitgleich zum Prozess um das rechtsterroristischen Attentat in Halle lief in Frankfurt am Main ein anderes Strafverfahren, der Prozess um das Attentat auf den Kasseler Regierungspräsidenten Walter Lübcke, der in der Nacht zum 2. Juni 2020 auf der Terrasse seines Hauses mit einem Kopfschuss getötet wurde. Der Attentäter, Stephan Ernst, wurde Ende Januar 2021 zu lebenslanger Haft verurteilt. Dieser Anschlag gilt als der erste rechtsradikal motivierte Mord an einem Politiker in der BRD. Im Prozess gegen Stephan Ernst, der aus der rechtsradikalen Szene kommt, wird aus einem psychiatrischen Gutachten zitiert, das bereits 1992 über den Angeklagten erstellt wurde. Der damals 19-Jährige attackierte einen Imam auf einer Bahnhofstoilette mit einem Messer und verletzte ihn schwer. Dem Gutachter erklärte er, dass er unbändigen Hass in sich verspüre. Wie zum Beleg, ätzte er sich das Wort »Hass« auf den linken Handballen.[4]

---

2 Zit. nach Beate Lakota: Hass eines Versagers. In: Der Spiegel Nr. 46/2020, S. 56.
3 Vgl. ebd., S. 60.
4 Vgl. Julia Jüttner: Ein Mord, drei Versionen. In: Der Spiegel, Nr. 47/2020, S. 53.

Beide Verbrechen haben großes öffentliches Aufsehen hervorgerufen und befeuern bis heute die Debatte über das steigende Gewaltpotenzial in der Gesellschaft. Diese und ähnliche, wie auch immer motivierte Gewalttaten markieren aber nur die sprichwörtliche Spitze des Eisbergs, der tief hinabreicht in kaum sichtbare kollektive Tiefenschichten der Gesellschaft. Die Hasskriminalität, also Straftaten, die durch gruppenbezogene Vorurteile motiviert sind, nimmt von Jahr zu Jahr zu. Darunter fallen fremdenfeindliche Straftaten, die 2019 in Deutschland im Vergleich zum Vorjahr um 2,7 % auf knapp 8.000 Fälle gestiegen sind, und antisemitische Straftaten, die im selben Zeitraum um 13 % auf 2.032 stiegen. Mehr als 90 % dieser Taten wurden von bekennenden Mitgliedern des rechtsradikalen Milieus begangen.[5]

Nicht nur die politisch motivierte Kriminalität speist sich aus dem Hass – der Hass hat viele Gesichter und ebenso viele Ursachen. Er ist eine negative Emotion, die zwischenmenschliche Beziehungen zerstört, das gesellschaftliche Klima vergiftet und Konflikte radikalisiert. Der Hass ist eine destruktive Kraft, die die Geschichte der Menschheit und der zivilisatorischen Entwicklung wie ein dunkler Schatten begleitet – er ist Ausdruck des Bösen, zu dem der Mensch fähig ist. Hass ist der Widersacher der Vernunft, der Dämon der Anti-Sprache, der Anti-Logos. Hass ist nicht dialogfähig und auch nicht dialogwillig. Dialog und Hass schließen einander aus. Dialog ist ein mühsamer Prozess der Selbstverpflichtung auf das Gemeinsame, das den einen mit dem anderen verbindet. Hass hingegen trennt, grenzt aus, zerstört, sucht die Vernichtung. Er nistet sich zuerst in der Sprache ein und indem er sich der Worte bemächtigt, bemächtigt er sich auch des Denkens. Seine destruktive Kraft frisst sich wie ein metastasierendes Krebsgeschwür in den Körper der Gesellschaft. Längst ist dieser Hass nicht mehr bloß auf

---

5 Vgl. Bundesministerium für Inneres, für Bau und Heimat: Politisch motivierte Kriminalität im Jahr 2019. Bundesweite Fallzahlen. https://www.bmi.bund.de/SharedDocs/downloads/DE/veroeffentlichungen/2020/pmk-2019.pdf?__blob=publicationFile&v=11 (abgerufen am 25.11.2020).

die sozialen und politischen Ränder beschränkt, sondern hat die Mitte der Gesellschaft erreicht. Auch wenn der Hass nicht dialogfähig ist, weil er sich rationaler Argumentation entzieht, gilt: Man kann den Hass nur in Schach halten, wenn man verhindert, dass er sich der Sprache bemächtigt. Es ist die Sprache, die der lodernden Flamme des Hasses immer weiteren Brennstoff liefert. Wer den Hass löschen will, muss ihn in der Sprache und mit den Mitteln der Sprache löschen.

Ich werde im Folgenden die Physiognomie des Hasses aus drei verschiedenen, aber miteinander eng verflochtenen Perspektiven beleuchten: des destruktiven Vorurteils, wie es in besonderer Weise im Antisemitismus und Judenhass zum Ausdruck kommt,[6] der destruktiven Angst, die mit den massiven Krisen und gesellschaftlichen Umbrüchen einhergeht, die vielfach als Bedrohung empfunden werden und wiederum das gesellschaftliche Aggressionspotenzial erhöhen,[7] sowie schließlich des digitalen Hasses, also des Hasses, der in den sozialen Netzwerken einen fruchtbaren Boden zu seiner Verbreitung findet.

---

6 Das Kapitel über Antisemitismus und Judenhass ist eine geraffte Zusammenfassung ausführlicherer Auseinandersetzungen mit den historischen, psychologischen, sozialen, politischen und religiösen bzw. theologischen Ursachen des Antisemitismus, die ich an anderer Stelle veröffentlicht habe. Vgl. Maximilian Gottschlich: Die große Abneigung. Wie antisemitisch ist Österreich? Kritische Befunde zu einer sozialen Krankheit. Wien: Czernin 2012; Maximilian Gottschlich: Unerlöste Schatten. Die Christen und der neue Antisemitismus. Paderborn: Ferdinand Schöningh 2015 sowie Maximilian Gottschlich: Die tiefreichenden Wurzeln des (europäischen) Antisemitismus. Wien 2019. https://www.antisemitismus2018.at/wp-content/uploads/maximilian_gottschlich%E2%80%93die_tiefreichenden_wurzeln_des_europaeischen_antisemitismus.pdf (abgerufen am 07.04.2022).

7 Die Ausführungen zur destruktiven Angst folgen Überlegungen, die ich zuerst unter dem Titel: *Zukunft ist gestern* publiziert habe. Vgl. Maximilian Gottschlich: Zukunft ist gestern. Was den Rechtspopulismus so erfolgreich macht. In: Illustrierte Neue Welt 3/2019, https://publizistik.univie.ac.at/fileadmin/user_upload/i_publizistik/MA/Gottschlich/PDF/INW0319.pdf (abgerufen am 07.04.2022).

Destruktives Vorurteil: Antisemitismus und Judenhass

Im Judenhass findet der Hass seine paradigmatische Ausprägung. Nirgends sonst tritt der Hass in all seiner Obszönität, Irrationalität und Besessenheit so deutlich zu Tage wie im Antisemitismus und im Judenhass. Kein anderer Hass hat so viele unschuldige Opfer durch die Jahrhunderte hindurch gefordert wie der Hass auf Juden. Wenn man vom Hass sagen muss, dass er eine anthropologische Konstante ist, der dunkle Teil der *conditio humana*, dann lässt sich vom Judenhass sagen, dass er eine erschreckende historische Invariante ist. Seit es Juden gibt, werden sie gehasst. Mit dem »Zivilisationsbruch der Shoah« (D. Diner), der Ermordung von zwei Dritteln der jüdischen Bevölkerung Europas, erreichte die Jahrtausende alte Geschichte des Judenhasses den Tiefpunkt ihrer perversen, in den Brennöfen von Auschwitz endenden Entwicklung. Damit aber war die Geschichte antisemitischer Verfolgung und Vernichtung nicht zu Ende – vielmehr setzte sie sich im neuen Gewand ungehemmt fort. Der nationalsozialistische Antisemitismus fiel auf den fruchtbaren Boden eines durch Jahrhunderte hindurch aufbereiteten, theologisch-religiös motivierten und legitimierten christlichen Antijudaismus. Der »neue« Antisemitismus, der Antisemitismus »nach Auschwitz«, resultiert zum einen Teil aus der Verdrängung dieser, in den Tiefenschichten des kollektiven Unbewussten europäischer Gesellschaften fest verankerten Antijudaismus; zum anderen speist sich der moderne Antisemitismus, der Antisemitismus nicht trotz, sondern wegen Auschwitz, aus dem psychologischen Mechanismus der Schuldabwehr, die sich als Schuldumkehr und Schuldprojektion manifestiert. Davon sind insbesondere die Tätergesellschaften Deutschland und Österreich betroffen, aber auch weite Teile der von den Nazis okkupierten europäischen Länder, die sich der nationalsozialistischen Rassenpolitik und ihrem eliminatorischen Antisemitismus unterworfen haben.

Europaweit nehmen Antisemitismus und Judenhass von Jahr zu Jahr zu. Nach einer 2019 veröffentlichten repräsentativen Umfrage des Jüdischen Weltkongresses haben 27 % aller Deutschen antisemitische Gedanken, 12 % aller Befragten sind der Meinung, dass Juden für die meisten Kriege weltweit verantwortlich sind. Der Antisemitismus nach Auschwitz tarnt sich oftmals im Gewand des Antizionismus und Antiisraelismus. So sind 11 % der Deutschen der Meinung, dass die Juden kein Recht auf einen eigenen Staat Israel haben. Dabei hängen antisemitische Stereotype nicht vom Bildungsniveau ab: 28 % der deutschen Hochschulabsolventen behaupten, Juden hätten zu viel Macht in der Wirtschaft, 26 % attestieren Juden »zu viel Macht in der Weltpolitik«, 41 % meinen, Juden redeten zu viel über den Holocaust.[8] Mindestens vier Mal am Tag kommt es im Schnitt in Deutschland zu einem antisemitischen Vorfall, die Dunkelziffer dürfte aber weit darüber liegen.

Ähnliche Prozentsätze zeigen auch österreichische Erhebungen. Seit Jahren schon zeigen die empirischen Daten ein konstantes Bild: In Österreich gibt es rund 10 % manifeste und 30 % latente Antisemiten. Jeder dritte Österreicher vergleicht die Politik Israels gegenüber den Palästinensern in den besetzten Gebieten mit Nazipraktiken, 11 % glauben, dass wenn es den Staat Israel nicht mehr gäbe, Friede im Nahen Osten herrschen würde. Sämtliche empirischen Daten zum Antisemitismus in Europa signalisieren: Aus der Bedrohung durch einen rüden Verbalantisemitismus ist in den vergangenen Jahren eine reale Bedrohung an Leib und Leben für die Juden Europas geworden. Sowohl rechter als auch linker Antisemitismus radikalisieren sich in Europa von Jahr zu Jahr und ergeben mit dem importierten, gewaltbereiten islamischen Antisemitismus und Antijudaismus eine für die Juden Europas gefährliche Gemengelage. Drei Generationen nach Auschwitz ist der Antisemitismus immer noch das, was er immer schon war: »eine tödliche

---

8 Vgl. epd: Jeder vierte hat antisemitische Gedanken. In: Jüdische Allgemeine, 24.10.2019, https://www.juedische-allgemeine.de/politik/jeder-vierte-hegt-antisemitische-gedanken (abgerufen am 26.02.2021).

Gefahr für Juden und sonst gar nichts«, wie Hannah Arendt es formulierte.[9] Und so bitter die Einsicht auch ist: Wir haben keine Handhabe gegen ihn. Judenhass ist eine soziale Krankheit, deren verborgene, tiefere Ursachen wir zwar nicht beheben können, wohl aber können und müssen wir deren manifeste Symptome bekämpfen.

Soziale Krankheit

Jean-Paul Sartre hat den Judenhass als eine Leidenschaft beschrieben, als ein »Engagement der Seele«. Diese Obsession entzieht sich der rationalen Argumentation, also der Aufklärung durch Information und Bildung. Wie jeder Hass ist auch der Hass auf Juden der Vernunft unzugänglich, er hebt die Vernunft als Regulativ zwischenmenschlicher Beziehungen auf.[10] Die bittere Wahrheit drei Generationen nach Auschwitz und angesichts eines von Jahr zu Jahr wachsenden Antisemitismus in den westlichen Gesellschaften ist: Das destruktive Vorurteil über Juden und seine unheimliche Persistenz durch die Geschichte hindurch ist weder durch Sanktionen noch durch Information und Wissensorganisation aus den Angeln zu heben. Angesichts des Unbegreifbaren der Shoah stößt jede Aufklärung über den Weg der Menschheit bis Auschwitz an ihre unüberwindbaren Grenzen.[11] Das macht den Kampf gegen Antisemitismus so schwierig, obwohl er unverzichtbar ist. Anti-Antisemitismus ist eine zivilisatorische Aufgabe, für die ein langer Atem notwendig ist. Um diese Aufgabe, wenn schon nicht zu lösen, so

---

9 Hannah Arendt: Elemente und Ursprünge totaler Herrschaft. Antisemitismus, Imperialismus, totale Herrschaft. München: Piper 1986, S. 38.
10 Vgl. Ernst Simmel: Einleitung. In: Ders. (Hrsg.), Antisemitismus. Frankfurt am Main: Fischer 1993, S. 14.
11 Vgl. Detlev Claussen: Grenzen der Aufklärung. Die gesellschaftliche Genese des modernen Antisemitismus. Frankfurt am Main: Fischer 2005, S. 50–83.

doch wenigstens in ihrer herausfordernden Komplexität erkennbar zu machen, muss man den Antisemitismus als Ausdruck einer globalen zivilisatorischen Krise ansehen. Dies haben die Vordenker der Antisemitismusforschung um den Psychoanalytiker Ernst Simmel, die Philosophen Theodor W. Adorno und Max Horkheimer sowie andere bereits gesehen – allesamt Denker und Forscher, die in den 1930er Jahren von Deutschland ins US-Exil emigrieren mussten. Sie argumentierten, dass nicht etwa der Antisemitismus die Errungenschaften der Zivilisation vernichte, sondern dass der Zivilisationsprozess selbst den Antisemitismus als pathologische Symptomatik hervorbringe, die ihrerseits den Boden zerstöre, auf dem sie erwachsen sei. Deswegen sahen sie im Antisemitismus ein bösartiges Geschwür am Körper der Zivilisation, Symptom einer kranken Gesellschaft.

An dieser grundsätzlichen Einsicht hat sich bis heute nichts geändert. Nur fehlen nach wie vor die therapeutischen Antworten auf diese Diagnose. Antworten auf die Frage zu finden, was gegen den Antisemitismus unternommen werden könne, gestaltet sich umso schwieriger, als es sich bei Antisemitismus und Judenhass um keine Einstellungen oder gar Meinungen handelt – vergleichbar anderen Einstellungen und Meinungen, die man zu beliebigen Themen haben kann. So wenig, wie man heute argumentativ gegen die zahlreichen Verschwörungstheorien ankommt, die im Zusammenhang mit der Corona-Pandemie in den sozialen Netzwerken und den Köpfen nicht weniger Menschen kursieren, so wenig kommt man mit Argumenten gegen den Judenhass an. Der Judenhass ist Ausdruck eines »geistesgeschichtlichen Irrwegs, eine Fehlhaltung in der Geistesgeschichte«, wie dies der jüdische Publizist Ralph Giordano einmal formuliert hat – weswegen er auch der Meinung war, dass Judenhass und Antisemitismus nicht zu überwinden seien. Was haben nicht die christlichen Kirchen in den vergangenen fünf Jahrzehnten unternommen, um den Sumpf des Antisemitismus in den eigenen Reihen der Christenheit auszutrocknen? Wenig bis nichts hat es genützt – der Judenhass bleibt der Stachel im Fleisch der Christenheit, die sich bis heute nicht wirklich – trotz aller Bemühungen des Zweiten Vatikanischen Konzils 1965 – davon befreien konnte.[12]

Die Väter der Antisemitismusforschung sahen die antisemitische Einstellung gegenüber Juden von einem Verfolgungskomplex geprägt. Der Antisemit, so Ernst Simmel, hasse die Juden, weil er glaubt, dass sie an seinem Unglück schuld seien, er verfolge sie, weil er sich von ihnen verfolgt fühlt. Man muss nur die abstrusen Verschwörungstheorien der Gegenwart im Zusammenhang mit der Corona-Krise, die in den sozialen Netzwerken kursieren, im Blick haben, um zu erkennen, wie aktuell diese Diagnose ist. Die gesamte »Dämonologie« der Juden (R. Wistrich) speist sich von jeher aus diesem, mit Verschwörungstheorien und negativen Mythen unterfütterten Verfolgungskomplex. Der historische Bogen spannt sich dabei vom babylonischen Exil im 5. vorchristlichen Jahrhundert, als man den Juden Kannibalismus als Teil des jüdischen Tempelkults und allgemeine Menschenfeindschaft vorwarf – das Buch Esther im Ersten Testament handelt davon –, über die judenfeindlichen Mythen einer jüdischen Weltverschwörung in der nationalsozialistische Propaganda bis hin zur phobischen Mystifikation unserer Tage, die sowohl hinter den Migrationsströmen als auch der Corona-Pandemie finstere jüdische Machenschaften sieht. Adornos Diktum, der Antisemitismus ist das Gerücht über die Juden, ist auch zwei Generationen nach Auschwitz von anhaltender Aktualität.

Bereits in den 1940er Jahren machten die frühen Antisemitismusforscher deutlich, dass man dem Phänomen Antisemitismus nur auf die Spur kommen könne, wenn man versucht, sowohl die psychologischen als auch soziologischen Quellen des destruktiven Vorurteils ausfindig zu machen. Wobei es von den sozio-politischen Gegebenheiten abhängt, ob der destruktive Hass, wie Horkheimer den Antisemitismus kennzeichnet, manifest, also »zur schrecklichen Bedrohung wird oder nicht«. Den »in den Tiefen des Unbewussten begraben« liegenden Antisemitismus müssen wir, so Hork-

---

12 Vgl. Gottschlich, Unerlöste Schatten.

heimer, als Ausdruck bzw. negative Begleiterscheinung »der Krise der abendländischen Kultur« in Kauf nehmen. Gegen die unmittelbare Bedrohung des manifesten Antisemitismus aber können und sollen wir etwas tun. Horkheimer und seinen Kollegen war klar, dass man Antisemitismus als »soziale Krankheit«, als psycho- und soziopathologisches Problemgeschehen ansehen müsse, in dem sich ungelöste Konflikte im einzelnen Subjekt mit Konflikten des Einzelnen im Verhältnis zu seiner Um- und Mitwelt zu einer verhängnisvollen Aggressionsbereitschaft vermengen.[13] Mit diesen ungelösten Konflikten geht irrationaler Hass einher, der danach drängt, nach außen, auf ein äußeres Objekt projiziert zu werden und sich so zu legitimieren. Und dazu dienen von jeher in erster Linie die Juden, die seit alters her in der Funktion des Sündenbocks für alles Elend und Unglück in der Welt stellvertretend herhalten müssen.[14] Die diagnostischen Einsichten eines psychoanalytischen Verständnisses der Ursachen des Antisemitismus haben bis heute nichts an Erklärungswert eingebüßt. In diesem Zusammenhang hat Alice Miller darauf aufmerksam gemacht, dass der Judenhass zu allen Zeiten eine entwicklungspsychologisch erklärbare Ventilfunktion hatte: nämlich den im Menschen von Kindheit an aus verschiedenen Gründen aufgestauten, aber aufgrund eines engen Tugendkorsetts nicht zugelassenen Hass abzuführen bzw. zu kanalisieren. Das geschehe dadurch, dass der innerlich empfundene Hass nach außen projiziert werde.[15]

Miller zufolge werden Juden nicht deshalb gehasst, weil sie etwas Bestimmtes tun oder nicht tun. Denn alles, was Juden tun

---

13 Vgl. Max Horkheimer: Der soziologische Hintergrund des psychoanalytischen Forschungsansatzes. In: Ernst Simmel (Hrsg.), Antisemitismus. Frankfurt am Main: Fischer 1993, S. 23–34.
14 Vgl. Simmel, Einleitung, S. 12–19 sowie Ernst Simmel: Antisemitismus und Massen-Psychologie. In: Ders. (Hrsg.), Antisemitismus. Frankfurt am Main: Fischer 1993, S. 58–100.
15 Vgl. Alice Miller: Am Anfang war Erziehung. Frankfurt am Main: Suhrkamp 1983, S. 196. Vgl. dazu auch: Gottschlich, Unerlöste Schatten, S. 192–207.

oder nicht tun, findet sich auch bei Nichtjuden. Sondern, so ist Miller überzeugt, man hasse die Juden, weil man unerlaubten Hass in sich trage und begierig sei, ihn zu legitimieren. Das jüdische Volk eigne sich für diese Legitimierung in besonderem Maße. Weil es seit zwei Jahrtausenden von höchsten kirchlichen und staatlichen Autoritäten verfolgt wurde, brauche man sich des eigenen Judenhasses nicht zu schämen, nicht einmal dann, wenn man mit strengsten moralischen Prinzipien aufgewachsen sei und sich für die natürlichsten Regungen der Seele sonst zu schämen hätte. In Zeiten des endemisch sich verbreitenden Hasses in den sozialen Netzwerken sind die Schamgrenzen, was Judenhass betrifft, ohnehin gefallen. Aus psychoanalytischer Sicht hängt dieser unerlaubte Hass in den Menschen vielfach mit frühkindlichen Erfahrungen der Zurückweisung und des Liebesverlusts durch die Eltern zusammen. Dies führt zu Ängsten und Aggressionen, die das Kind als unerlaubt erlebt und daher verdrängt. In späteren Jahren kann diese Aggression nach außen projiziert werden. Darin liegt nach Miller der tiefere Grund, warum sich der Antisemitismus immer wieder zu erneuern vermag, warum er so etwas wie eine historische Konstante darstellt: weil auch der *unerlaubte Hass* eine historische Konstante sei und eben vorzugsweise im Antisemitismus seit zwei Jahrtausenden seine Legitimation erhalte.

Psychische Entlastung

Der Antisemitismus ist wie eine Schlange, die sich häutet – sie ändert zwar ihr Aussehen, aber es bleibt immer dieselbe gefährliche Schlange. Nach dem Zweiten Weltkrieg hat sich diese Schlange für ein paar Jahre in den Untergrund des kollektiven gesellschaftlichen Bewusstseins zurückgezogen, um nach dem ökonomischen Wiederaufbau, insbesondere in den Tätergesellschaften Deutschland und Österreich, regeneriert und in neuem Gewand, jetzt getarnt als Antizionismus und Antiisraelismus, wiederzukehren. Die antijüdischen Gefühle werden jetzt auf den jüdischen Staat projiziert. Israel ist der *kollektive Jude*, der für alles Übel in der Welt verantwortlich gemacht wird. Und dieser im Gewand des Antizionismus und Antiisraelismus auftretende, »neue« Antisemitismus agiert ganz ungeniert unter dem Schutz demokratischer Meinungsfreiheit, er ist – zynisch gesagt – demokratiefähig geworden. Dieser Nachkriegsantisemitismus richtete es sich gleichsam im toten Winkel der öffentlich-politischen Aufmerksamkeit ein. Zwar erinnerten die wenigen großen Naziprozesse an die Verbrechen an den Juden, aber diese Erinnerung wurde als Teil der dunklen Vergangenheit Deutschlands und Österreichs eher archivarisch abgelegt, als dass sie als moralischer Auftrag für die Gegenwart und Zukunft verstanden worden wären. Das hing auch mit dem nur mäßig entwickelten demokratischen Bewusstsein in den Jahren nach dem Krieg zusammen.

Die Nachkriegszeit war eine Zeit des Vergessens – eines gerichteten Vergessens im tiefenpsychologischen Sinn, weil die schuldhafte Verstrickung in die Verbrechen des Nationalsozialismus mit der Selbstachtung, dem Gewissen des Einzelnen unvereinbar war. Der sekundäre Antisemitismus der Post-Holocaust-Ära hat mit diesem Umstand verdrängter Schuld zu tun und äußert sich heute in den verschiedenen Formen der Schuldabwehr, die sich vor allem in Formen der Rationalisierung wie Schuldumkehr und Schuldprojektion manifestiert. Die Täter-Opfer-Umkehr ist eine der häufigsten Formen der Rationalisierung: Der Antisemit gesteht sich den irrationalen, also grundlosen und verborgenen Hass auf die Juden nicht ein und sucht plausible Gründe zur Rechtfertigung dieses Hasses.

Der Vorgang der Übertragung diente seit der Antike dazu, die Verbrechen an den Juden dadurch zu rechtfertigen, dass die Täter die Schuld für diese Verbrechen ihren Opfern unterschoben. So konnten diese Verbrechen legitimiert und die Täter von jeder Schuld psychisch entlastet werden. Dieser Mechanismus liegt auch dem moderne Antisemitismus zugrunde. Etwa jeder vierte Deutsche (24 %) und Österreicher (28 %) ist heute immer noch der Meinung, dass die Juden selbst an ihrer Verfolgung in der Geschichte schuld sind.[16] Psychische Entlastung durch Rationalisierung historischer Schuld spielt auch eine nicht unerhebliche Rolle in der Dämonologie der Juden und des jüdischen Staates. Um die immer noch belastende schuldhafte Vergangenheit der Tätergesellschaften, der Deutschen und Österreicher, möglichst auszublenden, muss der Fokus nur scharf genug auf die vermeintliche Schuld der Opfer von damals, ihrer Nachkommen heute und damit auch des jüdischen Staates gerichtet werden. Die Entlastung der Tätergesellschaften durch Schuldprojektion und Schuldumkehr besteht darin, die Verbrechen des Nationalsozialismus – Rassismus, ethnische Säuberungen, Völkermord, Verbrechen gegen die Menschlichkeit – nun dem jüdischen Staat Israel vorzuwerfen. In der perversen Logik der Antisemiten wird damit das moralische Gefälle zwischen Opfern (und ihren Nachkommen) und Tätern (und ihren Nachkommen) eingeebnet. Je besser es gelingt, den jüdischen Staat unter Daueranklage zu stellen, ihn zum Täter zu stempeln, desto leichter fällt es, die Täter von gestern zu entlasten. Die hohe Zustimmungsbereitschaft zu nazivergleichender Israelkritik, die bei jedem Dritten Deutschen und Österreicher zu finden ist, hat hierin ihre Wurzeln. Wenn man die Politik Israels gegenüber den Palästinensern mit der nationalsozialistischen Politik der Judenvernichtung gleichsetzt, dann resultiert diese geschichts- und leidvergessene perverse »blasphemische Verkehrung« (J. Sacks) aus diesem kollektiven Bedürfnis nach psychischer Entlastung durch Schuldumkehr. Der antisemitische Antiisraelismus, der sich in der Dämonisierung und Delegitimierung des jüdischen Staates manifestiert, steht im Dienst der Täter-Opfer-Umkehr. Denn die Existenz des jüdischen Staates erinnert unentwegt an die unsühnbare, unvergängliche Schuld für das unsühnbare, unvergängliche Leid, das die Juden erleiden mussten. Nichts wünschen die Antisemiten aller Schattierungen mehr, als dieses unangenehme, mahnende Gewissen endlich zum Schweigen zu bringen. Die Juden – wo immer sie leben – sind das schlech-

---

16 Vgl. Gottschlich, Die tiefreichenden Wurzeln des (europäischen) Antisemitismus, S. 13.

te Gewissen der anderen, das Ärgernis, weil ihre Existenz die Verdrängung historischer Schuld nicht zulässt. Darin liegt eine der zentralen, verborgenen, weithin unbewussten Ursachen, warum die Juden gehasst werden und warum heute der *kollektive Jude* Israel gehasst wird.

In seiner Rede anlässlich des 75. Gedenktages der Befreiung von Auschwitz-Birkenau in Yad Vashem sagte der deutsche Bundespräsident Frank-Walter Steinmeier:

> »Die bösen Geister zeigen sich heute in neuem Gewand. Mehr noch: Sie präsentieren ihr antisemitisches, ihr völkisches, ihr autoritäres Denken als Antwort für die Zukunft, als neue Lösung für die Probleme unserer Zeit. Ich wünschte, sagen zu können: Wir Deutsche haben für immer aus der Geschichte gelernt. Aber das kann ich nicht sagen, wenn Hass und Hetze sich ausbreiten. Das kann ich nicht sagen, wenn jüdische Kinder auf dem Schulhof bespuckt werden. Das kann ich nicht sagen, wenn unter dem Deckmantel angeblicher Kritik an israelischer Politik kruder Antisemitismus hervorbricht. Das kann ich nicht sagen, wenn nur eine schwere Holztür verhindert, dass ein Rechtsterrorist an Jom Kippur in einer Synagoge in Halle ein Blutbad anrichtet. Natürlich: Unsere Zeit ist nicht dieselbe Zeit. Es sind nicht dieselben Worte. Es sind nicht dieselben Täter. Aber es ist dasselbe Böse.«[17]

Destruktive Ängste

Globalisierungskrise, Corona-Krise, Klimakrise, Migrations- und Asylkrise sowie die Veränderungen unseres gesamten privaten und beruflichen Lebens durch den technologischen Fortschritt des *digital turn* – um nur die markantesten Krisenherde zu nennen –,

---

17 Frank-Walter Steinmeier: Rede gehalten anlässlich des 5. World Holocaust Forums am 23.01.2020, https://www.bundespraesident.de/SharedDocs/Reden/DE/Frank-Walter-Steinmeier/Reden/2020/01/200123-Israel-Yad-Vashem.html (abgerufen am 07.04.2022).

sie alle zusammen haben ein gesellschaftliches Klima der Unsicherheit, der Angst und der zunehmenden Aggressionsbereitschaft entstehen lassen. Wachsende Teile demokratischer Gesellschaften sehen die Zukunft als Bedrohung und nicht als einlösbares Versprechen auf ein besseres Leben. So wächst die Sehnsucht nach der Vergangenheit als Ort der Sicherheit und Geborgenheit, wobei es sich freilich um die Fiktion einer Vergangenheit handelt, die es so nie gab. Unterhalb der Oberfläche des gesellschaftlichen Bewusstseins breitet sich in den Tiefenschichten der postindustriellen Gesellschaft eine gegenläufige, regressive Grundströmung aus. Auf der Suche nach Sicherheit, Gewissheit und Geborgenheit suchen viele Zuflucht und Halt in der Vergangenheit.

Der polnisch-englische Soziologe und Philosoph Zygmunt Bauman bezeichnete dieses Phänomen wachsender Zukunftsabkehr bei gleichzeitiger kollektiver Sehnsucht nach einer nostalgisch verklärten Vergangenheit in wachsenden Teilen westlicher Gesellschaften mit dem Begriff *Retrotopia*.[18] Darunter versteht er die kollektive Absage an Visionen, die sich aus einer noch ausstehenden Zukunft speisen. Zukunft wird nicht mehr als Verheißung eines besseren Lebens empfunden, sondern als Zumutung. Sie ist kein utopischer Ort der Hoffnung auf ein besseres Leben, sondern Synonym für wachsende Bedrohung und »ein Schreckensszenario drohender Alpträume«. »Die Straße nach Morgen«, so charakterisiert Bauman die kollektive und Aggression freisetzende Befindlichkeit, »wird zum düsteren Pfad des Niedergangs und Verfalls. Vielleicht erweist sich da der Weg zurück, ins Gestern, als Möglichkeit, die Trümmer zu vermeiden, die die Zukunft jedes Mal angehäuft hat, sobald sie zur Gegenwart wurde?«[19] Lieber zurück »in ein halbvergessenes Gestern, an dem man vor allem dessen vermeintliche Stabilität und folglich Vertrauenswürdigkeit schützenswert fand«,[20] als eine ungewisse, unbeherrschbar erscheinen-

---

18 Zygmunt Bauman: Retrotopia. Berlin: Suhrkamp 2017.
19 Ebd., S. 15.
20 Ebd., S. 14.

de und daher nicht vertrauenswürdige und bedrohliche Zukunft. Die Zukunft erscheint monströs, die Vergangenheit, richtiger: die Fiktion der Vergangenheit, lockt als idealisierter und verklärter Sehnsuchtsort.

Regressive Tendenzen

Diese regressiven Tendenzen führen nach Meinung des Literaturwissenschaftlers Hartmut Heuermann dazu, dass sich die Kultur »in bestimmten Bereichen rückwärts entwickelt, dass sie sich dem geschichtlichen Fortgang verweigert und das geistige Leben umkehrt.«[21] Wir können, so Heuermann, eine konträr verlaufende Dynamik zwischen regressiven Strebungen und progressiven Anpassungen erkennen, die die Kultur spaltet und dazu führt, dass Erfahrungsmuster, Themen und Symbole reaktiviert und neu besetzt werden, die von der mentalen und kulturellen Evolution als überwunden galten.

> »Je schwieriger die Anpassung an lebensweltliche Veränderung, je drückender die Lasten gesellschaftlicher Verantwortung, je schneller die rasenden Räder der geschichtlichen Zeit – desto spärlicher offenbar die Quellen persönlichen Glücks und desto verlockender daher der Rückzug in jene Schutzburgen des Seelischen, die von Regressionen gebildet werden. Sie versprechen zu schützen, was das Leben gefährdet. Aber das Versprechen ist trügerisch ...«[22]

Nach Svetlana Boym liegt die Gefahr in jener »restaurativen Spielart der Nostalgie«, die als »Abwehrmechanismus in Zeiten beschleunigter Lebensrhythmen mit historischen Umwälzungen« diene.[23] Durch den Rückgriff auf nationale Symbole und Mythen –

---

21 Hartmund Heuermann: Medienkultur und Mythen. Regressive Tendenzen im Fortschritt der Moderne. Hamburg: Rowohlt 1994, S. 9.
22 Ebd., S. 10.
23 Svetlana Boym: The Future of Nostalgia. New York: Basic Books 2001, S. XIII. Zit. nach: Bauman, Retrotopia, S. 10 f.

nicht selten mithilfe von Verschwörungstheorien, etwa jener des geplanten Austauschs der europäischen Bevölkerung durch systematische Migration – wird eine »antimoderne Mythologisierung der Geschichte«[24] betrieben. Was wir heute – vielleicht anschaulicher als je zuvor – hautnah erleben, ist, wie Aufklärung in Mythologie umschlägt und sich in der ausgerufenen Wissensgesellschaft die bewusstseinstrübende Macht des Irrationalen über alle schichtspezifischen Unterschiede und Grenzen hinweg nahezu ungebremst Bahn bricht. In ihrem Klassiker *Dialektik der Aufklärung* haben Max Horkheimer und Theodor W. Adorno die Mechanismen und Ausprägungen der Regression der Aufklärung nachgezeichnet und dabei mit gutem Grund die besondere Rolle der Kulturindustrie hervorgehoben.[25] Heute kommt diese führende Rolle bei der Regression der Aufklärung den vom »Überwachungs- und Informationskapitalismus« (S. Zuboff) gesteuerten sozialen Medien des Internets zu. Das Internet bietet zwar ein gigantisches Reservoir gespeicherten Wissens, es ist zugleich aber ein mindestens ebenso gigantisches Überwachungsmedium. Ohne dass wir es im Detail nachvollziehen können, steuert es mithilfe von Algorithmen unser Nutzungsverhalten und schlägt aus jeder unserer Nutzungsaktivitäten Kapital, indem es unsere Verhaltensdaten stiehlt und gegen Gewinn veräußert.[26] Durch Überwachung werden neue Datengüter produziert, die der Logik der »Akkumulation durch Überwachung« folgen. Das bedeutet: Je intensiver die Nutzung, desto feinmaschiger die Datenraster und Datennetze, desto zielgenauer die Transformation von Lesern zu Gelesenen, von Käufern zu Produkten. So werden aus Benutzern Benutzte. Je mehr wir uns des Datenüberflusses bedienen, desto mehr werden wir abgesaugt. Während wir die soziale Welt mittels sozialer Medien und Internet erkunden,

---

24 Ebd. Zit. nach Bauman, Retrotopia, S. 6.
25 Vgl. Max Horkheimer/Theodor W. Adorno: Dialektik der Aufklärung. Philosophische Fragmente. Frankfurt am Main: Fischer 2010[19], S. 128–176.
26 Vgl. Shoshana Zuboff: Lasst Euch nicht enteignen. In: Frankfurter Allgemeine Zeitung, Nr. 214 vom 15.09.2014, S. 9.

werden wir selbst erkundet. Je mehr Aneignung, desto mehr Enteignung im und durch das Netz. Die sozialen Netzwerke sind eine »ökonomische Riesenmaschinerie«[27], die durch Big Data angetrieben wird und der sich die zu ausgespähten Kunden abgewerteten Rezipienten unter dem Titel vermeintlicher Freiheit und Selbstbestimmung bereitwilligst unterwerfen. Sie erzeugt und propagiert ohne Unterlass den Mythos vom subjektbestimmten Leben, währenddessen das Funktionieren dieser mollochartigen Kommunikationsmaschinerie, der niemand entrinnen kann, nur unter der Voraussetzung systematischer Entwöhnung des Individuums von seiner Subjektivität gewährleistet werden kann. Das Internet hat die Massenkultur revolutioniert und zugleich damit die Täuschung über seine der modernen digitalen Technologie vermeintlich eingeschriebenen Möglichkeiten der Individualisierung des Menschen und der Demokratisierung und Humanisierung der Gesellschaft perfektioniert.

Was Wunder, dass das Internet auch ein fruchtbarer Nährboden für die Remythologisierung der Geschichte ist. Je mehr es gelingt, diese Remythologisierung der Geschichte durch Verschwörungstheorien und durch die Delegitimierung demokratischer, medienvermittelter Informationsprozesse als bloße Fake News voranzutreiben, desto mehr bindet sich das politische Urteil nicht an den öffentlichen und kritischen Diskurs, sondern an Affekte und geteilte – gelikte – Vorurteile. Links- wie Rechtspopulisten befeuern diese regressiven Tendenzen in der Gesellschaft in Gestalt von Heilsversprechen aller Art. Die autoritäre Rechte wie auch Teile der globalisierungskritischen Linken haben eine einzige politische Agenda: Ängste zu schüren und sie durch immer neu variierte Bedrohungsszenarien am Kochen zu erhalten. Die Zukunft wird damit im öffentlichen Bewusstsein genau zu jenem prolongierten Albtraum, vor dem, so die Botschaft, nur die Rezepte der Vergangenheit retten können. Bei den Rechten bedeutet dies eine Politik der Renationalisierung, der Separation und der Abschottung. Ihre

---

27 Horkheimer/Adorno, Dialektik der Aufklärung, S. 135.

säkularen, mit negativen Affekten aufgeladenen Heilsversprechen speisen sich vorzugsweise aus der Fiktion einer Zukunft aus dem Gestern.

In einem 2019 zu seinem fünfzigsten Todestag veröffentlichten Vortrag, den Theodor W. Adorno 1967 an der Wiener Universität über *Aspekte des neuen Rechtsradikalismus* hielt, machte Adorno auf die destruktive Macht von Fiktionen aufmerksam. Er wies darauf hin, dass sich der Rechtsradikalismus auch aus dem Antagonismus zwischen identitätsstiftendem Nationalismus und der Einsicht in den Umstand speise, dass sich in Zeiten der Globalisierung das Festhalten am Nationalismus überholt hat. (Damals ging es um den Aufstieg der NPD und die großen Machtblöcke, die im Kalten Krieg das Weltgeschehen bestimmten.) Eine der sozialpsychologischen Wurzeln für den Rechtsradikalismus sei, so Adorno vor einem halben Jahrhundert, die »Angst davor, in diesen Blöcken aufzugehen und dabei auch in der materiellen Existenz schwer beeinträchtigt zu werden.«[28] Auch wenn es keine realen Gründe für diese Ängste gebe, spiele das keine entscheidende Rolle, diagnostizierte Adorno damals, denn »es ist ja oft so, daß Überzeugungen und Ideologien gerade dann, wenn sie eigentlich durch die objektive Situation nicht mehr recht substantiell sind, ihr Dämonisches, ihr wahrhaft Zerstörerisches annehmen.«[29]

Für Adorno lag in der Macht kollektiv geteilter Fiktionen die tiefere Ursache dafür, »dass die Anhänger des Alt- und Neufaschismus heute quer durch die Gesamtbevölkerung verteilt sind.«[30] Heute befeuern die sozialen Medien in Form von Verschwörungstheorien aller Art diese kollektiv geteilten Fiktionen. Deren destruktive Kraft, die sich vor allem an Verlust- und Abstiegsängsten entzünden, ist – mehr als es noch zu Zeiten Adornos der Fall gewesen sein mag – mittlerweile zum ernsten demokratiepolitischen

---

28 Vgl. Theodor W. Adorno: Aspekte des neuen Rechtsradikalismus. Berlin: Suhrkamp 2019, S. 12.
29 Ebd., S. 13.
30 Ebd., S. 14.

und sozialpsychologischen Problem geworden. Zum Teil beruhen diese Verlustängste auf realen Erfahrungen eines durch Wirtschaftskrise und Arbeitsplatzverlust bedingten und durch die Coronakrise verschärften ökonomischen Abstiegs; zum anderen Teil ist es die Macht der Fiktion, aus der sich diese Ängste speisen, insbesondere im Zusammenhang mit der Migrationskrise. Dazu kommen die rasanten technologischen Umwälzungen, die die Struktur der Arbeitswelt vollkommen verändern und Zukunftsängste und Ohnmachtsgefühle befeuern. Das Angstprofil der modernen Gesellschaft erscheint heute also wesentlich differenzierter, als es sich für Adorno noch vor einem halben Jahrhundert unter dem Eindruck der geopolitischen Spannungen des Ost-West-Konflikts dargestellt hatte. Und es hat an Explosivkraft wesentlich gewonnen: in Form gewaltbereiter Delegitimierung des demokratischen Rechtsstaates und einer radikalen Infragestellung des auf diskursiver Verständigung beruhenden gesellschaftlichen Zusammenlebens.

Psychosoziale Folgen digitaler Transformation

Der Eintritt in das digitale Zeitalter bedeutet eine fundamentale Veränderung der Wirtschaft, des Arbeitsmarktes, der Politik, der Rechtsprechung. Die alte Formel, dass technologischer Fortschritt immer neue Arbeitsplätze schafft, gilt mit der Digitalisierung nicht mehr. Roboter und Computersysteme unterstützen nicht nur unsere Arbeit, sondern übernehmen sie und erledigen sie erheblich schneller selbstständig. Eine Studie der Universität Oxford prognostizierte bereits 2013 für den US-Arbeitsmarkt, dass 47 % aller Arbeitsplätze in den USA zu zur Hochrisiko-Kategorie gehören, also in den nächsten ein bis zwei Jahrzehnten durch die Digitalisierung automatisiert werden.[31] Das grundsätzliche Problem, das sich in den entwickelten Industrienationen stellt, besteht darin, dass im Zeichen der digitalen Revolution menschliche Arbeit zu-

---

31 Vgl. Philipp Blom: Was auf dem Spiel steht. München: dtv 2017, S. 50.

nehmend weniger wichtig für die Produktivität einer Gesellschaft wird.[32] Die selbstlernenden Maschinen sind in starke Konkurrenz zu den trainierten kognitiven Fähigkeiten der Menschen getreten und machen sie Schritt für Schritt überflüssig. Das bedeutet eine kollektive narzisstische Kränkung. Zum Schmerz des erlittenen Liebesmangel tritt der Schmerz des wachsenden Sinnverlusts eigener Tätigkeit. Der Mensch empfindet sich als gleich doppelter Verlierer. Mit dem Arbeitsverlust geht für große Teile der Gesellschaft auch ein Orientierungs- und Sinnverlust einher. Weil der Wert der Arbeit infrage steht, erodieren auch die mit diesem Wert verbundenen Sinnstrukturen. Die Globalisierung und Digitalisierung stürzen die postindustrielle Gesellschaft in eine Sinn- und Identitätskrise. Für immer weniger Menschen ist die Arbeit sinnstiftend, immer weniger Menschen sehen in ihrer Arbeit einen wertvollen Beitrag für die Gesellschaft, um dessentwillen sie sich wertgeschätzt und anerkannt fühlen. Einer US-Studie zufolge meint ein Drittel der Angestellten in den USA und in Großbritannien, dass ihr Job unnötig ist und nichts Konstruktives zur Gesellschaft beiträgt.[33]

Schätzungen sprechen davon, dass schon in naher Zukunft etwa ein Viertel bis die Hälfte aller Arbeitsplätze durch die Automatisierung verloren gehen werden. Die Automatisierung wird nicht nur die Arbeitswelt radikal verändern – was sie ja jetzt schon macht –, sondern zwangsläufig auch das gesamte Bildungs- und Ausbildungssystem, das auf ein Leben mit Künstlicher Intelligenz vorbereiten muss. Wir werden auf die wachsende Komplexität unserer Lebenswelt mit einem veränderten Bewusstsein und einem veränderten Identitätsdenken reagieren. Anstelle der einen Identität des Menschen wird eine Vielfalt unterschiedlicher Identitäten treten, aus denen sich das Selbst des Menschen zusammensetzt. Dieses neue »multiple Selbst« (M. Foucault) ist in verschiedenen Sinnprovinzen aktiv – in der realen Welt wie auch im Cyberspace, im analogen Universum wie im Multiversum des Internet oder dem von

---

32 Vgl. ebd., S. 52 f.
33 Vgl. ebd., S. 98.

Facebook-Gründer Mark Zuckerberg in Aussicht gestellten *Metaverse*, das ein Leben in virtuellen Welten möglich machen soll. Analoge und digitale Welt verschmelzen, die Epoche des *homo faber,* also des mit Werkzeugen schaffenden Menschen, geht endgültig zu Ende, jene des *homo digitalis,* die des mit Informationen und virtuellen Welten umgehenden Menschen, hat schon begonnen.

Die psychologischen Konsequenzen, die mit dem Gefühl, überflüssig und ersetzbar zu sein, einhergehen, lassen sich leicht ausmalen. Wenn das Selbstwertgefühl verloren geht, weil Anerkennung und Wertschätzung fehlen, dann wird die eigene soziale Existenz infrage gestellt – eine Infragestellung, die dann nicht mehr durch Konsum und Konsumversprechen kompensiert werden kann, weil diese immer seltener leistbar sind. Freilich ist nicht ausgeschlossen, dass es künftig auch andere Modelle der Erwerbstätigkeit im Zeichen von Digitalisierung und Automatisierung gibt oder ein garantiertes Grundeinkommen zur Verfügung steht, das die verschiedensten Formen eines sinnbefreiten Eskapismus durch Konsum möglich macht. Wenn man sich aber weder über Arbeit noch über Konsum definieren kann und sich auch vom ökonomischen Fortschritt ausgeschlossen sieht, dann kann das in Selbstabneigung, Frustration und Aggression umschlagen. Eine Abwärtsspirale wird in Gang gesetzt, die der Schriftsteller und Historiker Philipp Blom so beschreibt:

> »In einer Gesellschaft, die Arbeit und Tugendhaftigkeit miteinander gleichsetzt, muss es problematisch sein, wenn viele Menschen keine oder nur triviale und unsichere Arbeit finden, wenn sie zu spüren bekommen, dass ihre Arbeit immer weniger geschätzt und benötigt wird, dass ihre Fähigkeiten und ihre Zeit nicht sinnvoll sind. Sie sind die Überzähligen, die mitgeschleppt werden, weil sie nun einmal da sind. Sie haben keine konstruktive Rolle mehr. Nur als Konsumenten werden sie noch angesprochen und heftig umworben, aber niemand braucht Konsumenten ohne Kreditkarten. Nein, niemand muss verhungern, aber viele haben längst keinen Platz mehr, sind höchstens geduldete blinde Passagiere, *dead assets* im Geschäftsplan.«[34]

---

34 Ebd., S. 100.

Teil 2 Die Feinde des Mitgefühls

Die Digitalisierung bedeutet nicht nur eine technologische Revolution, sie verändert nicht nur die menschliche Arbeit und das Verhältnis des Menschen zur Arbeit, sondern damit auch die sozialen Strukturen. Wohlstandsideologie und bedingungsloser Fortschrittsglaube waren die maßgeblichen Triebfedern der kollektiven psychischen, sozialen und politischen Entwicklung westlicher Gesellschaften während der Nachkriegsjahrzehnte. Auf ihnen beruhte ein nahezu unerschütterliches Vertrauen auf die Machbarkeit und Planbarkeit menschlichen Glücks. Diese Grundüberzeugung geht heute zunehmend verloren. An ihre Stelle treten Ohnmachtsgefühle und Abstiegsängste, die mit wachsender Autoritätsorientierung und Aggressionsbereitschaft einhergehen. Die digitale Transformation der Arbeitswelt bedeutet nicht nur einen Angriff auf den engen Zusammenhang zwischen Arbeit und Sinnstiftung – sondern damit auch einen Angriff auf die Möglichkeiten sozialer Anerkennung und Wertschätzung. Geht die Würde der Arbeit verloren, ist auch die Würde des Menschen bedroht. Wer aber auf Dauer keine Anerkennung und Wertschätzung erfährt, der läuft Gefahr, psychisch beeinträchtigt zu werden, weil menschliche Identitätsentwicklung an die Erfahrung wechselseitiger Anerkennung und Wertschätzung durch andere geknüpft ist. Hierin liegt eines der zentralen Probleme der psycho-sozialen Folgekosten der Digitalisierung.

So lässt sich der Hass auch als kollektiver Hilfeschrei immer größerer Bevölkerungsteile verstehen, die sich mehr und mehr als überflüssig erfahren müssen. Es ist dies letztlich ein Schrei nach Anerkennung und sozialer Wertschätzung. Bekommt man sie nicht über die eigene Arbeit, dann eben auf dem Umweg eines Kollektivs Hassender. Auch Destruktivität und Negation verbinden – und sie stiften Identität durch Segregation. Dass die etablierten Parteien auf diese sozialpsychologische und sozial- bzw. demokratiepolitische Herausforderung keine Antwort haben, ist einer der maßgeblichen Gründe für ihren Niedergang und das Entstehen neuer politischer Protestbewegungen. Die postindustrielle Gesellschaft vermochte es nicht, den rasanten technologischen Wandel »in gewollten und gesteuerten sozialen und politischen

Wandel umzusetzen.«[35] Die Folge ist ein neues Prekariat und ein politisches Klima, das durch sich radikalisierende Zukunfts- und Versagensängste aufgeheizt wird. Die um sich greifende destruktive Aggression und Gewalt auf der Straße und in den sozialen Netzwerken ist äußerer Ausdruck einer tiefen, inneren Krise der postmodernen Gesellschaft. So speist sich die Legitimationskrise des politischen Systems weniger aus dem Verlust des Vertrauens in seine Problemlösungsfähigkeit als vielmehr aus dem Verlust des Vertrauens in eine Zukunft, die Sicherheit, Wohlstand und persönliches Glück erwarten ließe. Vorstellungen von einer besseren Welt – das also, was man Utopie nennt – haben ausgedient, vielmehr glauben immer mehr Menschen in den westlichen Industrienationen, dass es ihren Kindern schlechter gehen wird als ihnen. Diese sozialen Verlust- und Abstiegsängste sind das Unterfutter für den steigenden Aggressionsspegel und den Hass gegen alles Bestehende.

Digitaler Hass

Das Internet ist ein *heißes* Medium, weil es ein Affektmedium ist, in dem sich leicht destruktive Emotionen, wie Wut, Hass, Empörung, Häme, Antisemitismus, sexistische und rassistische Verächtlichmachung, Beleidigung usw. entzünden und endemisch verbreiten. Im Juli 2019 beschloss Frankreich nach deutschem Vorbild ein Gesetz zum Kampf gegen den Hass im Internet. Damit sollen Betreiber großer Internetplattformen wie Facebook vermehrt zur Verantwortung für die Hasskriminalität im Netz gezogen und verpflichtet werden, hasserfüllte Botschaften in ihren Netzwerken und Suchmaschinen binnen 24 Stunden zu löschen. Den Verantwortlichen drohen Haftstrafen bis zu einem Jahr und Geldbußen

---

35 Ebd., S. 54.

bis zu 250.000 Euro. Das Bußgeld kann bis zu 1,25 Millionen Euro betragen, sollte eine juristische Person haften. Angriffe auf Personen aufgrund ihrer Rasse, Religion, sexuellen Orientierung, Nationalität, Behinderung oder ihres Geschlechts sollen, so die Absicht der französischen Initiative, in Zukunft nicht länger toleriert werden. Das gilt allgemein für Inhalte, die »schwerwiegend die Würde des Menschen angreifen«, wobei antisemitische und rassistische Äußerungen besonders hervorgehoben werden. Gelöscht werden müssen auch alle Formen terroristischer Propaganda, der Verherrlichung von Kriegsverbrechen und Verbrechen gegen die Menschlichkeit. Gelöscht werden müssen ebenso Inhalte, die als sexuelle Belästigung sowie als Aufruf zur Prostitution oder zur Verbreitung von Kinderpornografie verstanden werden können. Bestraft werden soll außerdem der Missbrauch dieses Gesetzes, sei es, dass Internetunternehmen dieses Gesetz exzessiv auslegen und gleich auch andere unliebsame Inhalte löschen, sei es, dass mit einem fälschlichen Vorwurf der Hasskriminalität anderen Nutzern geschadet werden soll.

Nach heftigen Protesten gegen Gewalt im Netz gibt es nun vermehrte Anstrengungen von Social-Media-Plattformen, allen voran der größten, nämlich Facebook, gezielte Desinformation, Falschmeldungen, Formen von Hassrede und Gewaltdarstellungen aller Art binnen kurzer Zeit zu löschen. Bei Facebook kontrollieren allein in Berlin 1.200 Agenten – sogenannte *content moderators* – die auf Facebook verbreiteten Inhalte. Ihre Aufgabe besteht darin, Facebook möglichst von Inhalten, die von Gesetzes wegen verboten sind oder die schwere Verletzungen der moralischen Standards des Zusammenlebens darstellen, zu säubern – von terroristischer Propaganda, über die Propagierung von Nazi-Symbolen oder die Leugnung bzw. Verharmlosung des Holocaust bis zum Kindesmissbrauch. »You see all the ugliness of the world here«, wird einer der Monitore zitiert, die in der Berliner Zentrale von Facebook für die Löschung von Inhalten verantwortlich ist. Weil die tägliche Konfrontation mit den Abgründen des Menschen nicht ohne Spuren bei den Monitoren bleibt, stehen rund um die Uhr Traumaspezialisten und Psychologen bereit. So als hätte sich die Büchse der Pandora geöffnet, um all das Böse, all den Hass und die Gewalt, all die Verachtung, Lüge und Täuschung ans Tageslicht zu bringen, die sich unterhalb der dünnen zivilisatorischen Schicht angesammelt haben. Die erschreckende Brutalität im Netz kommt nicht von den, sich radikalisierenden Rändern der Gesellschaft – sie kommt aus ihrer Mitte und sie ist nicht erst in den vergangenen Jahren entstanden. Finanzkrise, islamistischer Terror und Migrationsproblematik haben diesen unterschwelligen Hass lediglich befeuert. So suchen Regierungen und Netzbetreiber, dem Hass im Internet beizukommen – und bekämpfen doch nur Symptome. Denn Entwürdigung, Verachtung und Hass könnten sich nicht so schnell wie ein schwelendes Feuer durch die »sozialen« Netzwerke fressen, wären wachsende Teile der Gesellschaft nicht empfänglich für die Faszination der Macht dieser destruktiven Emotionen.

Die Ökonomie des Netzes ist eine Ökonomie der Verschwendung, der permanenten Produktion des Überflusses. In diesem Sinne leben wir nicht nur in einer flüssigen Moderne, sondern in einer überflüssigen Moderne eines ununterbrochen angeheizten Überflusses an Informations- und Konsummöglichkeiten, der nicht zu Ruhe kommt und nicht zu Ruhe kommen lässt. Das Internet steht damit auch im Dienst der Dauerstimulation unseres Begehrens. Als ökonomisches Movens ist die Stimulation des Begehrens nicht neu – die sozialen Medien haben dem öffentlich zur Schau gestellten Begehren lediglich Kultstatus zugewiesen. *Social retailing* – sozialer Handel im Internet – ist so eine zur Schau gestellte Form des konsummaximierenden Begehrens. Da Kaufentscheidungen, so die Annahme, im Wesentlichen von Freunden beeinflusst werden, folgt auch der Online-Verkauf diesem Prinzip: »Wir replizieren online das Einkaufen mit einem Freund, der sagt: Oh, das ist aber schick! [...] Bei uns geht es darum, das zu kaufen, was andere empfohlen haben.«[36]

---

36 So Jason Goldberg, damals CEO des Onlinehändlers Fab, zit. nach Thomas Schulz: Goldbergs Variationen. In: Der Spiegel Nr. 29/2012, S. 71.

Social-Media-Plattformen sind mimetische Medien, Medien kollektiver Nachahmung. Dabei geht es aber um mehr als um bloße Nachahmung von Lebensstilen, wie sie sogenannte Influencer ihren millionenfachen »Followern« vorleben, oder um die Imitation des Kauf- oder Konsumverhaltens. Mimetisches Begehren führt zur Verherrlichung der Objekte des Begehrens, also zu deren Vergötzung. Indem wir die imitierten Götzen verehren, fällt etwas von dieser Vergötzung auf uns selbst. Der Mensch neigt dazu, dasjenige zu begehren, was andere besitzen, das zu begehren, was der andere begehrt oder alle anderen begehren. Der andere ist Vorbild des Begehrens – indem ich das Objekt des Nächsten begehre, eifere ich ihm im Begehren nach, imitiere sein Begehren und intensiviere zugleich damit mein eigenes Begehren.

Das Begehren enthält aber immer auch den Keim der Rivalität und damit des sozialen Konflikts. Der französische Soziologe René Girard zeigt, wie sich dieses Konflikt- und Gewaltpotenzial, das im Begehren enthalten ist, durch die gesamte Zivilisationsgeschichte hindurchzieht.[37] Der Philosoph Peter Sloterdijk spricht in diesem Zusammenhang von einem »Eifersuchtsklima [...] mit eigentümlichen atmosphärischen Gesetzen«.[38] Dieses Klima der Eifersucht, des Neids und der aggressionsfördernden Rivalität bestimmt das Lebensgefühl vieler Menschen und ihr Verhältnis zur Um- und Mitwelt. Denn der andere besitzt das oder ist das, was wir selbst gerne haben oder sein wollen, aber nicht erreichen können. Begehren kann dann leicht in ein leidenschaftliches Verlangen nach Erniedrigung derer umschlagen, die Träger solcher vorteilhafter und begehrenswerter Differenzen sind.[39] Im Netz lebt sich diese Leidenschaft der Diffamierung, der – oftmals auch sexistischen –

---

37 René Girard: Ich sah den Satan vom Himmel fallen wie einen Blitz. Eine kritische Apologie des Christentums. München: Hanser 2008, S. 24.
38 Peter Sloterdijk: Erwachen im Reich der Eifersucht. Notiz zu René Girards anthropologischer Sendung. In: Girard, Ich sah den Satan vom Himmel fallen, S. 243.
39 Ebd., S. 245.

Erniedrigung und der Verbalaggression aus: gegen »die da oben«, denen das Schicksal des »kleinen Mannes« gleich ist, gegen die intellektuelle Elite, die das Volk manipulieren will, gegen die Juden, die die politischen, ökonomischen und medialen Fäden in der Hand haben.

Als mimetische Medien sind Facebook, Instagram und Co. Medien der Täuschung und zugleich auch der Enttäuschung. Denn mit dem zur Schau gestellten Überfluss geht die als quälend empfundene Erfahrung einher, dass die stimulierten Konsumbedürfnisse in der Realität nicht annähernd befriedigt werden können. Das Netz und die sozialen Medien sind eine Industrie, die unablässig unsere Konsumbedürfnisse, unseren Erlebnishunger und unsere Sehnsucht nach Begegnung und echter Beziehung stimulieren, aber nicht wirklich befriedigen können. Die Netzindustrie schafft ein Universum billiger Versprechen und schürt auf diese Weise permanente Unzufriedenheit, weil es die Nutzer der wachsenden Kluft zwischen der Überfülle des Begehrenswerten und den nur marginalen Chancen aussetzt, das Begehrte auch nur in Bruchstücken zu erreichen. Diese Erfahrung der Diskrepanz zwischen dem Wünschbaren und dem tatsächlich Realisierbaren stiftet permanente Unzufriedenheit und führt zu einem Gefühl persönlicher Mangelhaftigkeit, einem Gefühl ständigen Ungenügens: Man sieht sich auf der Verliererseite und hasst sich dafür. Dieser latente Selbsthass kann unter bestimmten Umständen – etwa bei Verlust des Arbeitsplatzes oder psychischen Krisen – nach außen, auf andere projiziert werden. Das Problem ist, dass diese destruktive Leidenschaft, die aus dem Begehren kommt, nicht in der Sphäre des Virtuellen bleibt, sondern an immer mehr Stellen die Schranken zur Realität durchbricht. Denn das rivalisierende Begehren begnügt sich nicht mit Verbalaggression im Netz, sondern sucht Fakten zu schaffen und mündet nicht selten in Hasskriminalität, tätlichen Angriffen, Mordversuchen oder sogar in Mordfällen. Shitstorms und Empörungswellen sind Ausdruck eines *mimetischen Furors*, der sich rasch entzünden und sich wie ein Flächenbrand im Netz ausbreiten kann. Sie radikalisieren das politische Klima und lassen die Sprache verrohen. Denn politische Radikalisierung gelingt nur mit einer Sprache der Gewalt. In den Worten liegt immer schon der Keim des Tuns, das gilt für das Gute wie das Böse. Die Sprache, die durch das Böse hindurch geht, hinterlässt ihre Spuren, genauso wie die Sprache, die durch das Gute hindurchgeht – sowohl beim Sprechenden wie beim Hörenden als auch in der Sprache selbst. Social-Media-Plattformen sind auch Einfallstore für das Monströse, das nicht deswegen weniger real und wirksam ist, weil es sich in der Virtualität auslebt. Denn die Schwierigkeit liegt in der »irreversiblen Verschmelzung der Netzwelt mit der Restwelt.«[40] Verbale Gewalt, Hass und Menschenverachtung im Netz lassen sich mit keiner Reset-Taste aus der Welt schaffen. Der Hass ist in die Welt gesetzt – und es macht keinen substanziellen Unterschied, ob er sich im Resonanzraum des Internets und der sozialen Medien austobt oder auf der Straße.

Einschränkend lässt sich anmerken: Der anhaltende Konsum hasserfüllter Botschaften in Wort und Bild muss nicht notwendigerweise das Aggressionspotenzial der Nutzer erhöhen und zu gewalttätigem Verhalten führen. Auch hier gibt es wie insgesamt beim Medienkonsum keine linearen, monokausalen Wirkungen. Aber die Wahrscheinlichkeit ist hoch, dass die Dauerkonfrontation mit Hass im Netz zumindest auf das eigene Sprachverhalten negativ abfärbt und die Hemmschwelle für aggressive Kommunikation senkt. Die Sprache des Hasses hinterlässt Spuren in unserem Gehirn. Denn Worte symbolisieren nicht nur eine Realität, auf die sie sich beziehen, sondern haben konkrete neurobiologische Auswirkungen. Da Sprechen und Handeln im Gehirn eng miteinander verbunden sind, machen Worte und Bilder etwas mit uns, sie verändern unser Gehirn und bahnen Handlungen den Weg. Den Taten gehen Worte und Gedanken voraus – auch wenn nicht alle Worte und Gedanken zu entsprechenden Handlungen führen. Forschungs-

---

40 Sascha Lobo: Daten, die das Leben kosten. In: Frankfurter Allgemeine Zeitung, 01.04.2014, https://www.faz.net/aktuell/feuilleton/debatten/die-digital-debatte/politik-in-der-digitalen-welt/sascha-lobo-digitale-daten-gefaehrden-leben-und-freiheit-12874992.html (abgerufen am 07.04.2022).

befunde zeigen, dass rechtsradikale Hassverbrechen regional dort gehäuft auftreten, wo sich im gleichen Zeitraum auch Hassbotschaften in sozialen Netzen häufen. Aber selbst wenn es keinen monokausalen und linearen Zusammenhang zwischen Hass und Aggression im Netz und steigendem Gewaltpotenzial in der Gesellschaft gibt, so lässt sich eines doch vermuten: Die Dauerkonfrontation mit einer aggressiven, hasserfüllten Sicht der Welt verändert auch die neuronal gebahnten Muster der Wahrnehmung der Um- und Mitwelt – mit weitreichenden negativen Folgen für das mentale und kulturelle Klima der Gesellschaft.

7

Narzissmus

Im griechisch-römischen Mythos des Narziss ist die tragische Figur der narzisstischen Persönlichkeit enthalten: Weil sich der schöne Jüngling Narziss nicht der fürsorglichen Liebe seiner Mutter, der Nymphe Leiriope, die vom Flussgott Kephisos vergewaltigt wurde, erfreuen konnte, blieb Narziss liebesunfähig. Obwohl heftig von Verehrerinnen begehrt, war das Herz des schönen Jünglings verhärtet. Narziss war verurteilt, sich selbst zu lieben und an dieser Selbstliebe letztlich zu Grunde zu gehen. Ovid erzählt in seinen *Metamorphosen* die tragische Geschichte des Narziss, der sich danach sehnt jemanden zu lieben und sich doch nur nach dem eigenen Ich verzehrt.

Im Mythos vom Narziss sind psychoanalytische Theorie und Diagnostik der Bindungsstörungen vorweggenommen. Die Bindungstheorie hat ihre Anfänge in den 1940er-Jahren und geht zurück auf den britischen Kinderpsychiater John Bowlby, der die frühe Mutter-Kind-Beziehung und deren Auswirkungen auf die spätere Bindungs- und Liebesfähigkeit in den Fokus stellte und in der Folge namhafte Psychoanalytiker inspirierte.[41]

Leitneurose unserer Zeit

Narzissmus kann als »Leitneurose unserer Zeit«[42] angesehen werden. Sie ist eine weitere Ursache für den Anstieg von Wut, Hass, Aggression und der Unfähigkeit zum Mitgefühl. Bereits vor gut 40 Jahren diagnostizierte der US-amerikanische Soziologe Christopher Lasch in seinem Bestseller *The Culture of Narcissism* (1979) eine zunehmend auf Egoismus, Selbstdarstellung und Empathielosigkeit basierenden Gesellschaft. Damals gab es noch kein Internet und auch noch keine sozialen Netzwerke. Mittlerweile gilt das Internet als »Ego-Maschine« und die sozialen Medien als *das* narzisstische Biotop schlechthin. Wachsende Unempfindlichkeit gegenüber dem Leid und der Lebenssituation anderer ist ein ernsthaftes gesellschaftliches Problem geworden, das sich durch den *digital turn* und

---

[41] Dazu zählen, um nur einige Wenige zu nennen, die US-Amerikanerin Mary Ainsworth, die die Auswirkungen früher Mutter-Kind-Trennungen auf die Persönlichkeitsentwicklung erforschte, oder der Schweizer Psychoanalytiker Arno Gruen, der den Verlust frühkindlicher Bindungen in den Mittelpunkt seines wichtigen Buches *Der Verlust des Mitgefühls* (1997) stellte, sowie Hans-Joachim Maaz, der in frühkindlichen Bindungsdefiziten eine maßgebliche Ursache für Selbstentfremdung und Suchtverhalten sieht, wie er in seinem Bestseller *Die narzisstische Gesellschaft* (2012) ausführt.

[42] Diesen Begriff hat der Schweizer Psychiater Gerhard Dammann verwendet, zit. nach Tobias Becker: Die größte Liebe unseres Lebens. In: Der Spiegel Nr. 26/2016, S. 122.

die damit einhergehende Automatisierung vieler Lebensbereiche und Interaktionssphären noch weiter verschärft.
Nach den Psychologen Jean M. Twenge und W. Keith Campbell gibt es zumindest vier mögliche Ursachen für die Zunahme narzisstischer Phänomene:

1. Die Entwicklung von einem autoritären zu einem verwöhnenden Erziehungsstil, der Kinder nicht mehr sinnvoll fordert, sondern sie bewundert und mit einer Überdosis von Selbstvertrauen ausstattet;
2. Der Einfluss der Medien mit ihrem ausgeprägten »Celebrity-Kult«;
3. Das Internet, das einen idealen Nährboden für die Entwicklung des Narzissmus bietet, weil soziale Netzwerke bevorzugt der Selbstdarstellung dienen;
4. Der leichte Zugang zu Krediten und Kreditkarten, die dazu verführen, durch den Erwerb von Statussymbolen den eigenen Selbstwert zu erhöhen und über seine Verhältnisse zu leben.[43]

Lange Zeit hindurch galt Narzissmus ausschließlich als krankhafte Abweichung von psychischer Normalität. Erst ab den 1970er Jahren werden mit Narzissmus auch bestimmte Persönlichkeitsmerkmale bei gesunden Menschen bezeichnet.[44] Heute wird (gesunder) Narzissmus von problematischer oder krankhafter narzisstischer Persönlichkeitsstörung (NPS) unterschieden. Unter Narzissmus versteht man zunächst und ganz allgemein gesagt eine Summe selbstbezogener und selbstüberschätzender Persönlichkeitsmerk-

---

43 Vgl. Herbert Czef: Leben wir in einer narzisstischen Gesellschaft? In: Internationale Zeitschrift für Philosophie und Psychosomatik (IZPP) 2/2015, http://www.izpp.de/fileadmin/user_upload/Ausgabe_2_2015/Csef_IZPP_2_2015.pdf (abgerufen am 07.04.2022).
44 Vgl. Claas-Hinrich Lammers: Psychotherapie narzisstisch gestörter Patienten. Ein verhaltenstherapeutisch orientierter Ansatz. Stuttgart: Schattauer 2017, S. 4.

male, die Teil des Persönlichkeitsprofils auch gesunder Menschen sein können. Im Unterschied dazu wird unter narzisstischer Persönlichkeitsstörung eine Störung des Selbstwertes und Selbstwertgefühls verstanden. Sie kommt in übertriebener Selbstbezogenheit, der Sucht nach Aufmerksamkeit, Bestätigung und Anerkennung durch die Umwelt, sowie der Unfähigkeit, sich in andere Menschen hineinzufühlen, zum Ausdruck. Die Grenzen zwischen noch gesundem Narzissmus und einem schon problematischen oder auch krankhaft ausgeprägten narzisstischen Persönlichkeitsprofil sind fließend.[45]

Narzissmus ist also ein schillernder, mehrdimensionaler Begriff, der ein breites Spektrum von Persönlichkeitsmerkmalen bis hin zu pathologischen Persönlichkeitsstörungen umfasst. Seine krankhafte Form kann wiederum mit zahlreichen anderen psychischen Erkrankungen wie Neurosen, Depression, Angststörungen, Borderlinesyndrom oder Abhängigkeiten einhergehen. Für Experten gilt die Formel: Narzisstische Eigenschaften gelten so lange als gesund, bis die Betroffenen unter ihnen leiden und zum Beispiel Depressionen entwickeln oder sich aggressiv gegenüber anderen Menschen verhalten. Dann spricht man von krankhaftem Narzissmus. Experten schätzen, dass rund 1 % der Gesamtbevölkerung (drei Viertel davon Männer) unter einer solchen krankhaften narzisstischen Persönlichkeitsstörung leidet und dass etwa 6,2 % der Bevölkerung (7,7 % bei Männern und 4,8 % bei Frauen) einmal im Laufe ihres Lebens ernsthaft an einer narzisstischen Persönlichkeitsstörung erkranken werden.[46] Um von einer narzisstischen Persönlichkeitsstörung, also

---

45 Der Hamburger Psychiater und Psychotherapeut Claas-Hinrich Lammers beschreibt Narzissmus als Kontinuum von gesunden Menschen mit narzisstischen Persönlichkeitsmerkmalen über Menschen mit sehr deutlich ausgeprägten und bereits als problematisch anzusehenden narzisstischen Merkmalen bis hin zu Patienten mit einer narzisstischen Persönlichkeitsstörung (NPS). Vgl. ebd.
46 Vgl. Czef, Leben wir in einer narzisstischen Gesellschaft? sowie Lammers, Psychotherapie narzisstisch gestörter Patienten, S. 9.

pathologischem Narzissmus zu sprechen, müssen neben Mangel an Empathie noch eine Reihe weiterer Kriterien wie grandioses Gefühl der eigenen Wichtigkeit, Phantasien grenzenlosen Erfolges, Verlangen nach übermäßiger Bewunderung usw. zutreffen.[47] Wenn nur einzelne oder wenige Merkmale einer narzisstischen Persönlichkeitsstörung zutreffen, aber dennoch therapeutischer Bedarf vorliegt, dann kann man von narzisstisch gestörten Patienten und nicht von Patienten mit einer NPS sprechen. Diese Unterscheidung ist wichtig, weil sie den Graubereich zwischen Menschen mit gesunden narzisstischen Persönlichkeitsmerkmalen und solchen mit ausge-

---

47 Lammers listet folgende neun Merkmale narzisstischer Persönlichkeitsstörungen auf, wobei mindestens fünf Merkmale zutreffen müssen, um von krankhafter Persönlichkeitsstörung zu sprechen:

1. Hat ein grandioses Gefühl der eigenen Wichtigkeit (übertreibt z. B. die eigenen Leistungen und Talente; erwartet, ohne entsprechende Leistungen als überlegen anerkannt zu werden);
2. Ist stark eingenommen von Phantasien grenzenlosen Erfolges, Macht, Glanz, Schönheit oder idealer Liebe;
3. Glaubt von sich, besonders und einzigartig zu sein und nur von anderen besonderen oder angesehenen Personen (oder Institutionen) verstanden zu werden oder nur mit diesen verkehren zu können;
4. Verlangt nach übermäßiger Bewunderung;
5. Legt ein Anspruchsdenken an den Tag, d. h. übertriebene Erwartungen an eine besonders bevorzugte Behandlung oder automatisches Eingehen auf die eigenen Erwartungen;
6. Ist in zwischenmenschlichen Beziehungen ausbeuterisch, d. h. zieht Nutzen aus anderen, um die eigenen Ziele zu erreichen;
7. Zeigt einen Mangel an Empathie, d. h. ist nicht willens, die Gefühle und Bedürfnisse anderer zu erkennen oder sich mit ihnen zu identifizieren;
8. Ist häufig neidisch auf andere oder glaubt, andere seien neidisch auf ihn/sie;
9. Zeigt arrogante, überhebliche Verhaltensweisen oder Haltungen.

Vgl. Lammers, Psychotherapie narzisstisch gestörter Patienten, S. 4 f. sowie Czef, Leben wir in einer narzisstischen Gesellschaft?

prägten narzisstischen Persönlichkeitsstörungen bezeichnet. Gerade Menschen in diesem Graubereich sind es, die aufgrund bestimmter narzisstischer Konflikte häufig therapeutische Hilfe suchen.[48] Ob sich ein gesunder und ganz normaler Narzissmus zu einem krankhaften Narzissmus wandeln kann, der einer psychiatrischen Therapie bedarf, hängt natürlich auch vom individuellen Lebensverlauf und den Umständen ab. Narzisstische Grandiosität im politischen, wirtschaftlichen, wissenschaftlichen oder kulturellen Handeln kann in enger Nachbarschaft zur narzisstischen Destruktivität (schlechte Impulskontrolle, starke Wutausbrüche, Suchtverhalten usw.) stehen. Claas-Hinrich Lammers, Professor für Psychiatrie und Psychotherapie, berichtet von folgendem Fall, der – stellvertretend für viele andere ähnlich gelagerte Fälle – illustriert, wie sich aufgrund gewandelter Lebensumstände ein normaler narzisstischer Mensch zu einem narzisstisch gestörten Patienten verwandeln kann.

»Der 52-jährige Schauspieler war lange Zeit in seinem Beruf erfolgreich gewesen und litt an keiner psychischen Erkrankung. Er spielte in einer Soap-Opera mit, wodurch er viel Geld verdiente und zu seiner Freude sogar auf der Straße erkannt wurde. Doch aus irgendeinem Grund wurde er aus der Serie ›herausgeschrieben‹, d.h. sein Engagement wurde seitens des Regisseurs beendet. Im Anschluss hieran fand er nie wieder eine neue Rolle, und kleinere Rollen lehnte er ab, da diese angeblich seine Karriere gefährden würden. Aktuell war er sein neun Jahren arbeitslos und lebte vom Einkommen seiner Frau. Im Kontakt zu anderen Menschen redete er immer noch von seinen großen Rollen, wertete die gegenwärtige Filmbranche massiv ab und träumte von zukünftigen großen Engagements. Sein Alkoholkonsum hatte stark zu- und die Anzahl an Freunden stark abgenommen. Er wirkte in der Interaktion [im Rahmen der therapeutischen Sitzungen, Anm. MG] deutlich narzisstisch, erfüllte zum Zeitpunkt der Untersuchung aber nicht die nötige Kriterienzahl, welche die Diagnose einer NPS [...] rechtfertigte.«[49]

Beide Tendenzen – der erfolgreiche, gesellschaftlich anerkannte und öffentlich akklamierte Narzissmus und der destruktive Nar-

---

48 Vgl. Lammers, Psychotherapie narzisstisch gestörter Patienten, S. 6 f.
49 Ebd., S. 7.

zissmus – nehmen in der postmodernen Gesellschaft zu. Der destruktive, krankhafte Narzissmus kann beispielsweise dann hervorbrechen, »wenn sich ein narzisstischer Mensch gekränkt und gescheitert fühlt und sich an der Gesellschaft oder an anderen Menschen rächen will, um die intensiven Wut- und Hassgefühle auszuagieren.«[50]

Glanz und Elend liegen beim Narzissmus eng beisammen. Hinter der zur Schau gestellten Fassade eigener Großartigkeit verbirgt sich nicht selten das Leiden an der eigenen Beziehungsunfähigkeit und dem in der Kindheit erfahrenen Mangel an Anerkennung und liebender Zuwendung. Die manchmal bis ins krankhafte gesteigerte Sucht nach Aufmerksamkeit und Bewunderung verdeckt dann nur innere Leere, Verletzlichkeit und mangelndes Selbstwertgefühl. Egozentrik geht einher mit hoher Empfindlichkeit und Kränkbarkeit, die Sucht nach Anerkennung und Bestätigung durch die Umwelt mit Empathielosigkeit. Was noch als normaler Narzissmus gelten kann, den jeder von uns in sich trägt, und wann es sich um echte Formen eines pathologischen Narzissmus handelt, ist nicht immer erkennbar, zumal sich ja auch kaum jemand aus Gründen krankhafter Selbstbezogenheit in psychotherapeutische Behandlung gibt, sondern weil ihn andere Probleme wie Suchtverhalten, Niedergeschlagenheit, Depression, Minderwertigkeitsgefühle oder diffuse Ängste plagen. Dass hinter diesen Symptomen narzisstische Selbstwertstörungen stehen können, die spezifischer therapeutischer Maßnahmen bedürfen, erschließt sich erst bei näherem analytischen Hinsehen.[51]

---

50 Czef, Leben wir in einer narzisstischen Gesellschaft?
51 Der renommierte Narzissmus-Forscher Otto F. Kernberg beschreibt die narzisstische Persönlichkeitsstörung so: »Bei der narzisstischen Persönlichkeit handelt es sich um schwere Persönlichkeitsstörungen. Sie sind durch ein pathologisches Größenselbst gekennzeichnet. Alle idealisierten Aspekte des eigenen Selbst und der Anderen werden vom Patienten auf sich selbst bezogen, während alle entwerteten, negativen nach außen projiziert werden, so dass der Patient mit einem Gefühl einmaliger Gran-

Ich-Störungen, also Defizite des Selbst, bringen eindrucksvolle Ich-Leistungen hervor, »um das schmerzhafte Manko auszugleichen und vor anderen den Mangel zu verbergen«, urteilt der Psychiater und Psychotherapeut Hans-Joachim Maaz. Und er fügt hinzu:

> »Alle herausragenden Leistungen im Sport, in der Wissenschaft, in der Kultur und Politik sind der Kompensation von Minderwertigkeitsgefühlen verdächtig; denn nur die bittere Kränkung und der schmerzvolle Stachel der Selbstwertstörung liefern den Ehrgeiz, die Energie, im Grunde den Mut der Verzweiflung, um die Anstrengungen auf sich zu nehmen, großartige Leistungen zu vollbringen und unbedingt Sieger werden zu wollen.«[52]

Maaz weist in diesem Zusammenhang darauf hin, dass neben positiven Formen der Kompensation von Ich-Störungen ein »verletz-

---

diosität dem Leben gegenübersteht. Auffällig ist die Sucht, bewundert zu werden. Sie brauchen keine Liebe, aber sie brauchen Bewunderung. Wenn sie diese nicht bekommen, dann besteht die Gefahr, dass das großartige Selbst zusammenbricht. Das grandiose Selbst zeigt sich in einer ganzen Reihe von Symptomen: erhöhter Selbstbezug, Selbstbeschäftigung, Größenphantasien, Überheblichkeit und Anspruchlichkeit, Draufgängerverhalten sowie demonstrativ selbstsicheres Verhalten, das mit einer großen Bewunderungssucht einhergeht. Wenn diese Bewunderung ausbleibt, kann sich die Grandiosität plötzlich in Unsicherheit und schwere Minderwertigkeitsgefühle wandeln. Diese Patienten zeigen eine emotionale Oberflächlichkeit, die ihre Beziehungen beeinträchtigt. Sie leiden unter einem enormen bewussten und unbewussten Neid, der sich in der Entwertung anderer zeigt. Zusätzlich besteht eine Unfähigkeit, von anderen wirklich abhängig zu sein, denn Abhängigkeit bedeutet, sich in eine minderwertige Position zu begeben. Außerdem fehlt den Patienten die Fähigkeit zu Empathie. Schließlich kommt hinzu, dass sie sich in Beziehungen nicht festlegen können. Unglückliche Liebesbeziehungen führen diese Patienten in die Behandlung, denn jeden Menschen, den sie idealisieren, in den sie sich verlieben, müssen sie entwerten und können so keine dauerhafte Liebesbeziehung aufrechterhalten.« (Otto F. Kernberg: Hass, Wut, Gewalt und Narzissmus. Stuttgart: Kohlhammer 2012, S. 62 f.)

52 Hans-Joachim Maaz: Die narzisstische Gesellschaft. Ein Psychogramm. München: Beck 2012, S. 19.

tes« Selbst[53] aber auch gewaltbereite Einstellungen entwickeln kann. Wie weit diese Bereitschaft zur Gewalt durch besondere Ich-Leistungen der Selbstbeherrschung oder der Akzeptanz bestimmter Wertmaßstäbe unter Kontrolle gehalten wird, hängt vom Einzelnen, aber auch den jeweiligen gewaltförderlichen oder gewalthemmenden Umständen ab. Und auch davon, wie weit die eigenen Bedürfnisse befriedigt werden können oder nicht. Im Unterschied nämlich zum narzisstisch befriedigten Menschen, der eher in sich ruht,

> »bleibt der narzisstisch gestörte Mensch in ständiger Unruhe, Spannung und Unzufriedenheit, getrieben vom Wunsch nach echter Erfüllung, die schon längst auf immer verloren ist. Die Suche nach dem verlorenen Glück schafft Abenteurer, Pioniere, Entdecker und formt berühmte Persönlichkeiten. [...] Wenn wir narzisstische Störungen als eine verhinderte und

---

53 Charles Baudelaires Gedicht *Der Mensch und das Meer* lässt sich als Metapher auf diese sich in seelischer »Meerestiefe« verbergende narzisstische Verletzung lesen:

> Das Meer wirst, freier Mensch, du lieben allezeit!
> Das Meer ist dir ein Spiegel: deine eigene Seele
> Schaust Du im endlosen Gewoge seiner Welle.
> Und Abgrund ist dein Geist nicht minderer Bitterkeit.
>
> Lustvoll tauchst du hinunter in dein Ebenbild,
> Umfängst's mit Arm und Aug, und manchmal sagt
> Dein Herz sich los von seinem eigenen Takt
> Im Rauschen dieser Klage, unzähmbar und wild.
> Voll Dunkel haltet beide ihr euch stets bedeckt:
>
> Nie, Mensch, hat jemand deine Untiefen durchdrungen:
> Nie, Meer, dir deines Innern Schätze je entrungen.
> So eifersüchtig hütet ihr, was ihr versteckt!
> Und dennoch liegt seit ungemessenen Zeiten
> Ihr miteinander ohne Reue gnadenlos im Krieg.
> So sehr sind euch der Tod und das Gemetzel lieb.
> O Kämpfer stets, o Brüder ihr, verdammt zum Streiten!

mithin eingeschränkte Selbstliebe begreifen, die durch besondere Leistungen aufgebessert oder sogar aufgehoben werden soll, können wir die Gefahr des Handelns aus narzisstischer Verletztheit erfassen. Die vorhandenen seelischen Kränkungen und Verletzungen werden durch Erfolge nur verschleiert und bemäntelt, sie wirken aber in der Tiefe weiter, um sich schließlich in unerwarteten Konsequenzen doch zu zeigen und sich nun destruktiv-energetisch abzureagieren. So hat jeder Erfolg seinen unheilvollen Preis, der oft erst viel später zu erkennen ist. Die destruktive Kraft des ›Schattens‹ korreliert dem Grad nach in etwa mit dem Ehrgeiz des Engagements für die ›gute Sache‹.«[54]

Frühe Bindungsstörungen

In der Ursachenforschung narzisstischer Persönlichkeitsmerkmale, die sich auch zu narzisstischer Persönlichkeitsstörung auswachsen können, spielen die die frühkindlichen Bindungserfahrungen eine große Rolle. Empirische Untersuchungen des österreichisch-amerikanischen Psychoanalytikers René A. Spitz und in der Folge auch anderer Forscher konnten zeigen, dass der Entzug mütterlicher Zuwendung auch dann zu schweren Störungen des Verhaltens von Säuglingen führt, wenn ansonsten die Befriedigung all seiner körperlichen Bedürfnisse sichergestellt ist. Säuglinge suchen bereits in den ersten Lebensmonaten von sich aus interpersonale Nähe, die die Voraussetzung für spätere soziale Bindungsfähigkeit ist. Vorsprachliche Interaktionserfahrungen sind die Basis für die emotionale Bindung zwischen Mutter und Kind. Dieser affektive Umgang mit den ersten Beziehungspartnern prägt maßgeblich die frühkindliche Entwicklung. Das Kind ist in seiner Existenz abhängig von der positiven Spiegelung durch die Eltern. In dieser Zuwendung erfährt das Kind wohlige Geborgenheit, erlebt das Gefühl des Beschütztseins und die Befriedigung ungestillter Bedürfnisse.

---

54 Maaz, Die narzisstische Gesellschaft, S. 21 f.

Auf diese Weise kann das Kind Schritt für Schritt auch das für sein Leben notwendige Selbstvertrauen ausbilden, sich in ein positives Verhältnis zu sich selbst setzen und damit auch Autonomie gewinnen. Das positive Erleben emotionaler Bindung zwischen Kind und Eltern – vor allem zur Mutter als primäres Bezugsobjekt – ist die Voraussetzung für die spätere Bindungs- und Liebesfähigkeit des Heranwachsenden. Ist diese wechselseitige Spiegelung, von der im ersten Kapitel schon die Rede war, nicht gegeben und kommt es zu keinen reziproken Beziehungen, dann ist die weitere emotionale Entwicklung beeinträchtigt.

Das Kind, das um die Erfahrung liebevoller Zuwendung und Anerkennung gebracht wird, entwickelt Ersatzstrategien, um doch noch in den Genuss einer liebevollen Beziehung zu gelangen. Es versucht, die »Leere der nicht erfahrenen Liebe« (H.-P. Röhr) irgendwie zu füllen. Das Kind beginnt seine echten Gefühle und Bedürfnisse zu verbergen, es lernt, sich eine Maske zuzulegen und eine Rolle zu spielen. Auf diese Weise hofft es, durch Leistung und Anpassung wenigstens den Anschein von Liebe und Zuwendung zu erhalten. Dies aber geschieht um einen hohen Preis, nämlich um den Preis der Verleugnung eigener Gefühle und Bedürfnisse zugunsten eines Daseins als »funktionierende Marionette« (H.-P. Röhr). Diese schmerzliche Erfahrung des Kindes, Liebe nur einer gespielten Rolle wegen und nicht um seiner selbst willen zu erhalten, wird prägend für das weitere Leben. Die Weichenstellungen gehen in die falsche Richtung: weg von der Authentizität und hin zur Anpassungsfähigkeit. Diese Haltung wird der Mensch meist ein Leben lang nicht mehr los. Er wird in der Paradoxie gefangen bleiben, die darin besteht, unendliche Sehnsucht nach wahrer, authentischer Liebe zu haben und zugleich davor zurückzuschrecken, diese Liebe auch zu leben – die Angst vor Zurückweisung und die tiefsitzende Erfahrung des Liebesmangels ist zu groß. So bleibt die narzisstisch gestörte Persönlichkeit gefangen zwischen Liebes-Sehnsucht und Liebes-Abwehr als Vermeidungsverhalten. Es fällt dieser Persönlichkeit schwer, wahre Liebe, so es dieser Liebe später begegnet, anzunehmen, sich auf sie ganz einzulassen und selbst zum wahrhaft Liebenden zu werden – denn die Begegnung mit der wahren Liebe bedeutet zugleich die Konfrontation mit dem früher erfahrenen, aber verdrängten Schmerz des quälenden Liebesmangels, der am Beginn des Lebens stand. Der Narzissmus ist Ergebnis mangelnder Liebe und eines sich fortsetzenden Liebesdefizits. Aus diesem erlittenen Mangel an Liebe entstehen defiziente, empathielose Beziehungen. Wenn Mitgefühl gezeigt wird, dann hat das weniger mit einem echten Gefühl zu tun als mit einer imageerhaltenden Pose.

Mangelnde Liebeserfahrung in der frühen Kindheit wirkt sich auch negativ auf die spätere Entwicklung des Selbstwertgefühls aus. Dazu stellt Maaz fest:

> »Wer nicht ausreichend gespiegelt und bestätigt wurde, der bleibt ein Leben lang abhängig von der Zustimmung anderer [...]. Angewiesen auf äußere Bestätigung, neigt der selbstwertgestörte Mensch dazu, sich anzupassen, die Erwartungen anderer abzuspüren und sie um der ersehnten Bestätigung willen dann auch zu erfüllen. Da dieses Verhalten aber bestenfalls eine sekundäre Befriedigung (eine Ersatzbefriedigung) für ein primäres Bestätigungsdefizit vermitteln kann, entsteht weder direkte Zufriedenheit noch Entspannung. Das ist die energetische Voraussetzung für Suchtentwicklungen aller Art. So bleibt der narzisstisch gestörte Mensch eine abhängige Persönlichkeit, die ihre Autonomie nicht zu entwickeln und zu leben wagt.«[55]

Da der Narzisst nur mit sich selbst beschäftigt ist, »um die Wunden zu lecken, die durch Liebesmangel geschlagen wurden [...][,] bleibt kein Raum für andere.«[56] Das ist der tiefere Grund für die Unfähigkeit zur Empathie – ein wesentliches Symptom des Narzissmus. Der Narzisst liebt nicht, sondern will geliebt werden, er braucht Menschen, die für ihn verfügbar sind und über die er seine Bedürfnisse befriedigen kann, allen voran Bestätigung, Zustimmung und Verehrung. Der Narzisst »spürt nicht, was mit dem an-

---

55 Ebd., S. 25.
56 Ebd., S. 27.

deren ist, er nimmt nur wahr, wie der andere zu ihm steht: brauchbar oder nutzlos, Freund oder Feind«.[57]

Die narzisstische Persönlichkeit sucht nicht die dialogische Verbindung mit anderen, sondern die Verbindung mit sich selbst – der andere ist dafür bloß Mittel zum Zweck. Der Narzisst braucht den anderen primär für sein zum *Größen-Ich* aufgeblasenes Ego. Damit ist ihm aber der Weg nicht nur zum anderen, zu einem Du abgeschnitten, sondern auch die Begegnung mit seinem inneren – verwundeten – Selbst. Das verborgene Selbst hinter seinem zur Schau gestellten Ego bleibt verborgen, weil der Weg zu sich selbst nur über den anderen führt. Der Narzisst kann nur im Sprung über sich hinaus, über das Außer-sich-Sein eines anderen zu einer erfüllenden kommunikativen Beziehung kommen. Er bräuchte den anderen, um sein Ich-Gefängnis verlassen zu können, und weiß zugleich, dass ihm dieser Weg aus seinem Ich-Gefängnis hinaus zum anderen versperrt ist.

Kompensation und Ablenkung sind zwei Formen, mit deren Hilfe die narzisstische Persönlichkeit ihre seelisch-emotionalen Defizite zu regulieren versucht. Arbeit und Beruf, Partner- und Elternschaft, Sexualität, Hobbies, freiwillige soziale Tätigkeiten usw. bieten die besten Kompensationschancen zur Befriedigung narzisstischer Bedürftigkeit. Berufliche Tätigkeit etwa ermöglicht, Selbstwertdefizite durch die Erfahrung sozialer Akzeptanz und Wertschätzung zu kompensieren.[58] Die Mehrheit der Menschen in westlichen Ländern definiert sich über die berufliche Tätigkeit, sie ist zentrale Quelle der Sinnstiftung. In der Arbeit erlebt sich der Mensch als gebraucht und wichtig. Verliert er seine Arbeit, verliert er nicht nur einen Großteil der materiellen Basis für sein Leben, sondern auch seine Unabhängigkeit und Autonomie, seinen sozialen Status und damit vielfach auch die entscheidende Sinngrundlage seines Lebens. Weiter oben war davon schon die Rede. Wenn dann zusätzlich der Verlust partnerschaftlicher Beziehungen

---

57 Ebd.
58 Vgl. ebd., S. 94–96.

hinzukommt – was nicht selten der Fall ist –, brechen weite Teile des Lebensfundaments zusammen. Partnerschaft ist natürlicherweise mit der Erwartung von Bestätigung, Verständnis, Zuwendung und Liebe verbunden. Selbst unter der Bedingung, dass die bittere psychoanalytische Erkenntnis zutrifft, dass die mangelhaft erfahrene frühe Liebe später nicht mehr die ersehnte Erfüllung finden kann, so haben gerade partnerschaftliche Beziehung eine wichtige Funktion bei der narzisstischen Regulation. Denn »auch das Leiden innerhalb der Partnerschaft leistet als Ersatzleid seinen Beitrag zur Ablenkung vom narzisstischen Defizit.«[59]

Ablenkung als Form narzisstischer Regulation findet heute vor allem über den Medien-Eskapismus und die Dauerpräsenz in den sozialen Netzwerken statt. Das führt dazu, dass

> »narzisstisch bedürftige Menschen [...] sich zu Junkies der medialen Angebote [machen], der Sintflut von sinnloser, überflüssiger und verwirrender Information aus dem Internet und der Erreichbarkeit über das Handy [...]. Daran wird nicht nur die Kontaktnot der plappernden Menschen deutlich, sondern auch ihre versteckte Aggression, mit ihrer narzisstischen Bedürftigkeit andere zu stören und zu quälen.«[60]

Mit gutem Grund lässt sich angesichts des Niveaus der meisten Unterhaltungsangebote, die »eine Art Verblödung und aggressive Schadenfreude befördern«, fragen, wie groß die narzisstische Not einer Bevölkerung sein muss, »dass sie sich solche Primitivität nicht nur gefallen lässt und sie konsumiert, sondern offenbar zur Ablenkung von eigenen Defiziten regelrecht braucht?«[61] Wie bei jeder anderen Sucht gilt auch hier: Nicht die Angebote an sich machen süchtig, sondern die ihrem Gebrauch zugrundeliegende – narzisstische – Bedürftigkeit. Hinter jeder Sucht, auch der Mediensucht, verbirgt sich eine tiefe Sehnsucht.

---

59 Ebd., S. 100.
60 Ebd., S. 95 f.
61 Ebd., S. 96.

Digitale Egomanie

Wenn Identität das seelische Hauptproblem der narzisstischen Postmoderne ist,[62] dann ist die Netzkommunikation das zentrale Medium, mit dessen Hilfe sie dieses Problem zu lösen verspricht. Konfrontierte die Sinn-Problematik den Menschen mit der finalen Frage nach dem existenzbestimmenden Zweck seiner Existenz, so ist es heute die Frage nach der existenzbestimmenden sozialen Resonanz, die quälende Sorge um soziale Aufmerksamkeit und Anerkennung, die den modernen Medienkonsumenten umtreibt. Das digitale Zeitalter hat einen neuen Sozialtypus hervorgebracht: das »exzentrische Selbst« (M. Altmeyer). Dieser neue Sozialtypus ist dadurch gekennzeichnet, dass er ein starkes Bedürfnis nach narzisstischer Selbstdarstellung hat, den Drang, sich anderen zu zeigen, auf sich aufmerksam zu machen und damit seine Existenz unter Beweis zu stellen. So lautet denn auch die »Identitätsformel der digitalen Moderne: Ich werde gesehen, also bin ich.«[63] Auf Instagram werden täglich geschätzte 80 Millionen Bilder geteilt, die überwiegende Zahl davon sind Selfies. Das digitale Medium verspricht Anerkennung und Akzeptanz. Aber es ist ein trügerisches Versprechen, weil es lediglich Surrogate von Anerkennung und sozialer Wertschätzung bietet. Darin liegt auch sein Suchtcharakter, denn je geringer die psychische Gratifikation, desto intensiver und exzessiver die exhibitionistische Selbstdarstellung auf Social-Media-Plattformen.

Der Hunger des exzentrischen und narzisstischen Selbst nach emotionaler Sättigung kann so nicht gestillt werden. Die Situation erinnert an ein jüdisches Märchen: Ein Rabbi kommt zu Gott: »Herr, ich möchte die Hölle sehen und auch den Himmel.« »Nimm Elia als Führer«, spricht der Schöpfer, »er wird dir beides zeigen.«

---

62 So der Psychologe Martin Altmeyer, angeführt von: Becker, Die größte Liebe unseres Lebens, S. 126.
63 Becker, Die größte Liebe unseres Lebens, S. 126.

Der Prophet nimmt den Rabbi bei der Hand. Er führt ihn in einen großen Raum. Ringsum Menschen mit langen Löffeln. In der Mitte, auf einem Feuer kochend, ein Topf mit einem köstlichen Gericht. Alle schöpfen mit ihren langen Löffeln aus dem Topf. Aber die Menschen sehen mager aus, blass, elend. Kein Wunder: Ihre Löffel sind zu lang. Sie können sie nicht zum Munde führen. Das herrliche Essen ist nicht zu genießen. Die beiden gehen hinaus. »Welch seltsamer Raum das war?«, fragt der Rabbi den Propheten. »Die Hölle«, lautet die Antwort. Sie betreten einen zweiten Raum. Alles genau wie im ersten. Ringsum Menschen mit langen Löffeln. In der Mitte, auf einem Feuer kochend, ein Topf mit einem köstlichen Gericht. Alle schöpfen mit ihren langen Löffeln aus dem Topf. Aber – ein Unterschied zu dem ersten Raum: Diese Menschen sehen gesund aus, gut genährt, glücklich. »Wie kommt das?« – Der Rabbi schaut genau hin. Da sieht er den Grund: Diese Menschen schieben sich die Löffel gegenseitig in den Mund. Sie geben einander zu essen. Da weiß der Rabbi, wo er ist.

Das digitale Medium »eröffnet einen narzisstischen Raum, eine Sphäre des Imaginären, in der ich mich einschließe«.[64] Jene virtuell anderen sind nicht in erster Linie Kommunikationspartner im klassischen Sinn, sondern »Instrumente des Selbsterfolgs«.[65] Immer schon hat Kommunikation dem eigenen sozialen Ansehen, also dem Selbsterfolg gedient, darin liegt eines der Grundmotive zwischenmenschlicher Beziehungen. Dabei ist der andere interessant, solange er diesem Ziel des Selbsterfolgs dient. Aber nie zuvor war dieses in der Regel gut verborgene Kommunikationsmotiv so bestimmend wie heute im Zeichen der digitalen Netzkommunikation. Die moderne digitale Identität braucht den anderen primär dazu, das eigene soziale Ansehen in der virtuellen Gemeinschaft der Nutzer zu mehren. Dem entspricht auch die Logik des Netzes:

---

64 Byung-Chul Han: Im Schwarm. Ansicht des Digitalen. Berlin: Matthes & Seitz 2013, S. 34 f.
65 Peter Kemper: Wirklichkeit 2.0: Medienkultur im digitalen Zeitalter. Ditzingen: Reclam 2012, S. 170.

Soziale Medien erzeugen etwas, was Roland Barthes als *Gruppensubjektivität* bezeichnet hat[66] – die Subjektivität des Einzelnen geht in der Gruppe auf. Damit aber ist das Gegenteil dessen eingetreten, was Visionäre und Apologeten der digitalen Kommunikationsgesellschaft einst erhofften, allen voran der Kultur- und Medienphilosoph Vilém Flusser, der noch in den 1980er Jahren die Utopie einer, wie er sie nannte, telematischen Gesellschaft euphorisch konzipierte.[67] Kennzeichen der telematischen Wende sei der Übergang von der Epoche massenmedial generierter und distribuierter *Informationsbündelung* hin zum Zeitalter computergesteuerter *Vernetzung*. Das Netz nähere sich – wie Flusser damals noch visionär meinte – dem Ideal einer globalen Kommunikationsgemeinschaft, »worin sich jeder im Informationsaustausch mit anderen verwirklicht«. Denn Vernetzung würde Entgrenzung, entgrenzte Kommunikation bedeuten. Dank der Netzkommunikation käme es zur Situation einer neuen Intersubjektivität, einer Situation, in der dank des Netzes »räumlich und zeitlich voneinander entfernte Menschen existentiell zusammenrücken können, um einander gegenseitig zu realisieren.« Nach Flusser schafft das Netz einen Resonanzraum, in dem das Selbst und die Selbstbezüglichkeit zugunsten einer empathischen Verbindung mit dem anderen zurücktreten würden. Telematik, also die Netzkommunikation, »wäre danach die Technik, die eine Abschaffung des Selbst zugunsten der intersubjektiven Verwirklichung automatisch herstellt.« Die Erfahrung der Nähe wäre dann nicht »Funktion irgendeiner räumlichen und zeitlichen Entfernung, sondern Funktion der Zahl und Intensität der Beziehungen, die den einen mit dem anderen verbindet«. Flusser hatte die Vision, dass sich in einer telematischen Gesellschaft die *verbündelte* Informationsgesellschaft in eine *vernetzte*

---

66 Roland Barthes: Fragmente einer Sprache der Liebe. Frankfurt am Main: Suhrkamp 2015[17], S. 181.
67 Die folgenden Zitate aus Vilém Flusser: Medienkultur. Frankfurt am Main: S. Fischer 2008[5], S. 143–149.

Kommunikationsgemeinschaft verwandelt werde und mit ihr auch ein neues Verständnis von Intersubjektivität entstehen würde. Nur in der Telematik werde es möglich, dass die Menschen einander näherkommen und sich damit verwirklichen können, »um nicht in irgendeinem Selbst verkapselte bloße Möglichkeiten zu bleiben.« Was Flusser dabei allerdings übersah, ist der Umstand, dass eine so verstandene Intersubjektivität wechselseitiger Ermächtigung zur Freiheit des Selbst und damit zum sittlichen Handeln nur als Anerkennungsbeziehung zwischen Individuen gelingen kann, niemals jedoch rein als Funktion einer wie immer gearteten Kommunikationstechnologie. Nähe, wie sie Flusser eben als jenes *existenzielle Zusammenrücken*, ja als Realisationsform des jüdisch-christlichen Gebots der Nächstenliebe postulierte, kann nie Ergebnis kommunikationstechnologischer Rationalität oder der Quantität technologisch vermittelter Beziehungen sein, sondern ist bleibender ethischer Anspruch an sprachliche Kommunikation zwischen Menschen. Mit anderen Worten: Nähe drückt kein wie immer geartetes Funktionsverhältnis aus. Nähe ist also keine technisch-instrumentelle oder numerische, sondern eine ausschließlich kommunikative Größe. Nähe gelingt, wenn Kommunikation gelingt, nicht, weil wir miteinander technologisch verbunden sind.

Von Flussers Vision einer *mondialen Intersubjektivität* sind wir heute weit entfernt. Sie bleibt Utopie. Flusser rechnete erstaunlicherweise nicht mit der dialektischen Verfasstheit des Netzes. Und daher auch nicht mit der Möglichkeit des Umschlagens des digitalen Kommunikationsfortschritts in sein Gegenteil. Darauf macht Byung-Chul Han aufmerksam, wenn er mit Blick auf Flussers Utopie feststellt: »Die digitale Kommunikation lässt die Gemeinschaft, das Wir [...] stark erodieren. Sie zerstört den öffentlichen Raum und verschärft die Vereinzelung des Menschen. Nicht die ›Nächstenliebe‹«, die für Flusser mit dem *digital turn* in greifbare Nähe zwischenmenschlicher Lebenspraxis gerückt war, »sondern der Narzissmus beherrscht die digitale Kommunikation [...]. Die digitale Technik ist keine ›Technik der Nächstenliebe‹. Sie erweist sich vielmehr als eine narzisstische Ego-Maschine. Und sie ist kein dialogisches Medium.«[68] Denn das Netz mag ja vieles sein – nur eines ist es sicher nicht: die Kommunikationssphäre erfüllter Intersubjektivität, also einer Zwischenmenschlichkeit, die sich als wechselseitiges Anerkennungsverhältnis kommunikativ entfaltet. Das spricht weniger gegen Flussers utopischen Entwurf als gegen die Realität und Praxis digitaler Kommunikation. Anders als erhofft, stehen die digitalen Medien im Dienst narzisstischer Regulation durch Ablenkung. Je mehr wir uns nach der Eigentlichkeit einer Begegnung zwischen Ich und Du sehnen, desto mehr driften wir unaufhaltsam in die Uneigentlichkeit eines falschen Lebens ab, eines Lebens im Universum der Simulation und der Gefühlssurrogate.

Das Netz stimuliert und propagiert den Habitus der Pose, der Uneigentlichkeit: Freundschaft, Intimität, Vertrautheit, Anteilnahme und Nähe – grundlegende Werte humanen Zusammenlebens – verflachen zur bloßen Simulation. Digitale »Freundschaften« haben mit wahrer Freundschaft wenig zu tun, aber sie verführen dazu, zu glauben, dass Freundschaftsbeziehungen ebenfalls per Mausklick funktionieren müssten. Aber zwischenmenschliche Beziehungen funktionieren nicht einfach per Knopfdruck. Sie können gelingen, wenn sich beide Partner darum bemühen, aber selbst dann ist keine Garantie für dieses Gelingen gegeben. Glückende Beziehungen haben zur unverzichtbaren Bedingung, dass sie äußerst kommunikationsintensiv sind. Es bedarf einer nie erlahmenden Bereitschaft zur Offenheit und eines achtsamen Umgangs mit der Sprache, ohne die keine kommunikative Beziehung gelingen kann. Solche Beziehungen leben nicht von der Quantität hergestellter Kontakte, sondern der Qualität kommunikativer Durchlässigkeit, in der sich der eine im anderen erkannt und anerkannt finden kann. Das gelingt, *wenn* es gelingt, nur in der Sprache des Dialogs, in der sich die Begegnung von Subjekt zu anderem Subjekt erst konstituiert. Dialogische Sprache ist schöpferisch und unverwechselbar. Sie verzichtet daher auf verkürzende Codes, Emojis

---

68 Han, Im Schwarm, S. 65.

und routinierten Sprachgebrauch. Nur unter dieser Bedingung kann Begegnung als Akt sprachlichen Handelns gelingen. Nur unter diesen Bedingungen werden auch die beteiligten Partner einander wechselseitig gerecht. Denn das Wesen der Sprache liegt nicht primär darin, etwas zu bezeichnen, »sondern in der Übernahme von Verantwortung jemandem gegenüber. Sprechen heißt Interessen von Menschen ins Spiel bringen. Das Wesen der Sprache wäre demnach Verantwortung«.[69] Verantwortung empfindet man aber nicht gegenüber dem wegklickbaren Face eines virtuell verfremdeten anderen, sondern nur in dessen Angesicht.

Die verführerische Attraktivität des narzisstischen Echoraums sozialer Medien liegt darin, dass wir uns in einem Kokon eingeübter Rollen und Posen, die unserem soziales Leben den äußerlich erkennbaren Anschein des Erfolgs geben sollen, einhüllen können. Je mehr wir unter narzisstischer Kränkung leiden, desto mehr neigen wir dazu, uns in diesem Kokon eines imaginierten sozialen Selbst einzuigeln. Echte Beziehungen gelingen aber nur um den Preis des Verzichts auf jegliches Cocooning und Rollenspiel, in dem unser wahres Selbst verborgen bleiben soll. Wir alle spielen täglich Rollen und tragen damit unsere Persönlichkeit im wörtlichen Sinn zu Markte. Der moderne Markt sind die sozialen Medien und ihre zur permanenten Selbstdarstellung einladenden Foren. Auf ihnen zählen wir nicht als konkrete Individuen – was zählt ist die Art und Weise unserer Selbstinszenierung. Wir lernen schon von früh an, uns an die Verhältnisse anzupassen und unsere »Haut zu Markte zu tragen«. Erziehung und Bildung sind daraufhin ausgerichtet, Eigenschaften zu kultivieren, die in der Gesellschaft nachgefragt werden. Erich Fromm hat diesen Umstand schon lange vor dem globalen und omnipräsenten virtuellen Marktplatz als *Marketing-Orientierung* bezeichnet:

---

69 Emmanuel Lévinas: Vier Talmud-Lesungen. Frankfurt am Main: Neue Kritik 1993, S. 40.

»Das Individuum von heute, sofern man noch von Individuum sprechen kann, macht sein gesamtes Selbstwerterleben davon abhängig, ob es verkäuflich ist oder nicht, ob es eine Nachfrage nach dem gibt, was es anzubieten hat, oder nicht. Sein Selbsterleben, sein Vertrauen in sich selbst bestimmt sich nicht mehr von der Wertschätzung seiner realen, konkreten Eigenschaften, seiner Intelligenz, seiner Ehrlichkeit, seiner Integrität, seinem Humor und all dem, was er ist, vielmehr hängen sein Selbstwertempfinden und seine Sicherheit davon ab, ob es ihm gelingt, sich selbst zu verkaufen.«[70]

Für den außengesteuerten Narzisst, der sein Selbstwertgefühl der ständigen Bestätigung durch andere verdankt, sind die sozialen Medien, ihre Filterblasen und Foren der moderne virtuelle Marktplatz, auf dem er seine Haut zu Markte tragen kann. Hier findet er jene umstandslose, schnell abrufbare, immer wiederholbare, aber letztlich austauschbare emotionale Zuwendung, nach der er unermüdlich sucht und sie doch nicht finden kann.

---

70 Erich Fromm: Die Pathologie der Normalität. Zur Wissenschaft vom Menschen. Berlin: Ullstein 2005, S. 66 f.

8

Gleichgültigkeit

1938 schrieb Joseph Roth im Pariser Exil einen Text mit dem Titel *Das Unsagbare*, in dem er eine Reihe nationalsozialistischer Gräueltaten auflistet und mit aller ihm zur Verfügung stehenden Inbrunst und Wortgewalt vor der sich bereits überdeutlich abzeichnenden Barbarei des Hitlerismus warnt. Der Text beginnt mit den Worten:

> »Von Monat zu Monat, von Woche zu Woche, von Tag zu Tag, von Stunde zu Stunde, von einem Augenblick zum anderen wird es schwieriger, das Unsagbare dieser Welt sagbar zu machen. Der Bannkreis der Lüge, den die Missetäter um ihre Untaten ziehen, lähmt das Wort und die Schriftsteller, dessen Diener sie sind. [...] Man muß schreiben, gerade dann, wenn man nicht mehr glaubt, durch das gedruckte Wort etwas bessern zu können. [...] Der mir bekannten Greuel sind viele, und auch die Mitwisser sind zahl-

> reich. Aber wissen! Wer will schon davon wissen? Die Welt ist stumpf und taub geworden und mißtrauisch gegen die Sprecher der Wahrheit und zutraulich den Sprechern der Lüge gegenüber. Ich weiß, daß ich in der Wüste schreibe – und daß wir alle in die Wüste rufen! [...] Fürwar! Gegenüber der Gleichgültigkeit der Welt sind die Grausamen der Un-Welt eine Kleinigkeit. Das schrecklichste Greuel-Märchen, von dem noch unsere Urenkel erzählen werden, ist die Stumpfheit einer Um-Welt, die eine Un-Welt geworden ist; als wollte sie sich lächerlicherweise darauf berufen, daß sie nicht etwa durch das Wort Gottes entstanden sei, sondern durch einen Druckfehler Satans.«[71]

Wer will schon davon wissen? – die Frage begleitet uns auch in der Gegenwart. Bei seinem ersten offizielle Besuch außerhalb Roms, der Papst Franziskus im Juli 2013 auf die italienische Mittelmeerinsel Lampedusa führte, gedachte das Kirchenoberhaupt der hunderten Migranten, die auf der Überfahrt von Afrika ertrunken sind. In seiner Predigt von einem aus Rudern gefertigten Pult mahnte der Papst:[72]

> »Die Wohlstandskultur, die uns dazu bringt, an uns selbst zu denken, macht uns unempfindlich gegen die Schreie der anderen; sie lässt uns in Seifenblasen leben, die schön, aber nichts sind, die eine Illusion des Nichtigen, des Flüchtigen sind, die zur Gleichgültigkeit gegenüber den anderen führen, ja zur Globalisierung der Gleichgültigkeit. In dieser Welt der Globalisierung sind wir in die Globalisierung der Gleichgültigkeit geraten. Wir haben uns an das Leiden des anderen gewöhnt, es betrifft uns nicht, es interessiert uns nicht, es geht uns nichts an! [...] Die Globalisierung der Gleichgültigkeit macht uns alle zu ›Ungenannten‹, zu Verantwortlichen ohne Namen und ohne Gesicht!«

Und er stellte die eindringliche Frage:

> »Wer hat geweint über den Tod dieser Brüder und Schwestern? Wer hat geweint um diese Menschen, die im Boot waren? Um die jungen Mütter,

---

71 Joseph Roth: Die Filiale der Hölle auf Erden. Schriften aus der Emigration. Köln: Kiepenheuer & Witsch 2003, S. 152–155.
72 Der deutsche Text der Predigt Franziskus' ist zugänglich unter: https://www.vatican.va/content/francesco/de/homilies/2013/documents/papa-francesco_20130708_omelia-lampedusa.html (abgerufen am 08.04.2022).

die ihre Kinder mit sich trugen? Um diese Männer, die sich nach etwas sehnten, um ihre Familien unterhalten zu können? Wir sind eine Gesellschaft, die die Erfahrung des Weinens, des ›Mit-Leidens‹ vergessen hat: Die Globalisierung der Gleichgültigkeit hat uns die Fähigkeit zu weinen genommen!«

Tugend oder Mangel

Hass ist eine destruktive Energie, eine negative Emotion, die die Seele des Menschen zerfrisst und das soziale Zusammenleben vergiftet. Narzisstische Ego-Fixierung führt zu Empathielosigkeit und Beziehungsunfähigkeit. Aber der wirkliche Hauptfeind des Mitgefühls ist die Gleichgültigkeit – sie ist ein undurchlässiger Filter, der die nur für sich lebenden Menschen von der Welt und von anderen trennt. Gleichgültigkeit bedeutet gefrorener Stillstand. Der Gleichgültige ist dadurch charakterisiert, dass er nicht Anteil nimmt, gleichsam abschaltet, weder Stellung nimmt noch sich involviert. Der Gleichgültige sucht sich herauszuhalten, er ist wie durch eine gläserne Wand von seiner Mitwelt getrennt – so als wäre er aus der Gesellschaft »ausgetreten« (I. Bachmann). Ihm ist die Welt fremd geworden und damit ist er sich selbst fremd geworden. Diese Mentalität des Es-geht-mich-nichts-an und Es-hat-mit-mir-nichts-zu-tun, lässt sich mit Hegel als *stumpfe Gleichgültigkeit* bezeichnen. Wenn wir heute von einem gleichgültigen Menschen sprechen, dann verstehen wir Gleichgültigkeit meist in diesem negativen Sinne einer apathischen Abstumpfung.

Bis ins späte 18. Jahrhundert hingegen war Gleichgültigkeit ein positiv besetzter Begriff, der Dinge und Sachverhalte gleichen Werts bezeichnete. Unter Gleichgültigkeit wurde vor allem aber eine tugendhafte Haltung seelischer Autarkie gegenüber äußeren, den Menschen bedrängenden Dingen des Lebens verstanden. Hegel bezeichnete diese Form der Gleichgültigkeit, die sich aus dem Stoizismus im 4. vorchristlichen Jahrhundert entwickelte, als »gewollte Gleichgültigkeit«. Diese stoische, »gewollte Gleichgültigkeit«, die mit Gleichmut, Gelassenheit, Seelenruhe und innerer Freiheit assoziiert ist, prägte nicht nur das griechische Denken, sondern auch die ethischen Lehren der sogenannten Wüstenväter – frühchristliche Mönche, die ein zurückgezogenes Leben in den Wüsten Ägyptens und Syriens führten – bis hin zur Theologie des großen Kirchenlehrers Augustinus. Gleichgültigkeit der Welt und den Belangen der Welt gegenüber wurde als erstrebenswerte Tugend gesehen – sie allein würde *ataraxia*, also Seelenruhe und wahre innere Freiheit garantieren. Es gelte, einen mentalen Zustand der Gelassenheit und Unabhängigkeit von menschlichen Begierden, der Befreiung von der Herrschaft äußerer Dinge zu erlangen und damit ein wahrhaft glückliches Leben zu ermöglichen. Stoische Lebenseinstellung bedeutet nicht, sich aus dem Leben zurückzuziehen, sondern zu unterscheiden, was in der Macht des Menschen steht und was nicht, worüber er mit seinem Willen frei verfügen kann und was sich seinem Wollen entzieht, weil es einem äußeren Einfluss unterworfen ist. Gesundheit etwa kann jederzeit in Krankheit umschlagen, Leben in Tod, soziales Ansehen kann von einem Tag auf den anderen verloren gehen, ebenso erworbener materieller Reichtum. Die Stoiker waren überzeugt, dass allein das sittliche Wollen etwas ist, das von einem selbst abhängt, und wir nur in unserer moralischen Lebensweise wirklich frei seien. Nur für den eigenen sittlichen Willen und die aus ihm resultierenden Handlungen sind wir selbst verantwortlich.[73] Daraus folgte für die stoische Lebensphilosophie, dass nur diejenigen Dinge für uns sittlich bedeutsam sein sollten, über die wir selbst verfügen können, die also in unserer Macht stehen. Mit stoischer Gleichgültigkeit – *adiaphora*, lateinisch: *indifferentia* – war also ein grundlegender ethischer Anspruch verbunden, der Antwort auf die Frage geben sollte, »wie es dem Menschen gelingen kann, sich in einer Welt, deren Gleichgül-

---

[73] Vgl. Manfred Geier: Das Glück der Gleichgültigen. Reinbek bei Hamburg: Rowohlt 2017, S. 107.

tigkeit in ihren vielfältigen Schattierungen durchschaut worden ist, als Subjekt des Willens zu behaupten.«[74]

Um diese Freiheit des Geistes und den Anspruch des Menschen auf ein glückliches Leben ging es den Stoikern mit Blick auf eine Welt, die nicht in unserer Macht steht und die sich ihrerseits gleichgültig gegenüber den Menschen verhält. Freiheit im stoischen Sinn vollzieht sich in der Innerlichkeit – eine Freiheit im bewusst gewählten Rückzug von einer Welt, in der sie der Stoiker nicht findet. Das ist, kommentierte Hegel, eine Möglichkeit des Freiheitsverständnisses, aber nicht die einzige. Denn das stoische Freiheitsbewusstsein bedeutet ein Verharren in der Unbestimmtheit. Hegel zeigte die Grenzen des stoischen Konzepts auf, innere Freiheit durch »gewollte Gleichgültigkeit« gegenüber der äußeren Welt gewinnen zu wollen. Der Stoiker, so Hegel, würde alles, was zum Reich der Begierde und der Furcht gehört, nicht seinem Selbst zurechnen, sondern es aus sich selbst nach außen, in die Welt verlagern. Dadurch begibt er sich aber in »die Stellung eines Fremden gegen sich«.[75] Für Hegel bedeutete dies ein »Verschmähen der Existenz«[76] und die so erreichte Freiheit ist für ihn die Freiheit des Zurückweisens von Bindungen. Damit aber bleibt die Freiheit leer und abstrakt. Das Person-Sein bestimmt sich nach Hegel gerade durch diese Bestimmtheit, die sich der Mensch in Freiheit geben soll. Die Sozialphilosophin Rahel Jaeggi fasst diese Dialektik von Freiheit und Bestimmtheit bei Hegel so zusammen:

---

74 Ebd., S. 111. Das Originalzitat bei Hegel, auf das sich Manfred Geier bezieht, lautet: »Die formelle Festigkeit des von allem abstrahierenden Geistes in sich stellt uns keine Entwicklung objektiver Grundsätze auf, sondern ein Subjekt, das sich in dieser Unwandelbarkeit und – nicht stumpfen, sondern gewollten – Gleichgültigkeit erhellt: – Unendlichkeit des Selbstbewusstseins.« Georg Wilhelm Friedrich Hegel: Vorlesungen über die Geschichte der Philosophie II, In: Werke, Bd. 19. Frankfurt am Main: Suhrkamp 1986, S. 293.
75 Hegel, Vorlesungen über die Geschichte der Philosophie II, S. 290.
76 Ebd., S. 293.

»Person zu werden bedeutet nämlich in Hegels Begriffen, ›seinen Willen in etwas legen‹, und das bedeutet auch: sich eine Bestimmung geben, indem man in der Welt etwas will. In einer solchen Bezugnahme erst ›realisiert‹ sich die Person als Person und darin erst verwirklicht sich ihre Freiheit als konkrete Freiheit [...]. Wenn ich mich mit nichts identifiziere, bin ich durch nichts begrenzt. Ich kann dann alles tun. Das Problem ist aber, dass dieses ›Alles-tun-Können‹ auch bedeutet, dass ich in keiner Hinsicht fassbar oder konturiert bin. Ich bin nicht die und die, die das und das will und kann, sondern jemand, dessen Freiheit leer und abstrakt bleibt. Solange ich meinen Willen nicht in etwas Bestimmtes lege, ist diese Freiheit nicht Wirklichkeit, sondern nur unbestimmte Möglichkeit«.[77]

Freiheit muss sich also positiv bestimmen als »wirklich gewordene Freiheit des Individuums, das sich in der Welt eine Bestimmung zu geben, sich aus ihr heraus zu verstehen und in ihr zu verwirklichen vermag.«[78]

In der Gleichgültigkeit, die auch eine Absage an Identifikation mit jemandem oder mit etwas ist, verfehlt der Mensch seine Bestimmung als sittliches Subjekt, das sich frei bestimmen kann und soll. Im Grunde geht es darum, dass Freiheit nur in der »Weltauseinandersetzung« (B. Liebrucks) wirklich ist. Freiheit, die sich im Reich der Möglichkeiten aufhalten will, wird nicht zur Wirklichkeit, bleibt unbestimmt. Robert Musils Roman *Der Mann ohne Eigenschaften*, in dem die Hauptfigur Ulrich ein Leben im Horizont des Möglichen zu gestalten sucht, gibt dafür ein literarisch eindrucksvolles Anschauungsbeispiel.[79]

---

[77] Rahel Jaeggi: Entfremdung. Zur Aktualität eines sozialphilosophischen Problems. Berlin: Suhrkamp 2016, S. 209.
[78] Ebd., S. 206.
[79] Seinem vierten Romankapitel gibt Musil die Überschrift: »Wenn es Wirklichkeitssinn gibt, muss es auch Möglichkeitssinn geben«, und schreibt dazu: »Wer ihn besitzt, sagt beispielsweise nicht: Hier ist dies oder das geschehen, wird geschehen, muss geschehen; sondern er erfindet: Hier könnte, sollte oder müsste geschehen; und wenn man ihm von irgend etwas erklärt, daß es so sei, wie es sei, dann denkt er: Nun, es könnte wahrscheinlich auch anders sein. So ließe sich der Möglichkeitssinn geradezu als Fähigkeit definieren, alles, was ebensogut sein könnte, zu denken

Mit den abstrakten Freiheitsmöglichkeiten der modernen Multioptionsgesellschaft sind nicht auch schon die Voraussetzungen zur Verwirklichung konkreter Freiheit und Selbstbestimmtheit gesichert. Die Fülle der Möglichkeiten kann Segen, aber auch Fluch sein, Letzteres nämlich dann, wenn man vor dieser Fülle kapituliert und in die Gleichgültigkeit ausweicht und damit die Chance ungenützt lässt, sich selbst als Person zu bestimmen und seine Freiheit konkret werden zu lassen. Die Indifferenz der Multioptionsgesellschaft hat nichts mit stoischer Indifferenz, also jener *gewollten Gleichgültigkeit* gegenüber der Welt zu tun, mit der die Stoiker in bewusste Distanz zu den äußeren, unveränderbar erscheinenden Bedingungen gingen.

Die moderne Multioptions- und Kommunikationsgesellschaft ist nicht arm an unbestimmten Freiheitsmöglichkeiten, sondern sie leidet an einem Mangel an Sinnorientierungen, also an Markierungen, wie diese unbestimmten Freiheitsmöglichkeiten wirklich werden, also bestimmt werden können. Es zählt zu den Kennzeichen der flüssigen Moderne, dass genau dieses jeder für sich selbst herausfinden muss. Darin aber besteht unser Problem, denn nicht wenige sind mit dieser Herausforderung der Freiheit überfordert und empfinden sie eher als Zumutung und nicht als Herausforderung. Gleichgültigkeit ist vielfach das Ergebnis kognitiver und emotionaler Überforderung angesichts eines wachsenden Entscheidungs- und Handlungsdrucks bei gleichzeitig fehlenden Entscheidungsgrundlagen.

---

und das, was ist, nicht wichtiger zu nehmen als das, was nicht ist.« Robert Musil: Der Mann ohne Eigenschaften. Hamburg: Rowohlt 1981, Bd. 1, S. 16.

Flucht in die Indifferenz

Mit dem Anwachsen der Informationsflut wächst nicht automatisch auch die Orientierungsfähigkeit der Medienkonsumenten gegenüber einer komplexen und sich dynamisch verändernden Umwelt. Im Gegenteil: In großen Bereichen der Gesellschaft machen sich Ohnmachtserfahrungen breit, die mit dem Gefühl des Kontrollverlusts einhergehen. Mit den Möglichkeiten zu wissen steigt nicht automatisch auch die Fähigkeit breiter Gesellschaftsschichten zur Teilhabe an der Welt. Technologisch bereitgestellte Informationsmaxima sind noch bei weitem keine sozial-kommunikativen Optima. Die Ambivalenz medialer Informations- und Wissensproduktion besteht darin, dass die bloße Addition und Kumulation von Information und Wissensangeboten dysfunktional werden, wenn nicht zugleich Wege und Möglichkeiten eröffnet werden, dieses akkumulierte Wissen auch zu integrieren und auf diese Weise Sinnerfahrung möglich werden zu lassen. Die unterschiedslose Aneinanderreihung von Informationen aller Art wird nicht nur den Dingen selbst, auf die sich diese Informationen beziehen, nicht gerecht, sondern sie führt zu einer Einebnung der Unterschiede der Ereignisse, zu Pseudo-Äquivalenzen.[80] Aus dem gleichförmigen *Und*, das zwischen allem steht, wird ein *Ist-gleich* und aus der Pseudo-Gleichwertigkeit schließlich subjektive Gleichgültigkeit.[81]

Zur Paradoxie der modernen Kommunikationsgesellschaft gehört, dass sie mit dem unaufhörlichen und ins Grenzenlose anschwellenden Kommunikations- und Erlebnisstrom nicht ein Mehr, sondern ein Weniger an Differenz produziert. Dieser differente Sinn kann sich aber immer weniger entfalten, sondern weicht dem automatisierten und damit schablonenhaften Denken, Fühlen und Sprechen. Der Preis für die Informations-Totalität ist der Verlust

---

80 Vgl. Geier, Das Glück der Gleichgültigen, S. 222.
81 Vgl. Peter Sloterdijk: Kritik der zynischen Vernunft. Frankfurt am Main: Suhrkamp 1983, Bd. 2, S. 573.

eines Gefühls für den differenten Sinn der Dinge und Ereignisse, die als mediale Inszenierung zur Anschauung gebracht werden. Nicht die Tatsachen an sich sind indifferent, sondern unser Urteilsvermögen vermag ihren differenten Sinn nicht mehr hinreichend gut zu erfassen. Der Sozialphilosoph Hermann Lübbe wies bereits Mitte der 1970er Jahre – Internet und soziale Netzwerke lagen da noch in weiter Zukunft – darauf hin, dass zunehmend die Grenzen zwischen verstandener und unverstandener Welt in lebenswichtigen Zusammenhängen instabil werden und sich solcherart Unsicherheits- und Ohnmachtserfahrungen breitmachen.[82] Ähnliches konstatierte schon zu Beginn der 1960er Jahre sein Kollege Arnold Gehlen, indem er darauf hinwies, dass das Angebot an lautschreienden und schon deshalb allgemein gültigen Wirklichkeiten für jeden von uns zu groß sei. Diese Wirklichkeiten würden auseinanderlaufen, so dass man sie nicht mehr zusammendenken oder zusammenfühlen könne.[83] Wir sind heute noch wesentlich deutlicher als damals erkennbar einem Dilemma verhaftet. Zwar nehmen die uns existenziell betreffenden Themen zu, zugleich aber nimmt die Chance ab, diese Themen und Informationen angesichts immer knapper werdenden Aufmerksamkeitsbedingungen und zeitlicher Ressourcen auch sinnvoll zu verarbeiten, so dass daraus tragbare und handlungsleitende Einstellungen gebildet werden könnten. Nur so aber würde jenes notwendige differente Verständnis von Welt und Wirklichkeit möglich werden. Weil aber die Schere zwischen verstandener und unverstandener Wirklichkeit immer größer wird, wächst mit den Ohnmachtserfahrungen des Lebens in der »Zusammenhanglosigkeit der Welt« (A. Gehlen) auch die Indifferenz ihr gegenüber.

---

82 Vgl. Hermann Lübbe: Information und Ohnmacht. In: Oskar Schatz (Hrsg.), Die elektronische Revolution. Wie gefährlich sind die Massenmedien? Graz/Wien/Köln: Böhlau 1975, S. 73. Vgl. auch Maximilian Gottschlich: Journalismus und Orientierungsverlust. Graz: Böhlau 1980, S. 13–21.
83 Vgl. Arnold Gehlen: Soziologische Texte. Studien zur Anthropologie und Soziologie. Neuwied/Berlin: Luchterhand 1963, S. 337 f.

Angesichts dieses heute wie damals aktuellen Befundes schlug Hermann Lübbe vor, eine »Kultur des Eingeständnisses bestehender Urteilsunfähigkeit« auszubilden. Ein solches Urteilsmoratorium auszurufen, wäre aber die falsche therapeutische Antwort auf die zutreffende Diagnose. Vielmehr besteht die Herausforderung darin, die kommunikativen Bedingungen für ein höheres Maß an Verstehbarkeit der Welt bereitzustellen. Das ist eine zentrale Aufgabe sowohl für die Pädagogik als auch für Medien und Journalismus.[84] Denn aus der unverstandenen Welt kann schnell die verschmähte Welt werden, der man mit einer affektiven Grundstimmung der Ohnmacht, der Resignation, der Enttäuschung, der ungestillten Sehnsucht nach Gewissheit und damit nach einfachen Erklärungsmustern begegnet. Das bleibt nicht ohne Konsequenzen sowohl für das demokratische Bewusstsein der Gesellschaft als auch ihre soziopsychologische Verfasstheit zunehmender Entfremdung.

Selbstentfremdung

Die Welt als unverstandenes, diffuses Gegenüber lässt auch einen unbestimmten, diffusen Freiheitsbegriff entstehen, der Freiheit mit Beliebigkeit verwechselt. Freiheit muss sich positiv bestimmen, und das geschieht vorzugsweise in der Identifikation mit jemandem oder mit etwas, etwa einer Idee. Nun ist es nicht das Problem, dass in der Multioptionsgesellschaft zu wenige Identifikationsangebote

---

[84] In meinem Buch *Journalismus und Orientierungsverlust* habe ich bereits 1980 deutlich zu machen versucht, dass es nicht um das »Eingeständnis bestehender Urteilsunfähigkeit« gehen kann, sondern darum, alles daran zu setzen diese Urteilsunfähigkeit durch verstehbare Informationen zu reduzieren. Journalistische Qualität bemisst sich heute mehr denn je an der Fähigkeit, verstehbare Informationen zu produzieren und damit dem wachsenden Orientierungsverlust des modernen Medienkonsumenten entgegenzuwirken.

vorhanden wären. Im Gegenteil: Der virtuelle Marktplatz offeriert Identifikationsangebote aller Art, so dass sich auf dieser Ebene nochmals das Problem der Differenz stellt. Wenn alle Influencer im Netz austauschbare Programme der Selbstoptimierung durch Fitness-, Ernährungs- und Fashion-Kult propagieren, dann wird nicht mehr als Indifferenz produziert. Jene anzustrebende positive Freiheit willentlicher Selbst-Bestimmung durch Identifikation verkommt zur blinden Gefolgschaft, zur Idolatrie. Am Ende bleibt alles gleichermaßen möglich wie unmöglich, nie einmalig, sondern austauschbar, nie beständig, sondern flüchtig und Freiheit – einschließlich der Freiheit der Kommunikation – bleibt unbestimmt und daher defizitär. Die Flut virtueller Identifikationsangebote zerstört tendenziell alle Identifikation, denn Identifikation setzt Differenzierung und damit Sinnselektion voraus. Die Verheißungen virtuell entgrenzter Freiheit entpuppen sich letztlich als leere Versprechen. Die Freiheit bleibt abstrakt, ohne konkrete Bestimmung – zwar imaginierte, aber ungelebte Möglichkeit. Man muss, um sich selbst in Freiheit zu bestimmen, um Freiheit wirklich und konkret werden zu lassen, sich mit etwas identifizieren. Identifikation ist für das Verständnis von Indifferenz ein Schlüsselbegriff. Da sich der Indifferente mit nichts identifizieren kann, kann er sich weder mit dem Selbst eines anderen noch mit dem eigenen Selbst identifizieren. Denn das Selbst und seine Entfaltung speisen sich förmlich aus der Fähigkeit und Bereitschaft, aktiv am äußeren Geschehen, an der Welt und damit auch an anderen teilzuhaben. Selbstbezug und Weltbezug sind wechselseitig aufeinander verwiesen, denn das Selbst kann sich nur über den *Umweg* der – sprachlich vermittelten – Weltbegegnung und der Resonanz durch die Mitwelt entfalten. Indifferenz blockiert diesen engen Zusammenhang von Selbstbezug und Weltbezug. Damit führt Indifferenz zu einem Zustand, den der Psychologe William James als »shrinkage of our personality, a partial conversion of ourselves to nothingness« bezeichnete.[85] Die Haltung der Gleichgültig-

---

85 William James: The Principles of Psychology. Cambridge/MA: Harvard University Press 1981, S. 281. Zit. nach Jaeggi, Entfremdung, S. 198 f.

keit und Indifferenz führt also nicht nur zu verminderter Wahrnehmung der Um- und Mitwelt, sondern auch zu einem *schrumpfenden Selbst*. Denn, so moniert Rahel Jaeggi:

> »Wenn einem nichts mehr wichtig ist, ist man sich selbst auch nicht mehr wichtig. Genau dieses Phänomen kann man als einen über die Weltentfremdung vermittelten Prozess der Selbstentfremdung auffassen«.[86]

Ein so reduziertes, weil nicht (mehr) Anteil nehmendes Selbst ist letztlich ein entfremdetes Selbst. Verlieren wir die Welt und den anderen aus den Augen, verlieren wir uns auch selbst aus den Augen. Ohne Bezugnahme auf die Welt und andere, ohne Interesse an der Welt und an anderen verkümmert unser Selbst. Das personale Selbstverhältnis wird nur über den Umweg eines mit Bedeutung aufgeladenen Verhältnisses zur Welt und zu anderen hergestellt. Ist uns die Welt bedeutungslos, dann werden wir in letzter Konsequenz auch uns selbst als Subjekte bedeutungslos. Indifferenz gegenüber der Welt korreliert mit Indifferenz gegenüber sich selbst. Beides, Welt und Selbst, verschwindet in der Bedeutungslosigkeit. Indifferenz bzw. Gleichgültigkeit bedeutet Verzicht auf Welt- und Selbstgestaltung. Die Dinge erhalten vielmehr erst durch meine Bezogenheit auf sie, also durch meine Identifikation Bedeutung und Sinn. Indifferenz, also das Nicht-Bezogen-Sein auf die Welt (einschließlich eines Nicht-Bezogen-Seins auf die Mitmenschen), kann als Form der Entfremdung aufgefasst werden und wird dann problematisch, wenn diese Distanzierung und Getrenntheit von der Welt nicht nur vorübergehend ist, sondern dauerhaft und durchgehend wird. Rahel Jaeggi spricht in diesem Zusammenhang von einer »Beziehung der Beziehungslosigkeit.« Dass es sich dabei dennoch um eine Beziehung trotz aller Getrenntheit handelt, liegt ihrer Meinung nach daran, dass eine vollkommene Getrenntheit von der Welt illusionär ist. »Auch in der Indifferenz liegt noch eine Bezugnahme auf Welt – eben diejenige defensive Bezugnahme, die sich als defizitär erwiesen hat«.[87] Die Haltung der In-

---

86 Jaeggi, Entfremdung, S. 199.
87 Ebd., S. 212.

differenz eröffnet keinen erweiterten persönlichen Freiheitsraum, sondern negiert ihn vielmehr, weil sich Freiheit positiv bestimmen muss, das heißt, sich eine Bestimmung und damit eine Wirklichkeit geben muss. Indifferenz erweist sich letztlich als negative Freiheit, als ein zum Scheitern verurteilter Versuch eines Lebens in der Unbestimmtheit. Darin gibt sich Indifferenz auch als defizitärer, entfremdeter Kommunikationsmodus zu erkennen, der nicht der Weltaneignung und Weltgestaltung dient, sondern einer Grundhaltung der Abwehr und Verweigerung. In der Haltung »stumpfer« Gleichgültigkeit vernachlässigt der Mensch die Welt und damit sich selbst. Und er vernachlässigt natürlich auch seine zwischenmenschlichen Beziehungen. »Das eigentlich Zwischenmenschliche«, sagt Emmanuel Lévinas, »liegt in der Nicht-Gleichgültigkeit der einen für die anderen, in einer Verantwortlichkeit der einen für die anderen«.[88] Auf nichts anderem als auf dieser Nicht-Gleichgültigkeit, der Bereitschaft zur Identifikation des einen mit dem bedürftigen anderen beruht Mitgefühl.

---

88 Lévinas, Zwischen uns, S. 128.

Teil 3

Die Sprache des Mitgefühls

Vorbemerkung

»Von einer Seele wenigstens zuweilen verstanden werden.«
(Heinrich von Kleist)

»Worte können Fenster sein oder Mauern.«
(Marshall B. Rosenberg)

Die Sprache des Mitgefühls ist keine andere Sprache als die, die wir im Alltag auch verwenden – sie stellt nur besondere und schon deswegen nicht leicht zu erfüllende Ansprüche an uns. Empathisches Sprechen hat nichts mit Rührseligkeit oder gar jener *toxischen Positivität* zu tun, die Menschen in Bedrängnis mit Floskeln abspeist, sondern mit der Bereitschaft, am Leben anderer aktiv teilzuhaben, sich involvieren zu lassen. Dies gilt umso mehr für den gar nicht so seltenen Fall, dass nur einer der beiden Partnern spricht, weil dem anderen vielleicht die richtigen Worte fehlen, um über sich selbst und das, was ihn quält, sprechen zu können. Der Idealfall dialogischer Reziprozität ist keine Frage eines regen kommunikativen Austauschs – man kann viel reden, ohne einen Dialog zu führen –, sondern eine Frage der inneren Haltung, die selbst im Schweigen – und gerade darin – den anderen mitdenkt und mitfühlt. Empathisches Sprechen bedeutet nicht, viel zu sprechen, sondern anteilnehmend zu sprechen, ein Sprechen aus »ganzem Wesen«, wie Martin Buber es formulierte. Das schließt eine kommunikative Praxis rationaler Diskursivität – das berühmte *sachliche* Sprechen – genauso aus wie ein bloß dialogisch getarntes, aber eigentlich monologisches, selbstbezogenes Sprechen. In beiden Fällen wird der Anspruch empathischer Intersubjektivität nicht erfüllt. Die Sprache des Mitgefühls sollte den bedürftigen anderen nicht primär als Erkenntnissubjekt adressieren, das wahrnimmt und sich seines rationalen Urteils bedient, sondern als empfindendes, oftmals existenziell erschüttertes Individuum. Der empathische Gesprächsmodus zielt nicht auf Kenntnis des anderen, also auf ein neutrales Zur-Kenntnis-Nehmen der Person und ihres Zustands ab. Vielmehr bestimmt sich der empathische Gesprächsmodus durch ein Sich-Affizieren-Lassen des einen durch den anderen und eine damit verbundene anteilnehmende Praxis – sei sie verbaler oder non-verbaler Natur.

Der Ausgangspunkt unserer Überlegungen war ja, dass die Tugend des Mitgefühls zumindest von drei Seiten her bedroht ist: vom virulenten Hass, von wachsenden Narzissmus und einer sich ausbreitenden Gleichgültigkeit in der Gesellschaft. Dieses *Trio infernal* bringt unsere Fähigkeit zum Mitgefühl zum Erlahmen. Die einzige Chance, dieser negativen Spirale der Dehumanisierung der Gesellschaft etwas Nachhaltiges entgegenzusetzen, ist – das ist die Grundthese dieses Buches, die ich in diesem dritten Teil näher ausführe – eine neue, empathische Kommunikationskultur, eine Sprache des Mitgefühls. Sprache ist ihrem Wesen nach dialogisch. Wer sprachlich handelt, der handelt dialogisch. Wer Gewalt ausübt, sei sie verbaler oder nonverbaler Natur, der handelt – um ein Wort des Sprachphilosophen Bruno Liebrucks zu verwenden – *untersprachlich*, er befindet sich also nicht auf sprachlichem, das heißt dialogischem Niveau. Denn Gewalt und sprachlich-dialogisches Handeln schließen einander aus. Wer hasst, wer nur sich selbst narzisstisch verhaftet bleibt oder anteilslos-gleichgültig lebt, der lebt nicht dialogisch, sondern monologisch. Er verschließt sich den Möglichkeiten der Sprache und der sprachlichen Weltbegegnung. Die Sprache des Hasses ist genauso monologisch wie jene des Narzissmus oder jene der Gleichgültigkeit. Das Gravitationsfeld der semantischen Beziehungen wird nicht durch ein Du, sondern ausschließlich durch ein Es der Objektbeziehung, wie Martin Buber sie nennt, bestimmt. Das Es des Hassobjekts, das Es des narzisstischen Selbstobjekts und das Es des einem gleichgültigen anderen. Die Sprache der Es-Beziehung aber ist die Sprache der Verdinglichung. Die Sprache der Du-Beziehung ist die empathische Sprache, die Sprache, die dem anderen den Raum einräumt, er selbst sein zu können. Hass, Narzissmus und Gleichgültigkeit haben eine gemeinsame Klammer: Sie sind Ausdruck verdinglichter sozialer Beziehungen. Empathische Kommunikation, die auf Einfühlung und Perspektivenwechsel beruht, stellt das Gegenkonzept dazu dar.

In den folgenden fünf Kapiteln möchte ich fünf für empathisches Sprechen konstitutive Elemente hervorheben. Man könnte sie auch als fünf kommunikative Tugenden bezeichnen, die als normativer Maßstab unserer kommunikativen Praxis im Allgemeinen und unseres empathischen Sprechens im Besonderen dienen können. Aus ihrem kreativen Zusammenspiel kann sich eine neue empathische Kommunikationskultur entwickeln, die gegen die Verdinglichung unserer sozialen Beziehungen und damit gegen die Verdinglichung unseres Menschseins zu immunisieren vermag.

Es bedarf erstens, größerer Sensibilität und *Achtsamkeit* für unsere Sprache und unseren sprachlichen Umgang miteinander. Sprachliche Achtsamkeit ist deswegen wichtig, weil es gerade in empathischen Beziehungen oft auf die richtige Wortwahl ankommt. In wenig anderen Gesprächssituationen liegen die gesprochenen Worte so sehr auf der sprichwörtlichen »Goldwaage« wie in Gesprächssituationen, in denen der eine dem anderen im Zustand der Bedürftigkeit, der Hilflosigkeit und der Orientierungsnot begegnet. Schon Sigmund Freud hat in seinen psychoanalytischen Betrachtungen davon gesprochen, dass zwischen Therapeuten und Klienten nichts anderes vorgehe, als dass Worte ausgetauscht werden, und dass Worte unendlich wohltun oder fürchterlichen Schaden zufügen können.[1] Dies gilt nicht nur für den besonderen Anwendungsfall des analytischen oder therapeutischen Gesprächs, sondern das gilt auch in ganz alltäglichen Gesprächssituationen, insbesondere in jenen, die sich durch eine besondere Intimität der Nähe auszeichnen, wie dies in empathischen Beziehungen der Fall ist. Gerade im Zustand existenzieller Grenzerfahrung – Krankheit,

---

1 Vgl. Sigmund Freud: Die Frage der Laienanalyse [1926]. In: Gesammelte Werke, Bd. 14. Frankfurt am Main: S. Fischer 1948. Vgl. auch Gottschlich, Medizin und Mitgefühl, S. 24–32.

Teil 3 Die Sprache des Mitgefühls

Leid, Tod, soziale und materielle Verlustängste usw. – hängen Wohl und Weh des Menschen im buchstäblichen Sinn oftmals an den Worten, die gesprochen werden, an der Güte der kommunikativen Beziehung, in der sich der eine dem anderen öffnen und zur Sprache bringen kann.

Worte vermögen viel – im Positiven, wie im Negativen. Deswegen bedarf es gerade in unserem täglichen sprachlichen Umgang miteinander besonderer sprachlicher Achtsamkeit. Nichts verbindet uns unmittelbarer mit dem Nächsten als die Sprache. Ein achtsames Verhältnis zum anderen beginnt mit einem achtsamen Verhältnis zu unserer Sprache, in der wir dem anderen begegnen. Schon diese wenigen Überlegungen machen deutlich, dass gerade empathisches Sprechen auf grundsätzliche Weise selbstreflexiv sein muss – im unablässigen Bemühen um eine anteilnehmende kommunikative Praxis, die dazu verhilft, den anderen so zu verstehen, wie er aus seiner Sicht verstanden werden will. Wenn die Sprache der Schlüssel zu einem mitfühlenden Umgang miteinander ist, dann bedarf es auch eines höheren Maßes an Sensibilität für die Leistungen und Fehlleistungen unserer kommunikativen Verhältnisse. Das geht über den Spezialfall empathischer Zuwendung hinaus, wie sie gerade in besonderen Situationen menschlicher Not und Hilfsbedürftigkeit gefordert ist, hat aber hier natürlich besondere Dringlichkeit. Was wir im alltäglichen Sprachumgang miteinander nicht vermögen, das vermögen wir noch viel weniger in empathischen Gesprächssituationen, mit denen wir bisweilen konfrontiert sind. Und was wir in empathischen Gesprächsbeziehungen vermögen, hilft uns umgekehrt auch, unsere Alltagssprache empathisch zu imprägnieren. Das ist der einzige Weg, der destruktiven Kraft des Hasses, des Narzissmus und der Gleichgültigkeit eine positive Kraft entgegenzusetzen.

An das Prinzip sprachliche Achtsamkeit schließt unmittelbar ein zweites Prinzip empathischer Kommunikation an – das *Prinzip Fürsorge*. In der Sorge um eine angemessene Sprache, mit der wir einander gerade in Situationen existenzieller Erschütterung begegnen, schwingt bereits die grundsätzliche Sorge um den anderen mit. Und dies in zweifacher Hinsicht, entsprechend der doppelten

Bedeutung von Sorge: Sich um jemanden sorgen kann ja zum einen Beunruhigung, Besorgnis, Zukunftsangst u.ä. meinen; und zum anderen verstehen wir darunter auch Fürsorge, Betreuung, Versorgung und Unterstützung. Empathisches Sprechen nimmt beide Kommunikationsmotive in sich auf. Es teilt die Sorgen und die Besorgnis des Partners, gibt ihnen Raum und indem sich die Besorgnis mitteilen kann, wird empathisches Sprechen zum Medium der Fürsorge, das den anderen gleichsam auffängt, ihn stärkt und ermutigt. Wahrhaft empathische Kommunikation und existenzielle Anteilnahme können nur gelingen, wenn sie in der (Für-)Sorge verankert sind und keinen anderen – auch nicht verdeckten – Interessen folgen. Die Gefahr absichtlicher oder unabsichtlicher Instrumentalisierung des Gesprächspartners ist dabei groß.

Instrumentalisierung findet nicht selten – man denke nur an die Situation alter Menschen in Pflegeheimen – unter dem Deckmantel der (Für-)Sorge statt und bedeutet für Betroffene in Wirklichkeit aber Abhängigkeit und Autonomieverlust, verletzt also ihre Würde als zur Selbstbestimmung berufene Individuen. Achtung vor der *Würde* lässt sich daher als dritter Leitgedanke empathischer Intersubjektivität erkennen. Nichts steht mehr auf dem Prüfstand in der Beziehung zwischen Hilfsbedürftigem und Helfer als die Würde desjenigen, der auf Hilfe und Unterstützung angewiesen ist. Allzu schnell und manchmal auch ganz ohne böse Absicht kann es geschehen, dass hilfsbedürftige Menschen – für welche äußeren Zwecke auch immer – in ihrer Entscheidungsfreiheit beschränkt und damit instrumentalisiert werden. Pflegebedürftige Personen werden in Alten- und Pflegeeinrichtungen viel zu oft so behandelt, als wären sie willenlose Subjekte, mit denen man wie mit Dingen umgehen kann, oder sie werden in infantiler Sprache zu unmündigen Kindern degradiert. Das verstößt gegen die Würde des Menschen. Auch und gerade dann, wenn die kognitiven Fähigkeiten bereits eingeschränkt sind, denn Würde ist nicht abhängig vom Alter oder dem Gesundheitszustand des Menschen. Nur ein empathisches Sprechen, das auf Achtung des anderen beruht, vermag auch dessen Würde zu gewährleisten.

Empathische Gesprächssituationen drehen sich oftmals um besondere Schicksalsschläge, angstbesetzte Krankheitsverläufe oder schmerzlich empfundene Verlusterfahrungen. Solche existenziellen Erschütterungen gehen in der Regel auch mit einen Einbruch des Selbstwertgefühls, des Verlusts des Selbstvertrauens und der Selbstwertschätzung einher, sie sind ein Angriff auf die physische, vor allem aber auch auf die psychische Unversehrtheit des Leidtragenden. Vornehme Aufgabe empathischer Kommunikation, sei sie therapeutischer oder nicht-therapeutischer Art, ist es, die Integrität, also Selbstbeziehung des hilfsbedürftigen Menschen zu stützen und zu stärken. *Integrität* soll hier als viertes Prinzip empathischer Kommunikation näher betrachtet werden. Dabei soll deutlich werden, dass der Schutz der Integrität des anderen nur über ein wechselseitiges Anerkennungsverhältnis ermöglicht werden kann.

Gesprächssituationen empathischer Anteilnahme am Leben und am Schicksal anderer sind durch ein prinzipielles Ungleichgewicht zwischen den Gesprächsteilnehmern gekennzeichnet – eine Asymmetrie unterschiedlicher Erfahrung, unterschiedlicher Betroffenheit und auch unterschiedlich verteilter Kommunikationschancen. Wer leidet, ist automatisch in einer schwächeren Position gegenüber jenen, denen das Leid des anderen zunächst nur äußerlich bleibt. Der sich empathisch Zuwendende und der die fürsorgliche Zuwendung Empfangende stehen auf unterschiedlichen Seiten. Die Beziehung ist nicht partnerschaftlich im Sinn einer Gleichheit der kommunikativen Ausgangslage. Vielmehr weist sie ein Gefälle auf – das Gefälle zwischen gesund und krank, bedürftig und nicht-bedürftig, schwach und stark usw. Aber beide, Hilfegebende wie Hilfeempfangende, können Partner werden. Dazu ist es notwendig, diese situativ bedingte Asymmetrie zu überwinden. Auch das ist Aufgabe empathischer Kommunikation. Sie folgt darin einem fünften normativen Anspruch, einem Prinzip, das ich als *kommunikative Gerechtigkeit* bezeichne. In den folgenden Kapiteln möchte ich zeigen, wie eine Kommunikationspraxis, die Maß nimmt an diesen fünf kommunikationsethischen Prinzipien, den Anspruch echter empathischer Intersubjektivität im Unterschied zu einer bloßen Betroffenheitsrhetorik erfüllen kann. Man könnte die fünf Prinzipien oder Tugenden einer Sprache des Mitgefühls in einer einzigen Maxime zusammenfassen: Begegne dem anderen so, dass er sich in deinen Worten erkannt und anerkannt fühlt und sich solcher Art selbst zu begegnen vermag. Darin liegt die gesamte Kunst einer Sprache des Mitgefühls.

Zuvor aber gilt es noch, ein mögliches Bedenken auszuräumen: Die empathische Sprache bedarf nicht nur eines Höchstmaßes an intuitivem Einfühlungsvermögen, sondern auch an selbstkritischer Reflexivität. Empathisches Sprechen bedeutet, mehr als dies bei anderen Kommunikationsmodi der Fall sein mag, *Arbeit an einem selbst* – Arbeit an der eigenen Haltung und dem eigenen Kommunikationsverhalten. Darin ist jedes empathische Verhalten intuitiv und zugleich auch reflexiv. Empathische Beziehungen bedeuten immer eine Gratwanderung zwischen Intimität der Nähe und notwendiger Distanz, zwischen bevormundender Fürsorge und unterstützter Selbstbestimmung, zwischen Sagbarem und Unsagbarem – das lässt sich nicht ausschließlich »aus dem Bauch«, also durch Intuition bewältigen, sondern bedarf auch der selbstkritischen Reflexion.

Aber, so könnte man an dieser Stelle einwenden, zerstört eine solche, auf das eigene Kommunikationsverhalten und den eigenen Sprachgebrauch bezogene Reflexivität – ich werde in diesem Zusammenhang von *kommunikativem Gewissen* sprechen – nicht gerade jenes authentische und unmittelbare Miteinandersein einer wechselseitigen, offenen Begegnung, die gerade empathische Beziehungen auszeichnen sollte? Ist nicht empathische Zuwendung nur dann echt und für den anderen hilfreich, wenn sie spontan und unmittelbar, also gleichsam aus dem Herzen kommt? Bedeutet reflexives Kommunikationsverhalten nicht letztlich, den anderen zum Objekt von Beobachtungen und Zuschreibungen, also zum Gegenstand der Reflexion zu machen? Hat Reflexivität, so könnte der Vorwurf lauten, nicht automatisch zur Folge, den Interaktionspartner so weit auf Distanz zu halten, dass keine unvermittelte Beziehung der Offenheit des einen für den anderen mehr entstehen kann? Und schließlich: Bedeutet nicht alle Reflexivität im Umgang mit dem anderen, ihn zu bevormunden und damit genau dasjenige zu machen, was sich in empathischen Beziehungen verbieten sollte, nämlich den anderen zum Mittel zum Zweck zu machen? Vielmehr besteht die unverzichtbare Aufgabe empathischen Sprechens doch darin, sich ganz an ein Du zu binden, sich auf die individuelle Besonderheit der Person und ihrer Situation einzulassen. Das aber kann nur dann gelingen, wenn die Beziehung »eigentlich« ist, also intuitiv, aus der Situation heraus entsteht und nicht nach einem vorgefassten Muster oder Plan verläuft.

Damit stehen wir vor einem grundlegenden und auch in der Sprachphilosophie umstrittenen Dilemma:[2] Folgen wir in unserem Bemühen möglichst guten empathischen Sprechens normativen Prinzipien – wie etwa, wovon noch die Rede sein wird, der kantischen Achtung des Gesprächspartners –, dann zerstören wir durch unser angestrengtes Bemühen möglichst pflichtgemäßer Erfüllung dieses Achtungsprinzips die Unmittelbarkeit der Ich-Du-Beziehung. Sie verkommt dann trotz besten Dafürhaltens und guten Willens zur strategischen Kommunikation im Dienst eines abstrakten ethischen Gebots. Es entsteht die paradoxe Kommunikationssituation, dass meine reflexiven Akte des Bemühens um größtmögliche Achtung des anderen ihn genau zu dem machen, was Achtung vermeiden sollte, nämlich Mittel zum Zweck. Ich instrumentalisiere den anderen, indem ich tunlichst vermeide, ihn zu instrumentalisieren, ich mache ihn zum Objekt meiner ethischen Reflexion, deren tiefere Bedeutung ja darin liegt, den anderen gerade nicht zum Objekt zu machen. Liegt in einer auf Achtung der moralischen Autonomie des anderen bedachten und daher notwendigerweise (selbst-)reflexiven Beziehung nicht bereits der Keim ihrer Zerstörung? Geraten nicht gerade im Zusammenhang mit dem Achtungsprinzip, das

---

2 Vgl. dazu die Darstellung der unterschiedlichen sprachphilosophischen Positionen bei Axel Honneth: Unsichtbarkeit. Stationen einer Theorie der Intersubjektivität. Frankfurt am Main: Suhrkamp 2003, S. 49–70.

sich auf eine allgemeine Eigenschaft der menschlichen Person bezieht, die besonderen, individuellen und unvergleichbaren Merkmale eines bestimmten »Du« aus dem Blick? Läuft nicht jedes Nachdenken über die Frage, an welchen Prinzipien sich unser kommunikatives Miteinander bestmöglich orientieren sollte, Gefahr, zu genau jener Distanzierung beizutragen, die auch der bevormundenden Fürsorge eigen ist und die eben darin besteht, dass die Partner unfähig sind, »sich wechselseitig so füreinander öffnen zu können, wie es echte Zwischenmenschlichkeit verlangen würde«?[3]

Zugespitzt könnte man sagen: Wer krampfhaft bemüht ist, seine kommunikativen Beziehungen möglichst eng an bestimmte Prinzipien zu binden, der verliert aus penibler Pflichtenfixierung möglicherweise den anderen und das dynamische Verhältnis zum anderen aus dem Blick. Er mag dann zwar ethisch korrekt interagieren, interagiert letztlich aber trotzdem (oder vielleicht deswegen) am anderen vorbei. Denn damit wird eine reflexiv-distanzierende Haltung eingenommen, die die Unmittelbarkeit der Beziehung, das – wie Martin Buber es ausdrückt – Sprechen der Ich-Du-Relation mit dem »ganzen Wesen« unmöglich macht. Das Ich und Du verbindende *Zwischen* einer personalen Beziehung ist kein reflexiver Akt, sondern ein vorreflexives Geschehen, in dem der andere gerade nicht zum Gegenstand der Erfahrung – auch nicht der sprachlichen Erfahrung – gemacht wird, sondern in seiner Ganzheit, das heißt als ein mögliches Du des Ich, erfasst wird. Reflexive Akte sind Kennzeichen einer objektivierenden und damit distanzierenden Ich-Es-Haltung, in der – je nach Interesse und Nutzenkalkül – bestimmte Aspekte und Facetten des anderen im Vordergrund stehen. Kommunikation, auch empathische Kommunikation an normativen Prinzipien zu messen, heißt, so könnte der Vorwurf lauten, das Konkrete und Besondere des anderen zugunsten eines abstrakten, unpersönlichen Allgemeinen aus den Augen zu verlieren.

---

3 Ebd., S. 65.

Sollten wir also in empathischen Beziehungen, die ja gerade von personaler Gegenseitigkeit leben, auf jeglichen Bezug auf kommunikationsethische Prinzipien verzichten, weil wir im Moment der ethischen Reflexion den nur vorreflexiv zu vergegenwärtigenden Moment der Eigentlichkeit und Unmittelbarkeit der Begegnung verpassen? Ist also das bewusste Befolgen kommunikationsethischer Prinzipien oder Tugenden – allen voran des Achtungsprinzips, das die Würde des Individuums schützt, oder des Anerkennungsprinzips, das die psychische und soziale Integrität gewährleisten soll – echter Intersubjektivität gar nicht dienlich, sondern sogar hinderlich? Die Auffassungen darüber gehen in der Sprachphilosophie auseinander. Gewichtige Stimmen wie etwa jene von Hans-Georg Gadamer befürchten in allen reflexiven Akten eine zerstörerische Kraft, die echte Intersubjektivität gefährdet. Demgegenüber stehen Ansichten wie die von Martin Heidegger oder dem Kantianer Karl Löwith, die gerade in der Beachtung eines normativen Prinzips wie der Achtung eine unverzichtbare Bedingung für das Gelingen echter Intersubjektivität sehen, weil nur unter der Bedingung reziproker Achtung die Möglichkeiten der Selbstbestimmung gewahrt bleiben und nur so auch die Gefahr der Bevormundung und Instrumentalisierung vermieden werden kann.[4]

Beide Standpunkte lassen sich vielleicht mit Blick auf Aristoteles versöhnen. Denn er war es, der deutlich gemacht hat, dass Tugenden nicht allein auf Erziehung oder Gewohnheiten beruhen,

---

[4] Dass gelingende Intersubjektivität gerade im normativen Prinzip der Achtung garantiert ist, zeigte Karl Löwith in seiner Schrift *Das Individuum in der Rolle des Mitmenschen* (1928, Nachdruck: Darmstadt: wbg 1962). Hans-Georg Gadamer setzte sich mit Löwiths Position in seiner Arbeit *Ich und Du (Karl Löwith)* auseinander (in: Gesammelte Werke, Bd. 4. Tübingen: Mohr Siebeck 1987, S. 234–239), wobei er kritisch anmerkte, dass das Achtungsprinzip einer gelingenden Ich-Du-Beziehung gerade nicht förderlich, sondern hinderlich sei, weil hier ein allgemeines Prinzip die Besonderheiten des anderen, um die es ja in der intersubjektiven Beziehung gehe, verdecke. Vgl. zu dieser Auseinandersetzung auch Honneth, Unsichtbarkeit, S. 49–70.

sondern auch auf bewussten Entscheidungen, auf Grundhaltungen (*hexis*), die mit der Dauer der praktischen Einübung dieser Tugenden dann zu einer Art *zweiten Natur* des Menschen werden können. Sie gehen dann gleichsam automatisch in seine Entscheidungen und sein Verhalten mit ein, ohne erst in reflexiven Prozessen mühsam kognitiv abgerufen werden zu müssen. So ist eine achtsame, eine fürsorgliche, eine die Würde achtende, die Integrität schützende und schließlich auch ausgleichend-gerechte kommunikative Grundhaltung kein wirklicher Widerspruch zu einer Intersubjektivität intuitiver Offenheit und Unmittelbarkeit einem anderen Du gegenüber. Alle diese kommunikativen Tugenden können mit der Zeit und entsprechender Einübung zur zweiten Natur werden und *zugleich* auf dem Prüfstand unseres reflektierenden, kommunikativen Gewissens stehen. Sie müssen dies sogar, weil der Verzicht selbstkritischer Reflexion – gleich in welchem Bereich menschlicher Strebungen – zu verführerischer Selbstgewissheit und Selbstgefälligkeit führt, die dem Ziel, im Verfolgen der gesetzten Ideale immer besser zu werden, gänzlich zuwiderlaufen würden.

Ich möchte noch einen zweiten Gesichtspunkt anführen, der die Notwendigkeit eines bestimmten Maßes an kommunikativer Reflexivität im Sinn einer Kunst mitfühlender Kommunikation deutlich macht. Mitfühlen mit dem anderen bedeutet ja die Bereitschaft zum *uneigennützigen* Perspektivenwechsel im Dienst des Wohls des anderen. Sich also im eigentlichen Sinn mitfühlend zu verhalten, ist schon deswegen auch eine analytischer Anstrengung, weil hier der Perspektivenwechsel immer auch eine Überwindung von Selbstliebe und Eigeninteressen bedeutet – in welcher Gestalt und sprachlichen Form auch immer eine solche Ich-Bezogenheit in einer Situation mitfühlender Zuwendung auftreten mag. Hier wäre mit einer rein impressionistischen, vorreflexiven Hingabe an die Situation und den Sprachfluss weder für den Hilfegebenden noch den Hilfeempfangenden etwas erreicht, auch wenn die tiefste Quelle des Mitgefühls im Bereich des Vorreflexiven und Intuitiven liegen mag. Der *homo empathicus*, der mitfühlende Mensch, ist nicht nur zu spontanen, affektiven Reaktionen fähig, sondern er ist auch ein sprachliches Wesen, das sich mittels Sprache in ein Verhältnis zu sich und zu anderen zu setzen vermag. Nirgends wird der damit verknüpfte Anspruch existenzieller Teilhabe des einen am anderen deutlicher als in der empathischen Beziehung. Das freilich schmälert keineswegs die Bedeutung eines intuitiven Zugangs zum anderen und eines impressionistischen, ganz auf den anderen sich einstimmenden Sprachgebrauchs. Reflexion und Intuition sind keine einander ausschließenden, sondern einander ergänzende Dimensionen kommunikativer Beziehungen.

9

Verbale Achtsamkeit

Wir sind sprachliche Wesen. Es ist die Sprache, die uns zu Menschen macht, weil sie uns ermöglicht, in eine Beziehung zur Welt, zu anderen und zu uns selbst zu treten. So wie wir die Luft zum Atmen brauchen, um unsere vitale Existenz aufrecht zu erhalten, so brauchen wir die Sprache, um unsere Existenz als Menschen, unser Menschsein entfalten zu können. Deswegen bedarf die Sprache besonderer Achtsamkeit. Sie ist mehr als ein bloßes Instrument der Verständigung – sie ist Voraussetzung und Bedingung aller Welt- und Selbsterkenntnis.

Sprache ist gerade auch für Mitgefühl konstitutiv, denn alles empathische Verstehen, sei es verbal oder non-verbal, ist in Sprache eingebettet. Die Kunst empathischer Kommunikation beginnt mit besonderer Achtsamkeit für die Sprache.

Teil 3 Die Sprache des Mitgefühls

Schwieriges Terrain

Die Sprache des Mitgefühls ist die hohe Schule zwischenmenschlicher Kommunikation. Wir alle wissen aus eigener Erfahrung, dass es nicht leicht ist, angesichts schwerer Schicksalsschläge, die Menschen heimsuchen können, die richtigen, einfühlsamen, tröstenden, Mut machenden und Zuversicht gebenden Worte zu finden. Welche Worte vermögen schon an das Leid einer jungen Frau heranzureichen oder gar es zu mildern, die eben in ihrer 30. Schwangerschaftswoche ihr so heiß ersehntes Kind verloren hat? Welche Worte des Beistands sind stark genug, einen Menschen mit der ihm knapp zuvor mitgeteilten Diagnose einer schweren Erkrankung über den Abgrund der Hoffnungslosigkeit und der existenziellen Verzweiflung hinweg zu tragen? Wie reagieren wir auf die Zukunftsängste, die einen jungen Mann quälen, der sich unermüdlich, aber vergeblich um einen Job bemüht, der seinen Qualifikationen und Erwartungen entspricht? Was und wie sagen wir einer Mutter, die unter Tränen mitverfolgen muss, wie ihr halbwüchsiger Sohn mehr und mehr dem Alkohol- und Drogenkonsum verfällt?

Die Beispiele ließen sich variationsreich fortführen. In jeder Begegnung zwischen Menschen treffen auch die unterschiedlichen Lebens- und Leidensgeschichten unterschiedlicher Schicksale aufeinander, die mal mehr, mal weniger gut hinter der zur Schau gestellten Fassade von Höflichkeit und Freundlichkeit verborgen sind. Oftmals aber drängt das Erleben von Unglück, Leid und existenzieller Erschütterung, von Ängsten und Ohnmachtsgefühlen dazu, mitgeteilt – mit jemandem geteilt – zu werden, um solcherart die seelische Last zu mindern. Unsere empathischen Worte können in den meisten Fällen die tieferen Ursachen persönlicher Krisen nicht beheben, sie können auch Unglück und Leid nicht ungeschehen machen. Aber sie können einen Kommunikationsraum eröffnen, in dem der andere sich so, wie er ist, angenommen und anerkannt fühlen kann und keine Rolle zu spielen braucht. Darin stärkt das empathische Wort die Selbstwertschätzung und Autonomie des anderen, der sich dem Unglück und dem Leid vielleicht dann nicht mehr so ohnmächtig ausgeliefert sieht. Das gelingt nicht mit bloßer rhetorischer Geschicklichkeit und auch nicht mit den verschiedenen Strategien der Überredung oder gar Beschwichtigung. Es reicht nicht, Unglück, Leid und Sorge eines anderen in toxischer Positivität weg- oder kleinzureden, denn das erweckt den Eindruck, den anderen und seine Sorgen und Ängste nicht ernst nehmen zu wollen. Empathisches Sprechen hat auch nichts damit zu tun, mit dem Leidtragenden um die Definitionsmacht des erlittenen Unglücks zu ringen und seiner Leidenserfahrung das vielleicht noch größere Unglück und Leid anderer gegenüberzustellen. Die Relativierung erfahrenen Leids und Unglücks kann immer nur vom Betroffenen selbst in der Auseinandersetzung mit seinen eigenen Erfahrungen kommen. Das empathische Interesse am anderen kann auch Gefahr laufen, von verborgenen voyeuristischen Motiven angetrieben zu werden. Das aber würde empathisches Sprechen geradezu in sein Gegenteil verkehren, weil hier das Unglück des anderen zur Befriedigung eigener Neugier und Sensationslust missbraucht würde. Am anderen Ende der Skala möglicher verborgener Kommunikationsmotive ist die Angst angesiedelt – Angst davor, sich allzu stark in das Schicksal eines anderen involvieren zu lassen. Diese Angst führt dazu, eine mehr oder minder passive Beobachterposition dem anderen gegenüber einzunehmen. Sich auf einen anderen und sein Schicksal einzulassen, bedeutet immer auch eine Aufforderung, Stellung zu beziehen und Verantwortung zu übernehmen. Diese Verpflichtung wollen wir nicht gerne eingehen.

Die Kunst empathischer Kommunikation gleicht also einer Gratwanderung, die von vielerlei Momenten möglichen Scheiterns begleitet ist und die uns nicht selten auf ungesichertes sprachliches Terrain führt. Sich auf diesem schwierigen Terrain zu bewegen, hat mehr mit Kunst der Kommunikation und ihrem schöpferischen Potenzial zu tun als mit rhetorischer Routine. Empathisches Sprechen folgt – wenn es authentisch sein soll – keiner Routine, sondern muss jeweils neu Maß am jeweiligen Gesprächspartner und seinen emotionalen und kommunikativen Bedürfnissen nehmen. Das erfordert besondere Achtsamkeit für die Sprache. Zum einen muss sich diese Achtsamkeit auf die eigenen Worte richten, zum andern bedeutet dies auch besondere Achtsamkeit für die Worte des Gesprächspartners. Man muss über das Gesagte hinaus auf den verborgenen Bedeutungsgehalt achten, um den anderen wirklich verstehen zu können. Empathisches Sprechen ist aus diesem Grund nie nur spontan und intuitiv, auch wenn es gleichsam vom Herzen kommt. Es bedeutet immer auch ein Höchstmaß an Sensibilität für die Situation des Gesprächs, für die eigenen Worte und die möglichen Wirkungen auf den anderen. Empathisches Sprechen muss daher immer zugleich auch von einem selbstkritischen und daher reflexiven Prozess begleitet werden. Wenn Wilhelm von Humboldt über Sprache meinte, dass sie *Arbeit des Geistes* sei, die sich immer im Angesicht des anderen, auf ein Du hörend, vollzieht, so trifft dies in besonderem Maße auf die empathische Sprache zu. Die empathische Sorge um den anderen beginnt mit der Sorge um die Sprache, in der diese Sorge zum Ausdruck kommt. Deswegen bedarf empathisches Sprechen auch besonderer Achtsamkeit. Diese sprachliche Achtsamkeit ist nur dann tragfähig, wenn wir uns dessen bewusst sind, dass unser ganzes Leben und Zusammenleben wesentlich von unserer Sprache bestimmt wird.

Sprachliche Existenz

Was wir sind, sind wir durch Sprache. Unser gesamtes Denken, Fühlen und Handeln entfalten sich im Medium der Sprache. Wir erfahren die Welt, die Mitmenschen und uns selbst immer nur in ihrer sprachlichen Vermittlung. Der Sprachwissenschaftler Jürgen Trabant schreibt in seinem Buch *Was ist Sprache?*:

»Schon Embryonen hören im Schoß ihrer Mutter die Sprache ihrer Mutter, sie ›baden‹ gleichsam in ihrem Klang und ihrem Rhythmus. Die Menschen leben von der ersten Stunde ihrer Existenz in der An-Sprache ihrer Umwelt, auf der sie von Anfang an Ant-Wort geben«.[5]

Ähnlich formuliert es schon ein halbes Jahrhundert vor ihm der Arzt, Psychiater und Existenzphilosoph Karl Jaspers: »Jedes neue Menschsein beginnt mit dieser Kommunikation, nicht schon mit seiner biologischen Tatsächlichkeit«. Für Jaspers ist sprachliche Kommunikation »eine universale Bedingung des Menschseins«, weil der Mensch immer schon in eine sprachliche Überlieferung, in eine Sprachgemeinschaft hineingeboren wird. »Sie ist«, sagt Jaspers, »so sehr sein allumfassendes Wesen, dass, was auch der Mensch ist und was für ihn ist, in irgendeinem Sinn in der Kommunikation steht.«[6] Das Selbst des Menschen, seine Identität kann sich nur in Kommunikation mit anderen entfalten. Ohne sprachlicher Kommunikation, so Jaspers, gibt es auch keine alles umfassende menschliche Vernunft, mit deren Hilfe wir die Welt – einschließlich anderer – und uns selbst deuten. Am prägnantesten bringt der Sprachphilosoph Bruno Liebrucks diese für unser Mensch-Sein unverzichtbare Bedeutung der Sprache auf den Punkt: »Der Mensch wird nicht durch die Geburt, sondern durch die Sprache zum Menschen.«[7] Am Wort hängt also die Bestimmung unseres Lebens. Im Matthäus-Evangelium heißt es mit gutem Grund: »Aus deinen Worten wirst Du gerechtfertigt werden, und aus deinen Worten wirst Du verdammt werden.« (Matthäus 12,37). Wir haben den tiefen metaphysischen Ernst der Bedeutung des Wortes nicht begriffen, wenn wir im Wort lediglich einen evolutionären Appendix unserer Existenz sehen. Das geschieht etwa dann, wenn wir davon ausgehen, dass Worte nur »Schall und

---

5 Jürgen Trabant: Was ist Sprache? München: Beck 2008, S. 13.
6 Karl Jaspers: Vernunft und Existenz. München: Piper 1973, S. 60.
7 Zit. nach Max Gottschlich: Einleitung. In: Franz Ungler: Bruno Liebrucks' »Sprache und Bewusstsein«. Hrsg. von Max Gottschlich. Freiburg/München: Karl Alber 2014, S. 182.

Rauch« seien, sie also als flüchtige, austauschbare Erscheinung ohne nachhaltiges Gewicht missverstehen, oder wenn wir Sprache lediglich als Mittel zum Zweck verstehen, sie auf ein Instrument und Transportmittel für Mitteilungen reduzieren.

Sprache ist mehr: Wir gestalten uns und die Welt mit unseren Worten. Nicht wir bringen die Worte hervor, sondern die Worte, die wir sprechen, bringen uns hervor. Darin liegen Ethik und Ästhetik menschlicher Kommunikation. Der französische Philosoph George Bataille formulierte es so:

> »Die Menschheit ist nicht aus Einzelwesen gemacht, sondern aus der Kommunikation zwischen ihnen. Niemals sind wir gegebene, nicht einmal uns selbst, es sei denn in einem Kommunikationsnetz mit den anderen: Wir sind in Kommunikation gehüllt, wir sind auf diese unaufhörliche Kommunikation angewiesen, deren Fehlen wir bis in die tiefste Einsamkeit hinein als Suggestion zahlreicher Möglichkeiten, als die Erwartung eines Augenblicks erfahren, in dem sie zu einem Schrei wird, den andere hören.«[8]

Mehr als alles andere ist es die empathische, mitfühlende Kommunikation, die diesen Schrei – den Menschen in seiner Einsamkeit und Not, seiner Verzweiflung und existenziellen Ausgesetztheit, seinem Schmerz und seiner Hoffnungslosigkeit – zu umhüllen vermag. Das empathische Wort will nichts aussagen, nichts künden, nichts mitteilen, nichts bestimmen, zu nichts zwingen, von nichts überzeugen, sich über nichts verständigen. Es will nicht mehr und nicht weniger, als in der Stunde der Not zu retten – tragenden Halt dem zu geben, der im hereingebrochenen Unglück zu ertrinken droht.

Es ist die Sprache, die uns zu Menschen und zu Mitmenschen macht, weil sie uns ermöglicht, in eine Beziehung zur Welt, zu anderen und damit zu uns selbst zu treten. Deswegen ist die Sprache ein so unendlich wertvolles Gut. Herder hat sie zu Recht als »Schatztruhe« bezeichnet. In dieser Schatztruhe ist alles enthalten, was unsere *conditio humana* ausmacht – alles was uns von an-

---

8 Georges Bataille: Die Literatur und das Böse. Berlin: Matthes & Seitz 2011, S. 79.

deren Tieren unterscheidet. Und dazu gehört auch das Mitgefühl. Die Sprache des Mitgefühls bedarf nicht immer der gesprochenen Worte – oftmals reicht schon unser aufmerksamer, offener Blick, unsere anteilnehmende Mimik, unsere, den anderen umfangende Geste, die sanfte Berührung oder stille Umarmung. Es ist die nonverbale Sprache, in deren Reichtum – nicht weniger als in unserem gesprochenen Wort – unser Mitfühlen oder unser Mitleiden zum Ausdruck kommt. Unsere Beziehung ist dann zwar wortlos – und wahrscheinlich gerade deswegen besonders innig und unmittelbar –, aber sie ist dennoch Sprache.

Sprache ist die Ressource, aus der wir unser Mensch-Sein schöpfen und aus der wir unsere Menschlichkeit schöpfen. Mensch-Sein heißt *In-der-Sprache-Sein*. Der Mensch ist Vernunftwesen, weil er Sprache hat. Und der Mensch ist ein Liebender, weil er Sprache hat. Die Wahrheit des Menschen liegt in der Wahrheit seiner Sprache. Deswegen ist die Sprache kein Gegenstand neben anderen, die der Mensch als sein Instrument benützt – sie ist für den Menschen, wie Bruno Liebrucks mit Blick auf die unverzichtbare Bedeutung der Sprache für das Denken sagt, »die wahre Erzeugerin seines Bewusstseins«.[9] Der Mensch ist kraft seiner Sprachlichkeit und seiner Sprache ein wirklichkeitserschaffendes Wesen, das um diese seine schöpferische Fähigkeit weiß und mit ihr kreativ umgehen kann. Jürgen Trabant spricht in diesem Zusammenhang von der »Poiesis der sprachlichen Weltgestaltung«.[10] Wenn das Leben schöpferisch gestaltet werden kann, dann ausschließlich kraft der Sprachlichkeit des Menschen. Es ist die Sprache, die uns zu dem macht, was wir sind und was wir sein könnten. Tiere haben keine Gedichte. Die schöpferischen Möglichkeiten unserer Existenz sind alleine der Sprache geschuldet. Das macht die Sprache zu einem so kostbaren Gut. In ihr ist unser Menschsein insgesamt aufgehoben – unser Menschsein mit all seinen schöpferischen, aber auch seinen destruktiven Möglichkeiten.

---

9 Zit. nach Max Gottschlich, Einleitung, S. 129.
10 Trabant, Was ist Sprache?, S. 235 f.

Aber Sprache ist nicht etwas, das gleichsam als Eigenschaft zum Menschen hinzukäme. Die Sprachlichkeit ist keine bloße Eigenschaft des Menschen, sondern dessen unabdingbare Voraussetzung. Der Mensch ist Mensch, nicht insofern er Sprache *hat* – im Sinne eines besonderen Besitzes –, sondern indem der Mensch Sprache *ist*: Mensch-Sein ist gleichbedeutend mit In-der-Sprache-Sein und vermittels der Sprache zu sein. Der Mensch kann nicht sprachunabhängig sein. Alle Weltbezüge sind sprachlich vermittelte Weltbezüge, denn sie sind aus »Bedeutungen der Worte, der Sätze und Diskurse gewebt«.[11] Selbst die sinnliche Gewissheit der Welt steht dem Menschen nicht sprachfrei gegenüber, so als würde sie gleichsam darauf warten, in sprachlich gefasste Bedeutungen übersetzt zu werden. Selbst die Formelsprache der Mathematik, Physik oder Chemie ist nicht sprachunabhängig, weil sie aus der Alltagssprache heraus in bestimmten sprachlichen Bedeutungsfeldern entwickelt wurde und weil sie – um ihre Bedeutung auszuweisen – in diese Alltagssprache zurückübersetzt, also interpretiert werden muss. Es gibt also kein sprachunabhängiges, sprachfreies Ansichsein – weder in der sinnlichen Welt der Objekte noch in der Welt des Geistes. Für beide Betrachtungsebenen gilt: Für jedes Welt-Erkennen ist Sprache eine unhintergehbare Bedingung seines Zustandekommens. Alles Erkennen ist unabdingbar an Sprache gebunden, sie ist uns ausschließlich vermittels der Sprache zugänglich. Sprache und Welt gibt es nicht gesondert voneinander, unsere Welt ist die Welt, wie sie sich in und vermittels unserer Sprache entwirft. Es gibt keine Weltbegegnung außerhalb der Sprache.[12]

Damit wird deutlich, dass Sprache mehr ist als ein Instrument, ein Werkzeug, mit dessen Hilfe wir unsere Überzeugungen und

---

11 Emmanuel Lévinas: Jenseits des Buchstabens. Frankfurt am Main: Neue Kritik 1996, S. 131.
12 Vgl. Maria Woschnak: »Handle sprachlich«. Zur Ethik bei Bruno Liebrucks. In: Max Gottschlich (Hrsg.), Die drei Revolutionen der Denkart. Systematische Beiträge zum Denken von Bruno Liebrucks. München: Karl Alber 2013, S. 204 f.

Meinungen, unsere Vorstellungen und Interessen, unsere Bedürfnisse und Wünsche zum Ausdruck bringen können. Es ist die herkömmliche Auffassung, dass Menschen durch Zeichen und geteilte Codes über den »Kanal« der Sprache miteinander in Beziehung treten. Sprache wird als Signalsystem gesehen und das Hauptproblem besteht dieser Meinung nach darin, eine möglichst hohe Eindeutigkeit in der semantischen Relation zwischen Zeichen und Bezeichnetem herzustellen. Damit steht der technische Sprachgebrauch zur Optimierung von Verständigung im Vordergrund. Ein solches Verständnis verkürzt aber die eigentlichen Bedeutung von Sprache. Sie ist wesentlich mehr als ein Zeichensystem oder bloßes Transportmittel von Gedanken. Vielmehr ist sie konstitutiv für die Art und Weise unserer Begegnung mit der Welt, mit anderen und uns selbst. Sprache hat darin ihre kostbare Bedeutung als »Schatztruhe«, weil unser Bewusstsein von all dem, was uns umgibt, und auch das Bewusstsein unserer selbst von unserer Sprache abhängt. Wir sind, was wir sprechen. Damit wird deutlich, warum es einer besonderen Achtsamkeit für die Sprache, die wir verwenden, bedarf – weil buchstäblich alles von ihr abhängt.

Einheit von Denken und Sprechen

Schon die alten Griechen haben den Menschen als das Lebewesen gesehen, das sich durch seine Sprachlichkeit auszeichnet. Der Mensch, so wussten sie, ist das *zoon logon echon,* das den *logos* habende Lebewesen. Der Ausdruck *logos* weist eine Fülle von Übersetzungsmöglichkeiten und Bedeutungen auf. Logos meint nicht nur Vernunft oder Sinn, sondern auch Sprache oder Wort. Der Mensch ist also nicht nur als vernünftiges, sondern auch als sprachbegabtes Wesen zu verstehen. Wobei es sich hier nicht um voneinander unabhängige oder entgegengesetzte Dimensionen des Begriffs Logos handelt. Die Sprachphilosophie und gerade auch ein Verständnis der Philosophie von der Sprache her, wie es Bruno Liebrucks entwickelte, zeigen, dass Vernunft keine »sprachfreie Abstraktion«

(Th. S. Hoffmann) ist, wie ein enggeführter Rationalismus glauben machen möchte. Vernunft konstituiert sich in der Sprache, wie umgekehrt Sprache auf Vernunft und damit auf die Möglichkeit sinnvollen Sprechens bezogen ist. So kann man sagen, dass Vernunft und Sprechen einander wechselseitig eingeschrieben sind.

Sprachphilosophen wie Vico, Herder, Humboldt und in unserer Zeit besonders Liebrucks haben deutlich gemacht, dass nicht der Gedanke die Sprache als bloßes Mittel- und Zeichensystem hervorbringt, sondern dass sich überhaupt alles Denken – und damit alles Erkennen und Verstehen – der Sprachlichkeit des Menschen verdankt. Alles Denken über uns selbst, über andere und über die Welt insgesamt ist sprachlich konstituiertes, sprachlich vermitteltes Denken. Es gibt nichts, formulierte es Liebrucks,

> »was nicht vorher durch dieses Wesen der Sprache hindurchgegangen ist. So z.B. auch das menschliche Denken. Es ist da nicht zuvor der einsame Denker, der dann noch ein Übriges tut, wenn er dem anderen im Dialog seine Einsichten mitteilt. Schon als einsamer Denker hat er gesprochen, mitgeteilt, sich auseinandergesetzt. Die Dialektik der Sprache ist nicht etwas, dem der Mensch entfliehen könnte.«[13]

Da ist nicht zuerst der Gedanke und dann die sprachliche Form seines Ausdrucks und seiner Vermittlung, wie wir dies meist in unserem Alltagsverständnis verkürzt so sehen. Von Karl Kraus, dem scharfsinnigen und scharfzüngigen Literaten und publizistischen Beobachter seiner Zeit stammt der, diesen wichtigen Zusammenhang pointiert zusammenfassenden Satz: »Der Gedankenlose denkt, man habe nur dann einen Gedanken, wenn man ihn in ein Wort kleidet. Er versteht nicht, dass in Wahrheit nur der ihn hat, der das Wort hat, in das der Gedanke hineinwächst.«[14] Denn den Gedanken gibt es nur dank der Sprache, der Gedanke ist ein Kind

---

13 Bruno Liebrucks: Sprache und Metaphysik. In: ders., Irrationaler Logos und rationaler Mythos, Würzburg 1982, S. 17. Zit. nach Woschnak, »Handle sprachlich«, S. 203.
14 Karl Kraus: Aphorismen und Gedichte. Auswahl 1903 bis 1933. Hrsg. von Dietrich Simon. Wien/Köln/Graz: Böhlau 1985, S. 135.

der Sprache und nicht umgekehrt. Jeder Gedanke ist sprachlicher Gedanke – Sprechen und Denken bilden eine Einheit.

Sprache – so viel sollte aus dem bisher Gesagten deutlich geworden sein – steht also nicht als ein Zeichensystem gleichsam autark dem Denken gegenüber, sondern ist die Wirklichkeit des Denkens selbst. Das bedeutet, dass wir das Denken nur von der Sprache her verstehen können. Es ist die Sprache, die das Denken erst hervorbringt und ihm Gestalt verleiht. Es gibt keinen gleichsam sprachfreien Punkt, von dem aus Sprache (oder Denken) betrachtet werden könnte. Wir können aus der Sprache nicht gleichsam heraussteigen, nicht einmal dann, wenn wir uns nonverbaler, z. B. künstlerischer Mittel des Ausdrucks bedienen. Auch das Malen eines Bildes geht zuerst durch die Sprache hindurch: Die Auseinandersetzung mit dem Motiv, die Wahl bestimmter Farben und Formen, die Entscheidung für bestimmte Maltechniken, der ständige prüfende künstlerische Blick auf den Gestaltungsprozess und das erschaffene Kunstwerk, selbst die Intuition – alle diese nonverbalen gedanklichen Prozesse gehen notwendigerweise durch die Sprache hindurch. Das gleiche gilt für den Rezeptionsprozess durch den Betrachter – ohne Sprache könnte er sich in kein Verhältnis zum Kunstwerk und zu seinen eigenen Empfindungen setzen. Und auch die Begegnung mit dem Nächsten geht durch die Sprache. Denn in der Wahrnehmung des Nächsten ist zugleich schon mein ihn Ansprechen und mein von ihm Angesprochen-Sein enthalten. Das Denken, so auch das Denken des Nächsten, ist nicht ablösbar von seinem sprachlichen – verbalen oder nonverbalen – Ausdruck.[15]

Mehr als ein bloßes Instrument

Wilhelm von Humboldt hat bereits vor 200 Jahren deutlich gemacht, was bei nicht wenigen Philosophen auch heute noch »Zäh-

---

15　Vgl. Lévinas, Zwischen uns, S. 18.

neknirschen« – so bezeichnet es der Sprachwissenschaftler Jürgen Trabant – auslöst: Sprache, so meinte Humboldt, sei kein Mittel, schon erkannte Wahrheit darzustellen, sondern verhelfe dazu, eine zunächst unerkannte Wahrheit überhaupt erst zu entdecken. Was wir als Wahrheit erkennen, ist also immer schon sprachlich vermittelte, sprachlich konstruierte Wahrheit. Das heißt mit anderen Worten: Erkenntnis – gleichviel, worauf sie sich bezieht – befindet sich nicht gleichsam im Jenseits der Sprache, um sich dann mittels sprachlicher Zeichen Gestalt zu geben, sondern Erkenntnis – Denken – ist unlösbar mit Sprache verbunden, ist in Sprache eingebunden. Schon Humboldt machte deutlich, dass nicht der Gedanke die Sprache erzeugt, sondern die Sprache den Gedanken. Gedanken sind immer sprachlich geformte, also in Begriffe gegossene Gedanken. Es gibt keine sprachfreien Gedanken oder Vorstellungen, es gibt daher auch kein Denken außerhalb der Sprache. Vielmehr müssen wir von einer Einheit von Denken und Sprache ausgehen und uns von der Vorstellung lösen, dass Sprache ein gleichsam bedeutungsfreies, »unschuldiges« Instrument der Vermittlung von Informationen, Anschauungen und Meinungen ist. Indem Sprache Mittel zur Erkenntnis und Mitteilung des Erkannten ist, steht Sprache nicht wie ein technisches Instrument neben dem Zweck, sondern ist beides zugleich: Mittel und Zweck.

Aus diesem Grund hat Humboldt eine Auffassung von Sprache als bloßes Instrument und eine Fixierung auf den Mittel- und Mittlercharakter der Sprache für die »beschränkteste Ansicht der Sprache« gehalten. Er hat nämlich klar erkannt, dass es nicht der Mitteilungscharakter der Sprache ist, der sie auszeichnet, sondern dass dieser Mitteilungscharakter lediglich *ein* Aspekt der Sprachlichkeit des Menschen ist, und zwar die technisch-praktische Seite der Sprache. Der sprachliche Umgang von Mensch zu Mensch dagegen geht wesentlich über den reinen Mitteilungscharakter hinaus: Sprache ist entscheidend mehr als bloßes Medium der Mitteilung – sie ist Medium der *Vermittlung* zwischen Menschen. Dies bedeutet: Jede sprachliche Äußerung hat etwas von dem, der sie tätigt, etwas von dem, der Angesprochen wird, und etwas von der

Sache, über die gesprochen wird. Das Entscheidende ist, dass diese drei semantischen Relationen nicht isoliert und unabhängig voneinander sind, sondern eine Einheit darstellen. Indem einer zum anderen spricht, drückt er zugleich seinen eigenen Zustand, dann sein Verhältnis zum anderen, dem die Äußerung gilt, und auch zum Gegenstand aus, auf den sich die Äußerung bezieht. Alle drei Dimensionen – Bruno Liebrucks spricht hier von der *Dreistrahligkeit* der semantischen Relation – fließen in jede Äußerung mit ein und konstituieren so deren komplexen Sinn- und Bedeutungsgehalt. Auch der Angesprochene seinerseits hört die empfangene sprachliche Äußerung nicht nur, sondern deutet sie zugleich als subjektiven Ausdruck der Befindlichkeit des anderen und deutet auch den Gegenstand, auf den sich diese Äußerung bezieht. Schließlich setzt er sich auch selbst in Beziehung zum anderen und zum Gegenstand der Äußerung. Erst vermittels der Sprache können Subjekte miteinander über etwas in Beziehung treten und sich so in ein Verhältnis zueinander, zu sich selbst und zu einem Objekt oder Sachverhalt setzen.

Ohne Sprache gibt es weder eine Mensch-zu-Mensch-Beziehung noch eine Mensch-Objekt-Beziehung, denn weder ist der Mensch ein isoliertes Subjekt, unabhängig von anderen Subjekten, noch ist seine Beziehung zu den Objekten direkt und unmittelbar, sondern nur über den Umweg über die Begegnung mit anderen Menschen möglich. Der Mensch steht der Welt nie unvermittelt gegenüber, sondern immer nur vermittels von Bedeutungen, die die Dinge der Welt für ihn haben. Und diese Bedeutungen sind sprachlich konstituiert und vermittelt – eben in der Einheit der Dreistrahligkeit der, wie Bruno Liebrucks sie bezeichnet, Subjekt-Subjekt-Objekt-Relation. Der Mensch erkennt, was er erkennt, immer nur in der *Einheit* dieser drei semantischen Relationen, die die unerschöpfliche Quelle von Bedeutungen sind, mit deren Hilfe er der Welt und zugleich damit sich selbst begegnet. Sprache hat nie mit den Gegenständen (oder Menschen) als solchen zu tun, also gleichsam »bedeutungsnackt«, bar ihrer Bezogenheit auf mich wie auf den Partner, »sondern immer nur innerhalb des gesellschaftlichen Begegnungszusammenhanges«.[16] Indem der Mensch spricht, deutet er den anderen, ebenso den Gegenstand des Sprechens und zugleich auch sich selbst in Bezug auf den anderen und den Gesprächsgegenstand. Diese Deutungsprozesse können sich nur sprachlich vollziehen und sie vollziehen sich nie isoliert voneinander, sondern in ihrer wechselseitigen Bezogenheit aufeinander eben als Einheit der Subjekt-Subjekt-Objekt-Relation.

Empathisches Verstehen

Mag sein, dass es eine vorbewusste und damit vorsprachliche Form des Mitgefühls in der Unvermitteltheit und Unmittelbarkeit einer Gefühlsregung gibt. Der Anblick oder Gedanke fremden Leidens erweckt unmittelbar analoge Gefühle – ein Vorgang, der uns kaum bewusst wird. Aber alles, was über die affektive Unmittelbarkeit hinausgeht, nimmt den Weg durch die Sprache. Jede Begegnung beruht noch vor allen Worten, die ausgetauscht werden, auf wechselseitigen Interpretationsprozessen, in denen jeder den anderen deutet und sich zu dieser Deutung in ein reflexives Verhältnis setzt. Selbst der stumme Appell, der der eine für den anderen ist, ist ein Kommunikationsakt, denn er sagt etwas über den Zustand des Betreffenden aus und auch über denjenigen, dem der Appell, die stumme Anrufung gilt. Beide Partner befinden sich von Beginn an in einem komplexen sprachlichen Vermittlungszusammenhang. Empathisches Verstehen vollzieht sich daher immer im Modus der Sprachlichkeit. Der *homo empathicus* ist zugleich der *homo communicans*, derjenige, der in besonderer sprachlicher Beziehung zum anderen steht.

---

16 Bruno Liebrucks: Sprache und Bewußtsein, Bd. 1. Frankfurt am Main: Akademische Verlagsgesellschaft 1964, S. 353.

Das empathische Verstehen hat – wie jedes Verstehen – seinen Ort in der im vorigen Abschnitt beschriebenen Dreidimensionalität der semantischen Relationen. Ich muss den subjektiven Ausdruck der Bedürftigkeit des anderen deuten, zugleich den hinter dem verbalen (oder oftmals auch non-verbalen) Ausdruck sich darstellenden Sachverhalt (Umstand der Bedürftigkeit), und mich zu beidem in ein – z. B. helfendes, unterstützendes – Verhältnis setzen. Ich kann den subjektiven Ausdruck als Appell an mich verstehen, diesem Appell folgen oder mich ihm verweigern. Wie immer ich auch entscheide – im anderen und seinem Wort begegne ich nicht nur ihm und seinem Schicksal, sondern zugleich damit auch mir selbst. Im Perspektivenwechsel versetze ich mich in den anderen und versuche, dessen Sicht auf die Welt zu teilen, aber zugleich blicke ich auch auf mich selbst. In jeder sprachlichen Begegnung mit einem anderen bin auch ich selbst enthalten, begegne ich mir selbst, so wie meine Reaktion auf den anderen diesem wiederum dazu dient, sich selbst zu begegnen. Dieser mehrdimensionale Vermittlungsprozess geschieht im Medium der Sprache. Indem der Mensch spricht, strahlen die Sprache und ihre Lautbewegungen auf ihn zurück, zugleich zur Sache und zum Partner. Auch der Gesprächspartner ist nicht ein bloß passiv Empfangender, sondern er deutet, was er empfängt, und kann nur im Rahmen seiner Deutung die Äußerung verstehen.[17]

> »Sprechen und Verstehen sind nur zwei Seiten des *einen* Sprachereignisses, wobei das Verstehen auf zwei, den Sprechenden und den Partner, das Sprechen als lautes auf die Seite des Sprechenden, als leises auf die Seite des Partners als Hinhörenden verteilt ist. Der Sprechende spricht allein, er versteht sich jedoch nicht allein. Auch der Hörende versteht ihn, darin lautlos sprechend.«[18]

Im Gespräch stehen beide Partner auf ihrem Standpunkt als Sprechende und versetzen sich zugleich in den Standpunkt des jeweils

---

17 Vgl. Woschnak, »Handle sprachlich«, S. 218 f.
18 Liebrucks, Sprache und Bewußtsein, Bd. 1, S. 233.

hörenden anderen. Dies geschieht in *einem* Akt – sprechen und verstehen sind nur zwei Seiten des einen Sprachereignisses. Das trifft in besonderer Weise auch für empathisches Verstehen zu. Es ist genauso wenig Einbahnstraße wie das Verstehen im Rahmen anderer Interaktionsformen: Auch die Bezugsperson der empathischen Zuwendung empfängt nicht nur passiv, sondern versteht sich selbst im aktiven Hinhören auf den anderen und dessen mitfühlende Worte. Ich gebe mich im anderen zu erkennen und lasse zu, dass sich der andere in mir und in meiner Reaktion, meinen Worten ebenfalls selbst erkennt. Darin liegt das hermeneutische und zugleich auch therapeutische Potenzial aller wahren Intersubjektivität. Denn wer sich von einem anderen verstanden fühlt und sich damit auch selbst besser versteht, weil das Echo seiner geäußerten Not zu ihm zurückkehrt und er sich erst auf diese Weise in ein tieferes Verhältnis zu sich selbst setzen kann, dem geht es auch besser. Das bedrückende Unglück, die Bedürftigkeit und empfundene Not werden dadurch nicht eliminiert, aber ihre Last wird vielleicht leichter.

Jede empathische Beziehung, wenn sie echt und nicht bloß vorgetäuscht ist, bedeutet eine anspruchsvolle hermeneutische Herausforderung und Aufgabe. Achtsamkeit als kommunikatives Prinzip empathischer Interaktion hat daher weniger mit einer adäquaten Wortwahl zu tun als mit der Frage nach den Bedingungen größtmöglichen Verstehens. Das Verstehen erschließt sich nur in der Gesprächsbeziehung – nur im Miteinander-Sprechen nähern wir uns dem jedem Sprechen impliziten Anspruch des Einander-Verstehens. Der Nächste wird nicht zuerst verstanden und dann wird er zum Gesprächspartner, sondern verstehen und miteinander sprechen sind unauflöslich miteinander verbunden.[19] Aber damit ist das Verstehen der Person des anderen nicht schon automatisch gesichert. Ich kann manches, was den anderen ausmacht, verstehen – seine Biografie, sein soziales Umfeld, seine Überzeugungen, seine Vorlieben, seine Krankengeschichte und vieles mehr –, aber das

---

19 Vgl. Lévinas, Zwischen uns, S. 17.

9 Verbale Achtsamkeit

Verstehen des anderen in seinem So-Sein bleibt eine anhaltende Aufgabe. Den anderen verstehen zu wollen, bedeutet nämlich erhebliche »Anstrengung des Verstehenwollens« (H.-G. Gadamer). Diese Anstrengung besteht zunächst darin, die eigene Sicht zugunsten der Einnahme der Perspektive des anderen aufzugeben. Das ist ja die Kernaufgabe allen empathischen Bemühens.

Alles Mitgefühl beginnt mit dem Verstehen-Wollen. Darin liegt der zutiefst hermeneutische Anspruch aller empathischen Intersubjektivität. Dabei geht es nicht um Semantik, also nicht um das Verstehen dessen, was der andere spricht und was es bedeutet, sondern um das Verstehen des anderen in seinem ganzen Subjekt-Sein. Nirgends ist dieses Verstehen des anderen in seiner ganzen Person so zentral wie in der empathischen Beziehung. Auf diese existenzielle Dimension des Verstehens kommt es primär an. Es geht nicht darum, Worte zu verstehen, sondern Menschen ...

Empathisches Verstehen liefert daher auch keine Eindeutigkeiten, vielmehr ist empathisches Verstehen – mehr als dies in anderen Kommunikationsweisen der Fall sein mag – ein offener Prozess. Schon deswegen ist es notwendig, von kategorisierenden Beurteilungen und Schematisierungen abzusehen und stattdessen die Aufmerksamkeit auf die Besonderheiten und die Unverwechselbarkeit des Gesprächspartners zu richten. Das mag zwar unserem Bedürfnis nach Eindeutigkeit widerstreben, entspricht aber der hermeneutischen Aufgabe, den anderen als Person in und hinter seinen Worten zum Durchschein zu bringen. Die Wirklichkeit des anderen erschließt sich immer nur als mehrdimensionaler Deutungsprozess. Dabei besteht immer die Gefahr, dass wir unserem eigenen Deutungszusammenhang verhaftet bleiben, während es darum geht, den anderen von *seinem* Standpunkt aus zu verstehen.[20] Nur so aber können wir dem anderen gerecht werden. Solange wir eine Deutungshoheit über den anderen beanspruchen – was etwa in defizienten Arzt-Patienten-Beziehungen der Fall ist –,

---

20 Vgl. Carl R. Rogers: Therapeut und Klient. Grundlagen der Gesprächspsychotherapie. Frankfurt am Main: Fischer 2002[17], S. 217.

solange werden wir an der Aufgabe scheitern, den anderen wirklich zu verstehen. Hier ist weniger logische als vielmehr ästhetische Urteilskraft geboten, da das Besondere des anderen, seiner Lebensgeschichte und seinen Leiderfahrungen nicht aus einem Allgemeinen abgeleitet, sondern nur durch Vorstellungskraft und ein Hineindenken in den anderen erschlossen werden kann.[21] Es bedarf also der kommunikativen Achtsamkeit, um der Verstrickung in die eigenen Interpretationsmuster, um der Macht der eigenen Denkschablonen auf der Spur zu bleiben. Denn nur so kann das Verstehen der besonderen Situation und des Lebens des anderen möglich werden. Es gilt, wie dies der Medizinethiker Giovanni Maio mit Blick auf das Arzt-Patienten-Verhältnis formulierte, »den je eigenen Weltbezug des Patienten zum Angelpunkt zu nehmen«.[22] Darin liegt die kommunikative und hermeneutisch-ethische Herausforderung für jeder Form wahrhafter empathischer Intersubjektivität. Um diese Herausforderung zu meistern, bedarf es kommunikativer Achtsamkeit, eines steten reflexiven, selbstkritischen Prozesses. Aber gleich viel, wie weit oder wie tief dieses Verstehen reichen mag – es ist und bleibt immer sprachlich konstituiertes Verstehen.

Welt subjektiver Bedeutungen

Den Weltbezug eines anderen in das Zentrum der Aufmerksamkeit zu rücken, bedeutet zunächst, dem Umstand Rechnung zu tragen, dass der Mensch sich selbst, seiner Mitwelt und seiner Lebenssituation Bedeutungen zuweist. Denn der Mensch lebt nicht nur in einer natürlichen Umwelt, sondern auch in einer symbolischen Welt, in einer Welt subjektiver Bedeutungen, die sein Denken, Fühlen und Handeln bestimmen. Alles, womit der Mensch zu tun

---

21 Vgl. Giovanni Maio: Mittelpunkt Mensch. Lehrbuch der Ethik in der Medizin. Stuttgart: Schattauer 2017², S. 180.
22 Ebd., S. 184.

hat, hat für ihn Sinn, und auf diesen Sinn hin ist sein Denken, Fühlen und Handeln orientiert – einschließlich seines sprachlich-kommunikatives Handelns, im dem sich dieser Sinn vermittelt. Wenn es also darum geht, die Perspektive eines anderen einzunehmen, dann bedeutet dies, den Versuch zu unternehmen, diese Welt subjektiver Bedeutungen in den gesprochenen Worten, aber auch im non-verbalen Ausdruck zu erschließen. Es gilt also, die Intentionalität, also die grundsätzliche Gerichtetheit einer Person auf etwas, zu erfassen. Empathisches Verstehen richtet daher seinen Fokus einerseits auf den psychischen Zustand einer Person, wie etwa Angst, Trauer, Verzweiflung, andererseits auch auf die situative Gerichtetheit, also auf das Wovor der Angst, auf das Worüber der Trauer und auf das Warum der Verzweiflung.

Das empathische Verstehen des psychischen Zustands gleicht einem – oft schweigenden – Mit-Sein im Durchleben von Schmerz, Trauer, Angst und Verzweiflung. Wir lassen uns von den Gefühlszuständen und Gefühlsäußerungen anderer berühren, sie finden in uns Resonanz und prallen nicht an einer psychischen Mauer ab, mit der wir uns selbst vor negativen Gefühlen schützen wollen. Während wir uns also auf der emotionalen Ebene *affizieren* lassen, lassen wir uns auf Ebene der subjektiven Sinn- und Bedeutungszuschreibung, also des Inhalts, auf den sich die Gefühlsäußerungen beziehen, *involvieren*. Die Teilnehmerperspektive im Rahmen empathischer Beziehungen einzunehmen, bedeutet also, sich sowohl emotional affizieren als auch kognitiv in die situativen Lebens- und Sinnbezüge involvieren zu lassen. Wobei letzteres möglichst urteilsfrei, also nicht wertend geschehen sollte. Unter dieser Voraussetzung trägt die Anstrengung des Verstehen-Wollens dazu bei, dass der andere sich selbst besser verstehen lernt. Verstehen wird so zu einem Vorgang kooperativer Praxis, in der Intersubjektivität konstituiert wird. Die einzige Voraussetzung, dass diese Kooperation gelingen kann, liegt in der Zweckfreiheit dieses Vorgangs. Empathisches Verstehen ist radikal zweckfrei in dem Sinne, dass die zwischenmenschliche Beziehung zwischen den Partnern nicht an bestimmten vorgegebenen Zwecken und ihrer

Erfüllung orientiert sein darf, sondern für jede Entwicklung offen sein muss.

Die empathische Beziehung ist kein Mittel, um irgendwelche Zwecke zu erreichen, sondern sie hat ihren Zweck in den handelnden Personen selbst. Empathie und Zweckrationalität schließen einander aus. Man fühlt nicht mit dem anderen, um in ihm oder mit ihm ein bestimmtes Ziel zu erreichen oder einen bestimmten Zweck zu erfüllen. Man fühlt mit dem anderen um seinetwillen, nicht, um die empathische Beziehung und damit sich selbst und den anderen zu instrumentalisieren. Empathisches Handeln dient nicht als Mittel zur Erreichung eines beliebigen äußeren Zwecks. Es hat seinen Zweck in sich selbst und in der Person des anderen. Nur so wird jenes *lebendige Wirken* möglich, mit dem Humboldt Sprache charakterisierte – ein lebendiges Wirken, dessen Besonderheit darin besteht, dass in ihm und aus ihm heraus sowohl mögliche als auch tatsächliche Ziele und Zwecke im offenen Prozess wechselseitigen Miteinanders erst hervorgebracht werden. Darin liegt die schöpferische Kraft der Sprache im Allgemeinen und der empathischen Sprache im Besonderen. Würde empathisches Sprechen bestimmten äußeren Zwecken dienen, also einer zweckrationalen Logik folgen, dann würde sich der Blick auf die Sphäre des subjektiven Sinns des anderen, auf dessen situativen und mit subjektiven Bedeutungen aufgeladenen Lebensvollzugs nicht enthüllen, sondern vielmehr verstellen. Denn dann stünde der äußere Zweck im Vordergrund und die Person, um die es eigentlich geht, würde dahinter verschwimmen oder gar verschwinden. Es kann dann auch nur schwer eine gemeinsame Sprache zwischen den Partnern gefunden werden – ein Bemühen, das nur gelingen kann, wenn die Bereitschaft vorhanden ist, auf den anderen hin zu hören, und zwar so, dass auch die feinen Zwischentöne nicht überhört oder falsch gehört werden.[23] Der Weg zum Verstehen führt über das Hören, so dass der Philosoph Hans-Georg Gada-

---

23 Vgl. Hans-Georg Gadamer: Die Unfähigkeit zum Gespräch. In: Gesammelte Werke, Bd. 2. Tübingen: Mohr Siebeck 1993, S. 214.

mer sagen kann, »auf den anderen zu hören scheint mir die eigentliche Erhebung des Menschen zur Humanität«.[24]

Grenzen des Verstehens

Empathische Interaktion kann viel bewirken, sie kann viele Hürden des Sich-Nicht-Verstanden-Fühlens nehmen, viel an Ermutigung und Ermächtigung zur Wiedergewinnung verlorener Autonomie und Selbstbestimmung erzielen. Aber trotz aller Bemühung um Verstehen und um Verstanden-Werden wird ein Rest an Fremdheit, wird eine Differenz des Verstehens bleiben. Wir haben es in der Sprache mit einer eigentümlichen Ambivalenz zu tun, die Liebrucks in folgender Formel zum Ausdruck brachte: »Die Sprache verbindet die Getrennten, wie sie allerdings auch die Verbundenen trennt«.[25] Was damit gemeint ist, ist Folgendes: Sprechen bedeutet immer einen Schritt des Zurücktretens aus der Unmittelbarkeit der Dinge oder Menschen. Dadurch entsteht zunächst Distanz, die wiederum von den Partnern gemeinsam überwunden werden muss, um Verbundenheit herzustellen. Diese Verbundenheit, ja Innigkeit zwischen Menschen ist nur um den Preis der Überwindung dieser notwendigerweise jedem sprachlichen Akt eingeschriebenen Distanz zu haben. Wenn dieser Prozess misslingt, dann kommt es zu Missverständnissen und Kommunikationsstörungen. Empathische Kommunikation steht vor der gleichen Herausforderung der Ambivalenz von Sprache, die zunächst trennt, um dann im Verstehen zu verbinden, wie alle anderen Formen sprachlicher Beziehungen auch. Dazu kommt: Die Alterität, also Andersheit des anderen macht das Verstehen – so auch das empathische Verstehen – zu einem höchst fragilen Unterfangen,

---

24 Ebd.
25 Bruno Liebrucks: Sprache und Bewußtsein, Bd. 2. Frankfurt am Main: Akademische Verlagsgesellschaft 1965, S. 10. Zit. nach Woschnak, »Handle sprachlich«, S. 213.

um das man sich zwar unablässig bemühen muss, das aber dennoch – trotz allen Bemühens – von ständigem Scheitern bedroht ist. Selbst wenn der andere die eigene, mir vertraute Sprache spricht, so teilt er doch nicht mit mir denselben Verstehensraum, weil niemand mit einem anderen dieselben Vorstellungen, dieselben subjektiven Bedeutungen teilt. So enthält, wie schon Humboldt anmerkte, jedes Verstehen immer zugleich auch ein Nicht-Verstehen.[26] Es bleibt trotz aller Bemühungen um Verstehen ein Rest an Nicht-Verstehen, worin uns der andere letztlich fremd bleibt. Mit dieser Differenz, diesem mehr oder minder großen Rest an Nicht-Verstehen müssen wir leben. Und das ist auch nicht weiter schlimm.

> »Dieser Rest muss [...] sein, er ist konstitutiv fürs Sprechen überhaupt. Jenes Nichtverstehen ist nämlich der nun einmal nicht wegzuräumende Rest einer lebens- und denk-notwendigen Alterität, die nicht nur bemerkenswert gut funktioniert, sondern die auch die Grundlage des menschlichen Lebens ist. Es ist der Preis für das Miteinandersein: Wenn die Menschen allein wären, brauchten sie nicht zu sprechen. Und auch wenn keine Differenz zwischen mir und dir wäre, brauchten wir nicht zu kommunizieren. Wir sprechen aber gerade, weil wir nicht allein sind und weil der andere verschieden ist.«[27]

Wer spricht, steht im Spannungsfeld dieser der Sprache immanenten und mit der Alterität unmittelbar verknüpften Ambivalenz. Die Chance des Verstehens, der Innigkeit der Verbindung, ist mit der immer gegenwärtigen Möglichkeit des Scheiterns durch Missverstehen und aufbrechender Differenz verknüpft. Das eine ist – jeder kennt dies aus seiner kommunikativen Alltagserfahrung zur Genüge – nicht ohne das andere zu haben. Gerade empathische Kommunikation ist nicht frei von dieser Dialektik. Das mitfühlende Wort kann scheitern, wenn es missverständlich gebraucht oder aufgefasst wird. Es kann beispielsweise vom anderen, an den es gerichtet ist, als herabwürdigend (miss-)verstanden oder als unecht

---

26 Vgl. Trabant, Was ist Sprache?, S. 57.
27 Ebd., S. 58.

und oberflächlich empfunden werden. So ist auch das mitfühlende Wort nicht davor gefeit, das Gegenteil dessen zu bewirken, was es eigentlich beabsichtigte. Jemand ist vom Schicksal eines ihm vertrauten Menschen so berührt, dass er mit ihm mitweint, während der Betroffene aber gerade in dieser Situation psychischer Belastung jemanden gebraucht hätte, der ihm Stütze ist und der nicht sein Leid durch die eigenen Tränen gleichsam verdoppelt. Oder umgekehrt: Jemand sucht nur das Gefühl des Aufgefangen-Werdens, der Geborgenheit, jemanden, der mit ihm weint, um einen Schicksalsschlag zu mildern, und sieht sich stattdessen mit ungebetenen Analysen, Ratschlägen und Vorschlägen – manchmal sogar Vorwürfen – konfrontiert. In beiden Fällen würde Sprache trennen, statt zu verbinden. So sehr die Alterität, die Andersheit des anderen eine unhintergehbare Bedingung und Voraussetzung jeder Ich-Du-Beziehung ist, so bleibt sie doch auch »Stachel im Fleisch« jeder Beziehung. Wir wollen zwar den anderen verstehen, müssen uns aber – trotz allen Bemühens – manchmal eingestehen, dass wir diesen Anspruch nie ganz einlösen können. Der andere bleibt trotz der Erfahrung empathischer Intimität der Nähe immer auch in gewissem Sinn der Fremde, jemand, der sich dem vollständigen Verstehen entzieht. Jede Beziehung und gerade auch jede empathische Beziehung muss mit dieser Erfahrung letztlicher Unverfügbarkeit des anderen rechnen, sie als unumgehbar anerkennen und auch aushalten.

Kommunikatives Gewissen

Die Achtsamkeit dem anderen gegenüber beginnt, so sagte ich, mit der Achtsamkeit gegenüber den gesprochenen Worten – Achtsamkeit gegenüber den eigenen Worten, wie auch gegenüber den Worten des Partners. Alles Verstehen kann sich nur auf Grundlage von Achtsamkeit, auch der Achtsamkeit gegenüber der Sprache entfalten. Diese kommunikative Achtsamkeit möchte ich mit dem Begriff des *kommunikativen Gewissens* belegen. Das kommunikative Gewissen begleitet als regulative Instanz unser kommunikatives Handeln und bleibt den sprachlichen Fehlleistungen und intersubjektiven Verfallsformen auf der Spur. Kommunikatives Gewissen bedeutet die nie zu Ruhe kommende Sorge um das der Person des anderen in ihrer jeweiligen Situation angemessene Wort. Wer sich um den anderen sorgt, der ist also zugleich mit der Herausforderung konfrontiert, sich um die Sprache seiner Sorge zu kümmern. Man könnte sagen: Das kommunikative Gewissen ist der Türhüter unseres Mundes. Dies gilt in besonderer Weise für die Sprache des Mitgefühls. Sie bedarf eines Höchstmaßes an Sensibilität für die meist unausgesprochenen Bedürfnisse hilfsbedürftiger anderer. »Menschlichkeit ist das Teilnehmen an dem Schicksal anderer Menschen«, formuliert es Kant, und er setzt fort: »Die Unmenschlichkeit ist, wenn man keinen Anteil an dem Schicksal anderer nimmt.«[28] Das wache Bewusstsein dafür, dass unsere Teilnahme am Schicksal anderer sprachlich vermittelt ist – dieses Bewusstsein ist mit dem Begriff des kommunikativen Gewissens gemeint. Ohne ein solches waches kommunikatives Gewissen läuft empathisches Sprechen Gefahr, hinter seinen kommunikativen Möglichkeiten zurückzubleiben und zur bloßen *façon de parler*, zur hohlen Phrase zu verkommen. Ohne waches kommunikatives Gewissen besteht die Gefahr, dass das eigene Sprechen weniger an der Person des Hilfsbedürftigen als an den eigenen Erwartungen und Interessen orientiert ist. Wie können und wie sollen wir dem hilfsbedürftigen, sich in Not und Bedrängnis befindlichen Mitmenschen durch unsere Worte gerecht werden? Sich durch diese Frage immer wieder aufs Neue herausfordern zu lassen, ist Aufgabe des kommunikativen Gewissens.

---

28 Immanuel Kant: Eine Vorlesung Kants über Ethik. Im Auftrage der Kantgesellschaft hrsg. von Paul Menzer. Berlin: Pan Verlag R. Heise 1924, S. 250. Zit. nach Karl Löwith: Das Individuum in der Rolle des Mitmenschen. Darmstadt: wbg 1962, S. 153.

Es gibt – wer wüsste dies nicht aus eigenem Erleben – Situationen des Leids, die in bestimmten Momenten keine Worte zulassen, bei denen die Sprache versagt und sich die richtigen Worte nicht einstellen. Vielfach ist es eine »stumme Sprache« – die stumme Sprache des Leids –, in der eine mitfühlende Begegnung des einen mit einem bedürftigen anderen stattfindet. Es fehlen plötzlich die richtigen Worte, um all das zum Ausdruck zu bringen, was in einem Menschen vorgeht, dem ein Unglück widerfahren ist. Dann wird die Sprache des Mitgefühls oftmals zur stummen, aber um nichts weniger intensiven Sprache. Wenn es einem die Sprache verschlägt, so argumentiert Gadamer, »dann heißt das, daß man so viel sagen möchte, daß man nicht weiß, wo beginnen. Das Versagen der Sprache bezeugt ihr Vermögen, für alles Ausdruck zu suchen.«[29] So kann selbst das sprachlose Mit-Sein mit dem anderen als Modus der Sprachlichkeit angesehen werden. Das stumme Einverständnis zwischen dem einen und dem anderen ist kein Einwand gegen die grundsätzliche Sprachlichkeit des Verstehens im Allgemeinen und der Sprachlichkeit des empathischen Verstehens im Speziellen. Vielmehr ist es so, dass dieses stumme Einverständnis, der Sprache erst »ihre Weite und Universalität sichert«, wie Gadamer hervorhebt.[30] Die Sprache verlässt uns nicht im Schweigen, sie gibt sich bloß einen anderen Modus. Wenn – was gar nicht so selten vorkommt – im Angesicht von Unglück, Kummer und Not die Worte versagen, dann kommt die Sprache vielleicht ihrer existenziellen, bedeutungsstarken, verbindenden und leidmindernden Kraft am nächsten.

---

29 Hans-Georg Gadamer: Sprache und Verstehen. In: Gesammelte Werke, Bd. 2. Tübingen: Mohr Siebeck 1993, S. 185.
30 Ebd., S. 186.

10

Anteilnehmende Fürsorge

Unser Dasein ist Dasein in Sorge. Sorge ist der dunkle Schatten, der uns durch unser Leben hindurch bis zum Tod begleitet. Sie vermag sich das Denken zu unterwerfen und das Fühlen zu okkupieren. Fürsorge hat ihre Aufgabe auch darin, den anderen im Umgang mit seinen Sorgen zu stärken, also eine kommunikative Beziehung der Ermächtigung und des (Selbst-)Vertrauens zu pflegen.

Die Kunst empathischer Kommunikation steht im Dienst der Fürsorge, der Sorge um die quälende Sorge des anderen. Sind Mitgefühl und eine Sprache des Mitgefühls nicht in der Fürsorge verankert, verkommt Mitgefühl leicht zur flüchtigen Pose und das mitfühlende Wort zur hohlen Phrase.

Existenzielle Grundbefindlichkeit

Sorge prägt die menschliche Existenz. Schon in der Philosophie und Mythologie der Antike nimmt die Sorge – griechisch *epimeleia*, lateinisch *cura* – einen prominenten Platz ein. In seiner 220. Fabel, der berühmt gewordenen Cura-Fabel, erzählt der römische Dichter Hyginus von der mythologischen Figur Cura, also der Sorge. In dieser mythologischen Erzählung, die prägenden Einfluss auf die Literatur und Philosophie hatte, wandert Cura über die vom Menschen noch unbewohnte Erde. Als sie auf tonhaltiges Erdreich stößt, formt sie daraus ein Gebilde, bittet den zu Rate gezogenen Göttervater Jupiter, diesem Gebilde Geist einzuhauchen, gerät aber mit ihm über die Frage in Streit, welchen Namen dieses nun mit Geist belebte Stück Erde tragen solle. Tellus, die Erde, reklamiert die Namensgebung ebenfalls für sich. Schließlich greift Saturn schlichtend ein und trifft eine für alle Beteiligte zufriedenstellende Entscheidung: Jupiter erhält nach dem Tod des Gebildes den Geist, den er verliehen hat, die Erde, aus der es gebildet wurde, bekommt den Körper geschenkt. Weil aber Cura, die »Sorge«, dieses Wesen zuerst gebildet hat, möge es – so der Richtspruch des Saturn – Zeit seines Lebens der »Sorge« gehören. Und da über den Namen Streit besteht, so möge es nach dem Urteil des Saturn *homo* (Mensch) heißen, da es aus *humus* (Erde) gemacht ist.

Johann Wolfgang Goethe verarbeitete die Cura-Fabel, die er von Herder übernahm, im zweiten Teil seines *Faust*, wo zur mitternächtlichen Stunde vier grauverschleierte Frauen Faust heimsuchen: die Not, der Mangel, die Schuld und die Sorge. Faust kann drei der bedrohlichen nächtlichen Besucherinnen aussperren, nur die Sorge nicht. Sie schleicht sich durchs Schlüsselloch der versperrten Türe ein. Alle Versuche Fausts, sie loszuwerden, nützen nichts:

»Wen ich einmal mir besitze,
Dem ist alle Welt nichts nütze,
Ewiges Düstre steigt herunter,

> Sonne geht nicht auf noch unter,
> Bei vollkommen äußern Sinnen
> Wohnen Finsternisse drinnen,
> Und er weiß von allen Schätzen
> Sich nicht in Besitz zu setzen.«

Die Sorge ergreift Besitz von Faust, der bis dahin sorglos lebte. »Die Menschen sind im ganzen Leben blind, nun Fauste werde du's am Ende.«[31] Sie haucht ihn an und Faust erblindet. Menschen können blind vor Sorge sein oder das Gefühl haben, von den Sorgen »aufgefressen« zu werden – das ist der Ernstfall für empathische Zuwendung und Fürsorge. Der Dalai Lama formuliert es so: »Bei der Empathie konzentriert man sich auf die Sorge um andere, und das führt zur Bereitschaft, ihnen im Maß unseres eigenen Vermögens zu helfen.«[32]

Martin Heidegger bemüht in seinem Hauptwerk *Sein und Zeit* die Cura-Fabel zur Illustration seiner existenzial-ontologischen Ausführungen zur Sorge.[33] Im Unterschied zu unserem Alltagsverständnis von Sorge als besonderes Merkmal zwischenmenschlicher Beziehungen erkennt Heidegger in der Sorge die Grundbefindlichkeit menschlichen Daseins schlechthin, den grundlegenden Modus menschlichen In-der-Welt-Seins. Sorge bestimmt das Dasein des Menschen auf dreifache Weise: als »Besorgen« (im Vollzug der alltäglichen menschlichen Lebenspraxis), als »Fürsorge« gegenüber anderen und als »Selbstsorge«. Menschliches Dasein – Existenz – ist immer Existenz im Miteinandersein. Dieses Miteinandersein wird durch verschiedene Arten der Fürsorge gestaltet. Dazu gehören nach Heidegger vor allem die »einspringende Fürsorge« und die »vorausspringende Fürsorge«.[34] Erstere besteht darin, dem an-

---

31 Johann Wolfgang Goethe: Faust. Kommentiert von Erich Trunz. München: Beck 1996[16], S. 345 (Der Tragödie zweiter Teil. Akt V, Mitternacht).
32 Dalai Lama, Empathie, S. 33.
33 Vgl. Martin Heidegger: Sein und Zeit. Tübingen: Max Niemeyer 2006[19], § 42, S. 197 f.
34 Vgl. ebd., § 26, S. 122.

deren die mit einem Lebensentwurf zusammenhängenden Tätigkeiten und Lasten abzunehmen, für ihn einzuspringen. Mit der einspringenden Fürsorge ist aber die Gefahr der Bevormundung verbunden. Der auf einspringende Weise umsorgte Mensch wird in seiner Selbstständigkeit, in seiner Unabhängigkeit, also in seiner Möglichkeit des *Selbstseinkönnens* beschränkt. Das kann dazu führen, dass der andere zum Abhängigen und Beherrschten wird, »mag diese Herrschaft auch eine stillschweigende sein und dem Beherrschten verborgen bleiben.«[35] Heidegger zufolge sollte die Fürsorge nicht dazu dienen, dem anderen die Sorge *um* sich abzunehmen, sondern ihm dazu verhelfen, diese Sorge *für* sich, so gut wie möglich und soweit es die jeweilige Situation zulässt, anzunehmen. Das kann durch eine *vorausspringend-befreiende* Fürsorge geschehen. Sie hat ihre Aufgabe darin, den anderen darin zu unterstützen, sich der Sorge zu stellen und sich in ein selbstbestimmtes Verhältnis zu ihr zu setzen. Diese Form der Fürsorge »verhilft dem Anderen dazu, *in* seiner Sorge sich durchsichtig und *für* sie *frei* zu werden.«[36] Denn die eigentliche Fürsorge beschränkt sich nicht darauf, etwas für den anderen zu *besorgen* (Kleidung, Nahrung, Medikamente, Körperpflege usw.), sondern sie ist primär Sorge um die *Existenz* des anderen. Die Sorge gilt also wesentlich dem *Selbst* des Menschen. Dieser Grundgedanke ist freilich nicht neu, sondern seit der Philosophie der Lebenskunst der griechischen und römischen Antike unter dem Begriff der *Selbstsorge* Gegenstand der Betrachtung. In der griechischen und römischen Antike hat die Sorge primär mit dem Selbst des anderen wie mit dem eigenen Selbst zu tun.

In meinen weiteren Überlegungen greife ich den Gedanken auf, zwischen »einspringender« und »vorausspringender« Fürsorge zu unterscheiden, um ihn für meine Überlegungen zur grundlegenden Sorgestruktur empathischer Kommunikation fruchtbar zu machen. Im Gegensatz zu Heideggers Bestimmung von Sorge als onto-

---

35 Ebd.
36 Ebd.

logische Struktur menschlichen Daseins verstehe ich Sorge und Fürsorge im weiteren Verlauf unserer Überlegungen als wesentlich kommunikative Phänomene. Sorge ist immer eine Weise der Bezogenheit des Menschen auf sich selbst, auf andere Menschen und auf die Welt. Sie hat daher eine zutiefst kommunikative Grundstruktur und man kann sagen, dass Sorge und Fürsorge genuin kommunikative Phänomene sind. *In-Sorge-Sein* heißt, in sprachlich vermittelter Beziehung zu sein – zu sich selbst, zu anderen und zur Welt. Es gibt also keine von Sprache unabhängige Sorge. Sorge und Fürsorge sind nicht ontologisch gesetzt, sondern *sprachlich konstituiert*. In diesem Sinn sehe ich in der einspringenden und der vorausspringenden Fürsorge keine existenzial-ontologischen, sondern genuin kommunikative Modi der Fürsorge. Menschsein bedeutet wesentlich, in Kommunikation mit anderen zu sein, worin Sorge und Fürsorge eingebettet sind. Wir sorgen uns um uns selbst, weil wir als vernünftige Wesen mit uns und im Gespräch mit uns in eine kritisch-reflexive Beziehung eintreten können. Wir sorgen uns um andere, weil der andere – noch vor allem Sprechen – Appell an uns selbst ist. Wir sorgen uns um die Welt, weil sie eine Welt von sprachlich vermittelten Bedeutungen ist.

Du bist die Aufgabe

Es ist eine alte, bis in die griechisch-römische Zeit zurückreichende Idee, das eigene Leben nicht bloß als Vorgang zu verstehen, der einfach nur abläuft oder der einem bloß widerfährt, sondern Leben wird seit der Antike als *Aufgabe* gesehen, als etwas, das der besonderen Zuwendung und Fürsorge bedarf. Leben ist ein Vorgang der produktiven Gestaltung. Friedrich Nietzsche hat davon gesprochen, dass, so wie der Künstler sich in seinem Kunstwerk selbst die Regeln seines Schaffens gibt, auch der nicht-künstlerisch tätige Mensch sein Leben frei vom Zwang äußerer Normen aktiv gestalten soll. Es gelte, das Leben als kreatives, schöpferisches Unternehmen der Selbsterfahrung zu begreifen. Die Programmatik der antiken Philosophie der Lebenskunst lässt sich in einem einzigen Imperativ zusammenfassen: *Du selbst bist die Aufgabe.*[37] Lebenskunst – das war in der Antike der Inbegriff der Sorge um sich, die in der Aufforderung »Erkenne Dich selbst« zum Ausdruck gebracht wurde. Wobei diese Sorge den Charakter von Reflexivität enthielt:

> »Es ist die Lebenskunst, die das unreflektiert dahingleitende Dasein zu erschüttern und zur Reflektion seiner selbst zu bringen vermag. Lebenskunst, die nicht lediglich die Erhaltung und Unterhaltung des Lebens im Blick hat, sondern seine Steigerung.«[38]

Man könnte sagen: Lebenskunst besteht auch heute noch darin, das Selbst des Menschen aus den Ablenkungen, Abhängigkeiten und damit aus der *Uneigentlichkeit* der äußeren Bedingungen des faktischen Weltumgangs des Menschen zu seiner *Eigentlichkeit* zu befreien.

In der griechischen Kultur – angefangen von den Vorsokratikern über Sokrates, Platon, die Sophisten, Aristoteles, Epikur, die Stoikern bis zu Marc Aurel – nahm die Sorge um sich und das eigene Seelenheil einen zentralen Stellenwert ein. Vor allen anderen aber war es Sokrates, der als *spiritus rector* dieser Kultur seiner selbst, als »Meister der Sorge um sich« (M. Foucault) angesehen werden kann. Von da an entfaltete sich, wie Michel Foucault aufzeigte, das Thema der Lebenskunst mit ihrer Maxime der Selbstsorge durch die Jahrhunderte der Kultur- und Philosophiegeschichte hindurch. Selbstsorge, so entschlüsselte Foucault die

---

37 Einer von Franz Kafkas Aphorismen vom November 1917 lautet: »Du bist die Aufgabe. Kein Schüler weit und breit.« Die Aufgabe war für Kafka identitätsstiftend, wie er 1922 notiert: »Dass unsere Aufgabe genauso gross ist wie unser Leben, gibt ihr einen Schein von Unendlichkeit.« Franz Kafka: Du bist die Aufgabe. Aphorismen. Hrsg. von Reiner Stach. Göttingen: Wallstein 2019², S. 46 f.

38 Wilhelm Schmid: Auf der Suche nach einer neuen Lebenskunst. Die Frage nach dem Grund und die Neubegründung der Ethik bei Foucault. Frankfurt am Main: Suhrkamp 2000, S. 27.

Selbstkultur der Antike, meinte Techniken der *Selbstkonstituierung*. Das Selbst war bei den Griechen etwas, um das man sich zu kümmern hatte – eine Selbstverpflichtung, sich selbst und auch der Stadt, der Polis gegenüber.[39] Denn das Individuum ist damals wie heute dazu aufgerufen, nicht nur *Subjekt des Wissens*, also epistemisches Subjekt, sondern vor allem auch *ethisches Subjekt* zu sein. In Form eines asketischen Selbstverhältnisses hat es

> »eine bestimmte Arbeit an sich selbst zu leisten [...] und ist fähig zur beständigen Veränderung seiner selbst, die mit der Arbeit des Wissens einhergeht. Die Ausarbeitung von Lebensformen ist die Aufgabe der Askese, um den Übergang von der passiven, normierten, zur aktiven, ethischen Form der Selbstkonstituierung zu vollziehen. Darin ist die Grundvoraussetzung einer freiheitlichen Gesellschaft, in der das Individuum im Mittelpunkt steht, zu sehen. Denn es gibt keine Freiheit *an sich*, sondern nur eine Praxis der Freiheit und eine Einübung in die Freiheit, die asketischer Techniken bedarf«.[40]

Selbstsorge und Sorge um den anderen bedingen einander wechselseitig. Niemand kann die Arbeit am eigenen Selbst leisten, ohne gleichzeitiges Bewusstsein der Mitverantwortlichkeit für andere.

Selbstseinkönnen

Fürsorge ist in besonderer Weise am Wohl des anderen orientiert. Dieses Wohl kann sich im Modus des Besorgens und Versorgens, also des Bereitstellens ideeller, sozialer oder materieller Zuwendungen erschöpfen; oder sie kann die Existenz des anderen im Blick haben und dazu beitragen, dass sich der andere in Beziehung zu seinem Selbst setzen kann. Um einen modernen Begriff zu verwenden: Fürsorge bedeutet auch *Empowerment*, Ermächtigung, sich zu sich selbst und zu den eigenen Sorgen in ein kreatives Verhältnis zu setzen. Das Selbst des Menschen ist nicht etwas Fixes, Vor-

---

39 Vgl. ebd., S. 250.
40 Ebd., S. 382.

gegebenes, sondern etwas Wandelbares, das in der Beziehung des Subjekts zu sich und zu anderen Menschen gebildet wird. Selbst ist ein sich dynamisch verändernder Prozess des Wählens und Entscheidens zwischen Möglichkeiten. Søren Kierkegaard beschrieb das Selbst als ein Verhältnis, das sich zu sich selbst verhält. Der Mensch sei eine Synthese polarer Gegensätze, eine Synthese von Unendlichkeit und Endlichkeit, von Zeitlichem und Ewigem, von Freiheit und Notwendigkeit.[41] Aber diese Synthese, dieses Verhältnis zwischen den existenzbestimmenden Gegensätzen, macht noch nicht das Selbst des Menschen aus. Der Mensch erwirbt sein Selbst erst dadurch, dass er sich bewusst zu diesen gegensätzlichen Verhältnissen seiner Existenz verhält. Nach Kierkegaard liegt die eigentliche Verzweiflung, die er in seinem Werk *Die Krankheit zum Tode* adressiert, nicht darin, *über etwas* zu verzweifeln, sondern darin, *über sich selbst* zu verzweifeln.[42] Wenn wir an Krankheit denken, die ein zentrales Bezugsfeld für Fürsorge ist, dann besteht die besondere kommunikative Aufgabe darin, nicht im Umstand der Krankheit selbst die eigentliche Quelle von Verzweiflung zu sehen, sondern in der mit Krankheit, Unglück oder Verlusterlebnissen usw. einhergehenden Veränderung des Verhältnisses zu sich selbst. Krankheit und ähnliche existenzielle Grenzerfahrungen mehr lassen den Menschen nicht mehr er selbst sein, nicht mehr der sein, der er sein möchte und der er einmal war. Die quälende Verzweiflung liegt darin, krankheitsbedingt oder aufgrund anderer einschneidender Erlebnisse ein Selbst sein zu müssen, das man nicht sein will. Fürsorge, die sich nicht im bloßen Versorgen erschöpfen möchte, hat ihre wichtige kommunikative Aufgabe darin, dieser existenziellen Dimension einer erschütterten Selbstbeziehung Aufmerksamkeit zu schenken. Das kann nur dadurch gelingen, dass gegen die Erfahrung von Selbstentfremdung, Sinnverlust

---

41 Vgl. Søren Kierkegaard: Die Krankheit zum Tode. In: Der Begriff Angst / Die Krankheit zum Tode. Hrsg. von Thomas Sören Hoffmann. Wiesbaden: Marix 2005, S. 214 f.
42 Vgl. ebd., S. 222.

und Ohnmacht die Frage nach dem *Selbstseinkönnen* im Miteinandersein und Miteinandersprechen präsent bleibt.[43]

Der Mensch ist seinem Wesen nach ein *Sein-Können* und nicht ein schon fertiges Sein. Er entwirft sich auf Möglichkeiten hin, die er ergreift und im Ergreifen wirklich werden lässt. Darin erkennt sich der Mensch als Aufgabe an sich selbst. Auf diesen Aufgabencharakter des Lebens hat auch Viktor Frankl hingewiesen: »Das Leben selbst ist es, das dem Menschen Fragen stellt, Er hat nicht zu fragen, er ist vielmehr der vom Leben her Befragte, der dem Leben zu antworten – das Leben zu ver-antworten hat.«[44] Fürsorge hat ihre Aufgabe auch darin, für die Fragen, die das Leben stellt, zu sensibilisieren. Sie kann, wo immer auch Fürsorgebeziehungen eingegangen werden – in der Lebenspartnerschaft, in freundschaftlicher Begegnung, in der medizinischen und pflegenden Betreuung, in der Eltern-Kind-Beziehung usw. –, keine stellvertretenden Antworten auf diese Lebensfragen geben. Worauf es ankommt, ist, dass die Fürsorge einen Kommunikationsraum schafft, in dem sich die Partner den Fragen des Lebens und den das Leben begleitenden existenziellen Erschütterungen öffnen können. Das ist Aufgabe der *vorausspringend-befreienden* Fürsorge, von der weiter oben die Rede war.

Es gibt Situationen, in denen gar nichts anderes übrig bleibt, als stellvertretend für die bedürftige Person zu handeln, eben für sie einzuspringen, ihr die Last der Sorge um die Gestaltung der eigenen Existenz abzunehmen – selbst um den Preis einer sowohl den Fürsorgenden als auch den Fürsorgeempfänger bindenden Abhängigkeit. Dort, wo die Möglichkeiten physischer oder mentaler Selbstbestimmung nicht mehr oder nicht in ausreichendem Maße gegeben sind – etwa bei der Betreuung von Menschen, die an fortgeschrittener Demenz leiden –, wird es keine Alternative zur *einspringenden*

---

43 Die Ausführungen folgen Überlegungen, die ich an anderer Stelle im Zusammenhang mit der Frage nach den möglichen Bedingungen einer empathischen Arzt-Patienten-Beziehung zum Thema gemacht habe. Vgl. Gottschlich, Medizin und Mitgefühl, S. 227–229.
44 Viktor Frankl: Ärztliche Seelsorge. Wien: Deuticke 1995, S. 96.

Fürsorge geben. Dennoch darf auch unter solchen schwierigen Bedingungen Fürsorge nicht zur verdeckten Herrschaft über den anderen führen. Die Abhängigkeit des Pflegebedürftigen von der pflegenden Person darf nicht zum Freibrief für entwürdigendes Machtgehabe oder infantilisierende Gehorsamsrituale werden. Dass hier die Übergänge zwischen fürsorglicher Zuwendung und Beherrschung nahtlos sind, dafür liefern geriatrische Institutionen und deren Pflegepraxis leider viel zu oft reichlich Anschauungsmaterial.

Die *einspringend-beherrschende* Fürsorge wird sich eher eines Kommunikationsmodus der sublimen Steuerung bedienen und kodifizierten Schemata der Beurteilung folgen. Jeder objektivierenden Sicht des anderen – egal ob in der Medizin, in der Pflege, der Pädagogik oder der Partnerbeziehung usw. – wohnt aber die Tendenz zur Verselbständigung inne, die über den anderen hinweggeht, ihn letztlich aus den Augen verliert, ihm jedenfalls nicht in seinem So-Sein gerecht wird. Die kommunikative Beziehung der einspringend-beherrschenden Fürsorge ist keine wirkliche Beziehung *mit* dem anderen, sondern *an ihm vorbei*. In der *einspringend-bevormundenden* Fürsorge gerät der andere automatisch in die Position des Objekts der Beziehung, für den etwas getan oder nicht getan wird. Er wird zum Gegenstand reflektierender Betrachtung, und darin liegt bereits der Keim der Bevormundung. Denn die Gefahr besteht, dass sich das reflexiv-distanzierende Verhältnis verselbstständigt und ein durch Routine verengter und schablonisierter Blick den anderen als Subjekt übersieht. Bevor derjenige, der die Fürsorge empfängt, die Möglichkeit erhält, in eine unmittelbare Beziehung des Miteinanderseins zu treten, wird er schon zum distanzierten Objekt der Beurteilung. Hans-Georg Gadamer sieht in der verobjektivierenden Betrachtung eine Zerstörung wahrhafter Intersubjektivität: »Das Ich kommt der Antwort des Du bereits zuvor, weil es sich in seinem Verhalten zum anderen in Wahrheit schon zu dem Verhältnis selbst verhält.«[45] Das System der Hilfe funktioniert vielfach unter diesen Bedingungen einer kommunikativen Praxis, die mit vor-

---

45 Gadamer, Ich und Du (Karl Löwith), S. 237.

gefertigten Schemata der Wahrnehmung und des Sprechens operiert, ohne dass dem Hilfsbedürftigen die Möglichkeit zur kommunikativen Selbstdarstellung eingeräumt wird:

> »Anstatt sich an die Präsenz des Gegenübers zu halten und von seiner Antwort abhängig zu machen, reflektiert das Subjekt über den Rahmen des unmittelbaren Miteinanders hinaus, um es als solches wie einen Gegenstand vor sich zu haben; die dadurch ermöglichte Nachaußenverlagerung erlaubt eine gleichsam objektivierende Sicht, in der die Ansprüche des Anderen gedeutet werden können, ohne ihn überhaupt zu Wort kommen zu lassen.«[46]

Im Gegensatz dazu sollten Beziehungen echter Fürsorge dem Prinzip wechselseitiger Teilhabe und Anteilnahme am anderen folgen – sie sollten sich also als Prozess *partizipativer Intersubjektivität* verstehen.

Partizipative Intersubjektivität

Partizipative Intersubjektivität hat zur Voraussetzung, den anderen nicht zu klassifizieren, ihn zu beurteilen und damit zum Objekt zu machen, sondern ihn gerade aus seinem Objektcharakter zu lösen und so dessen verborgenes Subjekt-Sein zum Durchschein zu bringen. Denn selbst wenn man den anderen auch nur zum bloßen Thema – z. B. des medizinischen Interesses – macht, verfehlt man ihn als Subjekt. Man spricht nicht *mit* ihm, sondern *zu* ihm und *über* ihn und verfehlt damit den Charakter eigentlicher Intersubjektivität, nämlich Verbundenheit herzustellen. Dazu sagt der französische Philosoph Emmanuel Lévinas: »Es bedarf der sprachlichen Beziehung, um ihn sein zu lassen, dazu achtet ihn die bloße Enthüllung, in der er sich als Thema darstellt, nicht genug.«[47] Da ist

---

46 Honneth, Unsichtbarkeit, S. 61 f.
47 Emmanuel Lévinas: Außer sich. Meditationen über Religion und Philosophie. München: Hanser 1991, S. 145.

der andere zwar enthüllt, als Gegenstand des reflexiven Urteils gleichsam durchschaut, aber nicht in seinem So-Sein anerkannt. Wenn Fürsorge auch darin besteht, dem Menschen zu seinem Selbstseinkönnen zu verhelfen, dann kann dies nur in der sprachlich-kommunikativen Beziehung des Anteilnehmens und Anteilgebens geschehen. Was darin nämlich zum Durchschein kommt, ist ein Bewusstsein der Gemeinsamkeit menschlicher Existenz und eines existenziellen Aufeinander-angewiesen-Seins. Aus diesem Bewusstsein speist sich schließlich jene solidarische Haltung der Verletzten und Verletzbaren, die die ethische Grundlage jeglichen fürsorglichen Handelns ist. Darin erst ist jede Versuchung, Fürsorgebeziehungen als Beziehung der Über- und Unterordnung, also als Machtbeziehung misszuverstehen, wenn schon nicht gebannt, so doch zumindest erschwert.

Anteilnehmende Fürsorge beruht auf drei kommunikativen Voraussetzungen, ohne die wechselseitige Teilhabe nicht gelingen kann: der Vergegenwärtigung, dem Verstehen und dem (Selbst-) Vertrauen. *Vergegenwärtigung* ist eine Frage des Vorstellungsvermögens: Der eine versucht, sich in die Situation des anderen hineinzuversetzen, dessen Lebensbühne zu betreten, dessen Perspektive einzunehmen, dessen Erleben nachzuerleben und dessen Empfinden – so gut wie möglich – nachzuempfinden. Vergegenwärtigung holt ein Geschehen aus der Vergangenheit in die Gegenwart, so dass der eine mit dem anderen das erlebte Geschehene mitvollziehen, es teilen kann. Was zunächst nur Erleben des einen war, wird nun für den anderen wahrnehmbar – als wahr annehmbar. Der eine bietet dem anderen die Gelegenheit, das Geschehene, das Erlebte und vielleicht Erlittene zu gegenwärtigen, es sich und dem anderen im Sprechen vor Augen zu führen. Vergegenwärtigung dient dabei nicht nur der Mitteilung des Erlebten, sondern im miteinander sprechen zugleich auch seiner psychischen Verarbeitung.

Alles *Verstehen* setzt Vergegenwärtigung voraus – sei es als Imagination, ohne dass viele Worte gesprochen werden, sei es als Vorstellung, die sich durch die gesprochenen Worte, z. B. eine Krankengeschichte, oder den erzählten Hergang eines Unglücks, vermittelt. Wir können aber nur verstehen, wenn wir bereit zum Perspektivenwechsel sind. Verstehen ist kein passiver Vorgang des Empfangens, sondern ein Prozess wechselseitigen Anteilnehmens und Anteilgebens. Im Verstehen begegne ich nicht nur dem anderen, sondern auch mir selbst. Ebenso geht es dem anderen, dem meine Reaktionen auf ihn und seine Äußerungen dazu dienen, sich selbst besser zu verstehen.

Dieser mehrdimensionale, reziproke Vorgang sprachlich vermittelter Kooperation ist es wiederum, der die Grundlage für *Vertrauen* schafft – Vertrauen dem anderen gegenüber und auch Vertrauen sich selbst gegenüber im Umgang mit den eigenen quälenden und lähmenden existenziellen Sorgen. Vertrauen ist aber nicht nur eine besondere Qualität zwischenmenschlicher Beziehungen, eine Schlüsselvariable wahrhafter Intersubjektivität, sondern gerade deswegen auch ein wichtiger Faktor für das psychische und physische Wohlbefinden von Menschen. Vertrauen ist eine starke positive und damit heilswirksame Überzeugung, die im Verlangen besteht, jemandem, einer Sache, einer Idee oder Gott und seiner göttlichen Führung Glauben schenken zu wollen. Die moderne Psychoneuroimmunologie liefert eindrucksvolle Beispiele dafür, wie Überzeugungen, Gedanken und Vorstellungsbilder körperliche Prozesse beeinflussen können. Der Glaube an eine hilfreiche Behandlungsmethode, die Überzeugung und Zuversicht des Arztes, seine positiven und anteilnehmenden Worte und das Vertrauen des Patienten können auf diese Weise der Mobilisierung innerer Heilkräfte dienen.[48] So wie Heilen Vertrauen braucht, braucht auch Fürsorge ein kommunikatives Klima des Vertrauens. Ohne wechselseitiges Vertrauen kann Teilhabe nicht gelingen. Nur wer vertraut, öffnet sich dem anderen gegenüber, denn wer sich öffnet, ist seelisch verletzbar. Fürsorgebeziehungen beruhen auf Vertrauen, fehlt dieses, dann kommt Fürsorge über den Modus des

---

48 Vgl. dazu meine Ausführungen in Gottschlich, Medizin und Mitgefühl, S. 196–203.

Besorgens und Versorgens nicht hinaus und die sorgegesättigten psychischen und emotionalen Bedürfnisse des Menschen bleiben unberücksichtigt und unbefriedigt.

Vom Beobachter zum Teilnehmer

Fürsorge ist eine anteilnehmende Kommunikationspraxis, die auf dem Weg der Vergegenwärtigung, des Verstehens und des Vertrauens in der Krise und durch sie hindurch das Selbstseinkönnen des Menschen auf selbstbestimmte und selbstverantwortete Weise möglich werden lässt. Oder knapper formuliert: Fürsorge ist eine partizipative Haltung mit dem Ziel größtmöglicher Selbstbestimmung in existenziellen Krisen. Darin, so werde ich im nächsten Kapitel zeigen, steht Fürsorge und eine empathische Kommunikation der Fürsorge immer auch unter dem ethischen Imperativ der Würde des Menschen. Aus der den anderen objektivierenden Beobachterperspektive heraus kann Fürsorge als empathischer Prozess der Teilhabe nicht gelingen. Fürsorge bedeutet immer auch *Perspektivenwechsel*. Ohne die Bereitschaft zur Perspektivenübernahme gelingt überhaupt keine Form echter Intersubjektivität. Denn vernünftige Kommunikation und mit ihr die Teilnahme am sozialen Leben werden erst dadurch möglich, dass sich menschliche Subjekte »in die Perspektive ihres jeweiligen Gegenübers versetzen, dessen Wünsche, Einstellungen und Überlegungen sie als Gründe seines Handelns zu verstehen gelernt haben«.[49] Ohne Perspektivenübernahme wäre das Verstehen der Handlungen anderer unmöglich. Wer bloß Beobachter ist, der steht dem anderen »gegenüber«, währenddessen die ethische und kommunikative Herausforderung darin liegt, *mit* dem anderen *in* der Situation und *an seiner Seite* zu stehen.

---

49 Axel Honneth: Verdinglichung. Frankfurt am Main: Suhrkamp 2005, S. 36 f.

Es kommt darauf an, das eigene empathische Sprechen, das in der Sorge um den anderen wurzelt, als ein Sprechen zu verstehen, das nicht von der Beobachterposition aus erfolgt, sondern aus der *Teilnehmerperspektive*, die sich im Vergegenwärtigen, im Verstehen und im Vertrauen konkretisiert. Beobachterperspektive meint immer Distanz, sie macht den anderen zum Objekt, zum Thema. Nur in der Teilnehmerperspektive kann auch jenes Wir einer solidarischen Beziehung entstehen, das nicht nur jede empathische Beziehung, sondern auch die anteilnehmende Fürsorge kennzeichnet. In diesem Wir stehen die Partner einer Beziehung der Fürsorge in einem Verhältnis existenzieller Verbundenheit. Es ist dies eine Verbundenheit, die allem fürsorglichen Handeln zugrunde liegt: *Ich bin, genauso wie Du, verletzliches Subjekt – ich stehe Dir bei, wie auch ich hoffe, dass mir in Not einmal beigestanden wird.* Erst im Bewusstsein oder Ahnen dieser existenziellen Verbundenheit und Solidarität gewinnt die teilnehmende Fürsorgepraxis ihre schöpferische und auch therapeutische Kraft. Einem solchen existenziellen Verständnis anteilnehmender Fürsorge ist jedes kalkulatorische Interesse am anderen fremd.[50] Echte Fürsorge ist daher eine Absage an jegliche Form der Instrumentalisierung des anderen. Darauf sollte die empathische Sprache Rücksicht nehmen. Wir begegnen hier nochmals dem im vorigen Kapitel behandelten Prinzip der sprachlichen Achtsamkeit. Die Sorge um sich selbst und um andere sollte immer zugleich auch die Sorge um die Güte unserer sprachlichen Beziehungen beinhalten. So sind Sorge und Fürsorge immer zugleich auch reflexiv auf die Praxis ihrer sprachlich-kommunikativen Vermittlung bezogen. In der Frage nach ihrer adäquaten kommunikativen Vermittlung werden Sorge und Fürsorge selbstreflexiv – machen sie sich selbst zum Gegenstand der Betrachtung. Die Frage, auf welche Weise ich für den anderen sorgen kann, schließt die weiterführende Frage mit ein, wie ich mit ihm sprechen soll, um seine – z. B. krankheitsbedingt – verminderte Fähigkeit zur Selbstbestimmung und Selbstverantwortung zu stärken und nicht noch weiter zu schwächen.

---

50 Ebd., S. 36.

10 Anteilnehmende Fürsorge

Anteilnehmende Fürsorge hat nicht die Leitmelodie des Klagens, Bedauerns oder Bemitleidens. Vielmehr sieht sie ihre vornehme Aufgabe darin, jene Möglichkeitsräume zu öffnen, in denen sich ein selbstbestimmtes Seinkönnen im ständigen Zwiegespräch und in wechselseitiger Teilhabe entfalten kann. Sie trägt dazu bei, dass sich der Mensch, dem die Fürsorge gilt, in ein reflexives Verhältnis zu sich selbst und seinen existenziellen Sorgen setzen und sich solcherart selbstbestimmen kann. Dem Psychotherapeuten stehen dazu bewährte Methoden der Gesprächsführung zur Verfügung. Dem Laien bleiben aber immerhin sein Mitgefühl und mitfühlendes Wort. Der bekannte Psychotherapeut Otto Kernberg verweist bei depressiven Verstimmungen, Ängsten, Liebesenttäuschungen, der Erfahrung persönlichen Versagens und ähnlichen negativen und quälenden Gefühlszuständen auf die Kraft des freundschaftlichen Gesprächs und nicht primär auf die Angebote zur Psychotherapie, weil solche Gefühle durchaus normal und nicht therapiepflichtig sind.[51] Dass wir aber gerade bei solchen Anlässen, in denen echtes Mitgefühl und mitfühlendes Sprechen gefordert wäre, oftmals nicht mehr zustande bringen als hilfloses Gestammel oder die Flucht in hohle Phrasen toxischer Positivität, hängt damit zusammen, dass wir uns mit dem Perspektivenwechsel so schwertun. Oftmals sind wir vom Gewicht unserer eigenen Sorgen so beschwert, dass der Perspektivenwechsel vom Ich zum Du nicht gelingt. Aber genau auf diese Fähigkeit und Bereitschaft des Wechsels von der Beobachter- zur Teilnehmerperspektive kommt es an. Perspektivenübernahme ist die unverzichtbare Voraussetzung für das Gelingen wahrhafter empathischer Intersubjektivität, in die alles fürsorgliche Handeln eingebettet ist.

Bei der Abschlussprüfung eines Lehrgangs für angehende Pflegekräfte wurde eine Kandidatin mit folgendem praxisrelevanten Fall konfrontiert: Stellen Sie sich vor, fragte ein Prüfer, Sie betreuen eine Frau, die aufgrund einer Krebsdiagnose eine Brustent-

---

51 Vgl. Manfred Lütz: Was hilft Psychotherapie, Herr Kernberg? Freiburg im Breisgau: Herder 2020, S. 30.

fernung hatte und die so sehr an ihrem Aussehen leidet, dass sie sich nicht in den Spiegel schauen kann. Wie würden Sie diese Frau pflegerisch begleiten? Versuchen Sie, sich in die Patientin hineinzuversetzen. Nach kurzem Zögern erwiderte die Kandidatin: Ich kann mich nicht in sie hineinversetzen – es betrifft mich ja nicht ...

11

Bewahrte Würde

Gerade in Situationen physischer, psychischer oder sozialer Hilfsbedürftigkeit steht immer zugleich auch die Würde des Menschen auf dem Spiel, weil die Möglichkeiten selbstbestimmter Lebensgestaltung oftmals infrage gestellt sind. Echtes Mitgefühl hat immer auch damit zu tun, die Autonomie des Menschen zu stärken und damit seine Würde zu schützen. Die Sprache des Mitgefühls urteilt nicht, bevormundet nicht und vermeidet es, den anderen zu instrumentalisieren.

Eine Frage der Achtung

»Die Würde des Menschen ist unantastbar.« So lautet der erste Satz im Grundgesetz. Aber eigentlich sollte es heißen, die Würde des Menschen *sollte* unantastbar sein. Denn wir alle wissen aus Erfahrung: Die Würde ist antastbar. In seinem gleichlautenden Essayband zeigt der Schriftsteller Ferdinand von Schirach, wo überall in unserem modernen Leben diese Würde angetastet und verletzt wird. In den großen moralischen Konfliktfeldern unserer Zeit – Terrorismus, Hasskriminalität, Migration, Armut, Pflege, Sterbehilfe, um nur einige zu nennen – geht es immer auch – direkt oder indirekt – um die Gefährdung der Menschenwürde und der Menschenrechte. Viel häufiger noch aber sind die vielen kleinen, unscheinbaren Angriffe gegen die menschliche Würde, mit denen wir es in unserem Alltag und unseren zwischenmenschlichen Beziehungen zu tun haben. Dazu zählen die verschiedenen Formen offener oder verborgener Erniedrigung und Diskriminierung im Berufs- und nicht weniger in unserem Privatleben, Mobbing und soziale Isolation oder auch größere und kleinere Lügen und Täuschungen, mit denen wir in den verschiedensten Lebensbereichen konfrontiert sind.

Die Gefahr der Missachtung der Würde ist im Alltag stets präsent, etwa in der Eltern-Kind-Beziehung, im Umgang mit Geflüchteten oder mit von Armut betroffenen Personen. Im medizinischen bzw. pflegerischen Kontext geht Krankheit und Alter vielfach mit eingeschränkter oder gar verlorener Autonomie einher. Das Erleben und Erleiden von Kranksein wie auch fortschreitenden Alterns wird von Verlustängsten und Verlusterfahrungen begleitet. Es sind vor allem zwei Verlusterfahrungen, die hier im Vordergrund stehen: Kontrollverlust und Sinnverlust. In dieser Situation empfundener Ohnmacht und verlorener Sinnorientierung ist die Verletzlichkeit der Würde von Patienten, die Verletzlichkeit der Würde betagter Menschen durch ihre Umwelt besonders hoch. Die Würde wird etwa dann verletzt, wenn Menschen mit ihren Bedürfnissen, seien diese körperlicher oder seelischer Art, allein gelassen werden, weil sie sozial isoliert sind oder weil sie sich nicht artikulieren können. Würdelose Zustände oder Handlungen bestehen dann, wenn hilfsbedürftige alte oder kranke Menschen bloßgestellt werden, wo ihre Intimität gewahrt werden sollte; wenn sie mit unangemessener Vertraulichkeit oder bewusster sprachlicher Infantilisierung behandelt werden; oder wenn sie mit Absicht oder unabsichtlich gedemütigt und erniedrigt werden. Würdelos ist, wenn sich Operateure im OP über den vor ihnen liegenden narkotisierten Menschen erheitern oder sich während der Operation über ihre Erlebnisse am vergangenen Wochenende unterhalten. Würdelos ist es, wenn mitten in eine Untersuchung in der Arztpraxis oder ein vertrauliches Gespräch zwischen Arzt und Patient die Sprechstundenhilfe hereinplatzt, um eine formalbürokratische Frage zu stellen. Die Würde wird verletzt, wenn man Menschen ihre Hilfsbedürftigkeit und Ohnmacht spüren lässt; oder wenn die noch verbleibende Selbstbestimmung durch Bevormundung gänzlich zum Erlahmen gebracht wird; oder wenn die Menschen sozial und kommunikativ isoliert mehr dahinvegetieren als leben. Das trifft leider viel zu oft für Alters- und Pflegeeinrichtungen zu. Dort leben die betagten Menschen oft eigentlich nicht, sondern warten – manchmal auch medikamentös ruhig gestellt – auf den Tod. Viele von ihnen sind dement und apathisch, ihre Lebensfunktionen werden mit Mühe und Not medizinisch aufrechterhalten. Man schaut gerade, dass die ans Bett Gefesselten sauber sind und nicht wund liegen – für das seelische Wundliegen aber fühlt sich niemand zuständig. Das Wort, das man – wenn überhaupt – an sie richtet, ist meist ein lauter Befehl, der Gehorsam und Fügsamkeit fordert. Oder es ist das infantilisierende Wort, dass weder Würde noch Respekt vor dem anderen zeigt. Im besten Fall sind es Worte der Belanglosigkeit, mit denen die Menschen abgespeist werden. Mehr als symptomatisch ist es, wenn die Einnahme von Mahlzeiten im Pflege-Jargon der Unmenschlichkeit als »Füttern« bezeichnet wird. Der französische Philosoph und Soziologe Tzvetan Todorov schreibt:

> »Man sperrt die alten Menschen in Altersheime, in denen sie nur andere alte Menschen sehen. Wir haben uns dieses ungebührlichen Schauspiels entledigt, aber sie erhalten nur ein unendlich geringes Lebensgefühl in diesen Heimen, in denen sie nicht mit denen Umgang haben, die ihnen in ihrem Leben etwas bedeutet haben, sondern mit Unbekannten, die ihnen überdies noch gleichen, also für sie ohne Nutzen sind. Die Vervielfachung individueller Einsamkeit schafft keine Gesellschaft. Der nächste Schritt ist das Krankenhaus, in dem heute die Mehrzahl der alten Menschen stirbt. Dort kümmert man sich um ihre Organe, nicht um ihr Sein: man sucht ihr Leben zu verlängern, nicht ihr Dasein. Die Alten sterben allein: das Dasein hat sie vor dem Leben verlassen.«[52]

Damit ist eine grundsätzliche Problematik angesprochen. Nicht nur in den Altersheimen oder geriatrischen Abteilungen, sondern in der Medizin und den Fürsorgeeinrichtungen insgesamt fehlt die Einsicht, dass zum menschenwürdigen Leben nicht die bloße Erhaltung oder Wiederherstellung organischer Lebensfunktionen zählt, sondern auch die Möglichkeiten des Mit-Seins mit anderen, das das Dasein erst zu einem *menschlichen* Dasein macht. Es geht also auch um die soziale Existenz und die Befriedigung psychischer und mentaler Bedürfnisse. Fehlt diese psychische Vitalität, weil der kranke oder alte Mensch sozial und kommunikativ isoliert ist, dann fehlt damit auch eine entscheidende Komponente seiner sozialen und psychischen Existenz. Die soziale Isolation und kommunikative Verelendung in Krankenanstalten und Altersheimen ist ein würdeloser und zugleich krankmachender Zustand. Die menschliche Würde ist nicht darin schon gesichert, dass die Lebensfunktionen mithilfe technischer Möglichkeiten aufrechterhalten werden. Das hieße, die Würde an die Gerätemedizin zu delegieren. Die Verletzung der Würde des Patienten, des alten Menschen im Altersheim ist immer zugleich auch eine Verletzung der Würde des Arztes, des Pflegepersonals in geriatrischen Institutionen, denn Würde ist unteilbar. Jede Beschädigung der Würde ist solcherart immer zugleich auch Selbstbeschädigung. Achtung, auch als empathisches Prinzip,

---

[52] Tzvetan Todorov: Abenteuer des Zusammenlebens. Versuch einer allgemeinen Anthropologie. Frankfurt am Main: Fischer 1998, S. 76.

setzt alles daran, das Subjekt gerade nicht als Objekt zu sehen, sondern als autonomes Subjekt. Der Arzt oder der Betreuer sollte im Bewusstsein der prinzipiellen Unverfügbarkeit des Menschen handeln. Der bedürftige und leidende Mensch ist auf Hilfe von außen angewiesen, aber das darf nicht um den Preis des Verzichts auf würdevolle Behandlung geschehen. Krankheit und Alter gehen mit Einschränkung der Selbstbestimmung und zunehmendem Verlust autonomer Lebensgestaltung einher. Die Verletzlichkeit der Würde nimmt in dem Maß zu, wie die Fähigkeit zur Selbstbestimmung abnimmt und über sie verfügt wird. Überall dort, wo in sozialen Beziehungen Menschen als bloßes Mittel zum Zweck missbraucht werden, wird ihre Würde als im Prinzip freie und selbstbestimmte Individuen verletzt.

Wie aber lässt sich verhindern, dass Menschen einander wechselseitig dazu gebrauchen, ihre Interessen, offen oder verdeckt, dem anderen gegenüber durchzusetzen, und dadurch ihr Verhältnis zueinander nicht durch freie Zuwendung, sondern durch wechselseitige Abhängigkeit zu bestimmen? Immanuel Kant zeigt in seiner moralischen Kurzanleitung, der sogenannten *Selbstzweck-Formel* – eine Unterform des kategorischen Imperativs, die Kant in der *Grundlegung der Metaphysik der Sitten* formuliert hat –, wie eine solche wechselseitige Instrumentalisierung vermieden werden kann: »Handle so, dass du die Menschheit, sowohl in deiner Person als in der Person jedes anderen, jederzeit zugleich als Zweck, niemals bloß als Mittel brauchest.«[53] Kant macht deutlich, dass die Person noch vor allen möglichen Zwecken, die sie verfolgen kann, Selbstzweck ist, denn sie hat das Vermögen, sich selbst Zwecke zu setzen. Das Wörtchen *bloß*, das Kant in seine Formel eingebaut hat, ist von entscheidender Bedeutung. Denn ohne Zweifel – das sah Kant durchaus realistisch – verwenden Menschen einander als Mittel, um bestimmte Zwecke und Ziele zu erreichen. Die Reinigungskraft, die meine Wohnung einmal wöchentlich in Ordnung

---

53 Immanuel Kant: Grundlegung zur Metaphysik der Sitten. Stuttgart: Reclam 1961[4], S. 79.

bringt, benütze ich als Mittel zum Zweck, wobei der Zweck die wiederhergestellte Ordnung meiner Wohnung ist. Die Pharmaindustrie bedient sich der Ärzte und die Ärzte der Patienten, um die Wirkungen von Medikamenten zu testen usw. Gesellschaftliche Koordination und Kooperation ist unabdingbar an dieses Zweck-Mittel-Verhältnis gebunden. Menschen betrachten und brauchen andere Menschen als Mittel zur Erreichung von Zielen und Zwecken, die sie sich setzen. Das ist unvermeidlich. Aber Kant mahnt, dass dies nicht ausschließlich so sein sollte. Der Mensch sollte dem anderen Menschen eben nicht bloß als Mittel zum »beliebigen Gebrauch für diesen oder jenen Willen«[54] dienen, weil er *Zweck an sich selbst* ist, das heißt, er vermag sich als freies, also moralisch autonomes Wesen selbst Zwecke zu setzen. Denn der Mensch ist nicht nur ein natürliches, mit Trieben, Instinkten und Bedürfnissen ausgestattetes Wesen, sondern zugleich auch ein vernünftiges Wesen, mit der Fähigkeit versehen, sich seines rationalen Willens zu bedienen und sich selbst zu bestimmen.

Dieses Vermögen zur Autonomie, zur moralischen Selbstbestimmung ist es, das dem Menschen Würde verleiht und weswegen er zu achten ist. Das moralische Prinzip der Achtung bezieht sich also auf das abstraktes Vermögen aller Menschen, ihr Handeln in freier Willensentscheidung an moralische Zwecke zu binden. Da alle Menschen vernunftbegabt und daher im Besitz dieser prinzipiellen Fähigkeit zur moralischen Selbstbestimmung sind, stehen wir miteinander in einem Verhältnis moralisch Gleicher. Moralische Gleichheit bedeutet nicht, am gleichen externen Standard gemessen zu werden, wie das in der Gleichheit vor dem (juristischen) Gesetz der Fall ist. Vielmehr beruht sie darauf, dass Menschen als vernunftbegabte Lebewesen frei sind und damit in der Verantwortung stehen, Beweggründe des Handelns zu wählen, »welche für jedes vernünftige Wesen gelten«.[55] Kant spricht in diesem Zusammenhang von »objektiven Zwecken«, die ihren Wert in sich selbst haben, weil an

---

54 Ebd., S. 78.
55 Ebd., S. 77.

ihrer statt kein anderer Zweck gesetzt werden könnte, im Unterschied zu »subjektiven Zwecken«, die im Dienst unserer eigenen, willkürlichen Bedürfnisse stehen und nur einen Wert *für uns* haben.[56] Die Achtung vor der Selbstzwecklichkeit des Menschen ist ein solcher objektiver Vernunftgrund, ein oberstes und unbedingtes Prinzip des Willens, ein kategorischer Imperativ, aus dem sich »alle Gesetze des Willens müssen ableiten lassen«.[57] Wer den anderen lediglich als Mittel zu eigenen – subjektiven – Zwecken benützt, der missachtet ihn, weil er über ihn verfügt, über ihn disponiert. Man darf aber nur, mahnt Kant, über Sachen verfügen – nie jedoch über Personen. Kant war sich natürlich bewusst, dass wir in unseren alltäglichen sozialen Beziehungen einander ununterbrochen als Mittel zur Erfüllung unserer eigenen Zwecke gebrauchen, aber wir sollen dies nicht ausschließlich tun. Denn der andere hört in solchen Verhältnissen nicht auf, zugleich Zweck an sich selbst zu sein. Das immer mitzubedenken, hilft uns maßgeblich dabei, unsere natürliche Neigung zur Selbstsucht, zum Egoismus, zur Durchsetzung unserer eigenen Interessen zumindest kritisch zu reflektieren. Aber nur unter dieser Voraussetzung der Anerkennung der Selbstzwecklichkeit des Menschen ist freie Begegnung zwischen Personen möglich, ein Verhältnis freier Verbindlichkeit in wechselseitiger Teilhabe aneinander.[58]

Dass der Mensch Selbstzweck ist, bedeutet jedoch nicht, dass es nur um ihn selbst ginge, oder dass er, abgekapselt von seiner Mitwelt, auf sich allein gestellt wäre. Im Gegenteil: Die moralische Verpflichtung zur Achtung des anderen als Zweck an sich selbst, hat gerade die Unverzichtbarkeit des In-Beziehung-Seins mit anderen im Blick. Das Achtungsgebot will nichts anderes als sicherstellen, dass menschliche Beziehungen nicht in egoistische, selbstsüchtige Verhältnisse führen. Jeder soll den anderen als eine Person anerkennen, die – so wie er selbst auch – die Freiheit hat,

---

56 Vgl. ebd., S. 78.
57 Ebd., S. 79.
58 Vgl. Löwith, Das Individuum in der Rolle des Mitmenschen, S. 162.

sich selbst Zwecke zu setzen. Deswegen soll keiner den anderen als bloßes Mittel zur Befriedigung und Erfüllung seiner eigenen – selbstsüchtigen – Zwecke missbrauchen. Achtung begründet also die freiwillige Anerkennung ebenbürtiger Selbstbestimmtheit.[59]

Im Achtungsgebot lässt sich unschwer auch ein kommunikationsethischer Imperativ erkennen: nämlich, den anderen in unseren kommunikativen Beziehung eben nicht nur als Mittel zur Erreichung beliebiger Zwecke zu sehen. Das geschieht vornehmlich dann, wenn der andere für uns nur aufgrund seiner Funktionalität oder Nützlichkeit wichtig oder interessant erscheint. Im bloßen kommunikativen Funktionszusammenhang können wir zwar miteinander kooperieren und gesellschaftliche Ziele und Zwecke realisieren, aber wir bleiben einander als Personen, als diese je konkreten Subjekte hinter unseren Funktionen fremd. In solchen entfremdeten, weil verzweckten sozialen und kommunikativen Beziehungen steht die Würde des Menschen laufend auf dem Prüfstand, weil die Menschen in sozialen Mechanismen wechselseitiger Instrumentalisierung gefangen sind. Dieser Mechanismus vermittelt sich in erster Linie sprachlich. Erich Fromm hat darauf hingewiesen, dass unsere Sprache den unmittelbaren Bezug zum anderen und damit auch den Bezug zu uns selbst verloren hat. Unsere Sprache ist, so diagnostizierte Fromm, eine Sprache der Entfremdung: Die Menschen sprechen Worte, ohne sich dabei etwas über die Wirklichkeit mitzuteilen, über die sie sprechen, in ihren Mitteilungen wird nichts geteilt, nichts gemeinsam gemacht. Worte werden ausgetauscht, wie man Geldstücke austauscht – sie füllen eigentlich nur, so Fromm, das Vakuum aus, das in einem selbst und zwischen dem einen und dem anderen besteht.[60]

Achtung lässt sich auch als ein zentrales empathisches Prinzip verstehen. Die Besonderheit empathischer Beziehungen liegt ja darin, dass sie eine Intimität der Nähe schaffen – anders kann die Teilhabe des einen am Schicksal und am Leben des anderen auch

---

59 Vgl. ebd.
60 Fromm, Die Pathologie der Normalität, S. 66 f.

gar nicht gelingen. Zugleich aber läuft eine solche Intimität der Nähe Gefahr, in Abhängigkeitsverhältnisse zu führen. Dies geschieht, wenn der eine Partner dem schwächeren, weil bedürftigen anderen seine eigenen Bilder und Vorstellungen überstülpt und ihn damit – willentlich oder unwillentlich – instrumentalisiert. Umgekehrt kann auch der Helfer durch den Hilfsbedürftigen instrumentalisiert werden, nämlich dann, wenn der Hilfsbedürftige seine Bilder der Hilflosigkeit auf den Helfer projiziert. So benützen beide einander wechselseitig als Mittel für ihre eigenen Zwecke. Meist erfolgt diese wechselseitige Projektion von Vorstellungen, Bildern und Erwartungen unbewusst. Die Folge aber ist, dass das empathische Verhältnis unversehens in ein Verhältnis wechselseitiger Abhängigkeit umschlagen kann, während es sich dadurch auszeichnen sollte, dass eine Begegnung freier Verbindlichkeit zwischen Partnern gelingt, die wechselseitig aneinander Anteil nehmen und Anteil geben. Gegen diese Versuchung, aus einem Einander-Brauchen ein Einander-Gebrauchen zu machen, vermag einzig und allein die Grundhaltung wechselseitiger Achtung zu immunisieren. Auch der Hilfsbedürftige ist in seinem Vermögen, sich selbst Zwecke zu setzen, zu achten.

Naheliegenderweise stellt sich in diesem Zusammenhang die Frage, wie es sich mit der Achtung in Betreuungsverhältnissen verhält, wenn diese Fähigkeit zum praktischen Vernunftgebrauch und damit auch die evaluative Fähigkeit des Menschen eingeschränkt sind, wenn also auch seine Handlungs- und seine Verantwortungsfähigkeit reduziert oder am Ende gar nicht mehr vorhanden sind. In solchen Situationen sind ja unsere Fähigkeit zum Mitgefühl und eine Sprache des Mitgefühls besonders gefordert. Auch der in seinen vitalen und kognitiven Fähigkeiten eingeschränkte Mensch verliert nichts an seinem Anrecht, würdevoll behandelt zu werden – auch wenn er um seine Würde als Persönlichkeit nicht mehr kämpfen kann. Der Mensch verliert seine achtenswerte Würde auch dann nicht, wenn sein Vermögen zur moralischen Selbstbestimmung vermindert ist, er desorientierten, kognitiv eingeschränkt oder auch dement sein sollte. Denn jeder

Mensch bewahrt die Würde der ganzen Menschheit in sich. Darin liegt der generalisierende Anspruch des Achtungsgebots.

Aber, so könnte man an dieser Stelle einwenden, ist nicht Mitgefühl und empathische Zuwendung immer konkret – bezogen auf eine bestimmte Person mit bestimmten Eigenschaften in einer bestimmten Situation? Ist es also nicht gerade die Partikularität der Person, die uns zum Mitgefühl bewegt? Niemand wird bestreiten, dass mit einem anderen mitfühlen umso leichter fällt, je mehr sich unser Mitgefühl auf Personen bezieht, die wir ihrer Partikularität, ihrer Einzigartigkeit wegen achtens-, schätzens- und liebenswert finden. Aber dennoch besteht der eigentliche moralische Anspruch einer Grundhaltung des Mitgefühls darin, dass Mitgefühl gerade nicht von der Partikularität der Person abhängt, der unser Mitgefühl gilt. Als Grundhaltung ist Mitgefühl – und so auch eine Sprache des Mitgefühls – im Unterschied zum bloßen empathischen Affekt ein universalistisches Gefühl, auch wenn die empathische Praxis in der Regel nur auf einen kleinen Radius beschränkt ist und Mitgefühl vielfach davon abhängt, ob es einer Person gilt, die wir mögen, sympathisch finden oder die wir aufgrund bestimmter Eigenschaften schätzen.

Dem Prinzip einer nicht partikularistischen, sondern *universalistischen* Grundhaltung des Mitgefühls, liegt eine Einsicht zugrunde, von der bereits in den früheren Kapiteln mehrfach die Rede war, die Einsicht nämlich in eine unterschiedslos alle Menschen betreffende Bedürftigkeit und Angewiesenheit. Das Achtungsprinzip sichert die Möglichkeit, dass Menschen in selbstbestimmten Verhältnissen aneinander Anteil nehmen können und so in der Lage sind, ihre Existenz in freier Verantwortlichkeit zu gestalten. Dieses Achtungsprinzip gilt auch für den Sonderfall empathischer Beziehungen zwischen Helfenden und Hilfsbedürftigen. Darüber hinaus kommt aber noch ein zweites Prinzip zum Tragen, das ich als *solidarische Verbundenheit* bezeichnen möchte. So wie das Achtungsprinzip leitet sich auch das Solidaritätsprinzip aus dem Umstand ab, dass der Mensch nicht allein, sondern immer im Zusammenhang mit anderen Menschen lebt und erst in diesem Mit-Sein zu seinem eigentlichen menschlichen Dasein gelangt.⁶¹ Nicht nur das Achtungsgebot sichert die Würde des Menschen, sondern auch das Solidaritätsgebot, in dem es in der wechselseitigen Teilhabe dafür sorgt, dass die Würde gerade dort nicht verloren geht, wo sie besonders gefährdet ist: im Unglück, Leiden und Sterben – in all den Lebenssituationen also, in denen der Mensch seine Ohnmacht und Hilflosigkeit erfährt. Die Verpflichtung zur Achtung anderer Personen beruht auf ihrer moralischen Gleichheit als Mitglieder einer moralischen Gemeinschaft.⁶² Die Verpflichtung zur Solidarität und solidarischen Verbundenheit mit anderen Personen beruht auf einer Gleichheit im Leiden aufgrund einer gemeinsamen und unauflösbaren Mitgliedschaft in der menschlichen Schicksalsgemeinschaft. Ich bin genauso verletzlich und verletzbar wie Du und in dieser Grundhaltung einer Solidarität im Leben, Leiden und Sterben achten wir einander in solidarischer Verbundenheit.

Erwartungsfreies Engagement

Unser kommunikatives Handeln ist wesentlich von Erwartungen bestimmt – Erwartungen, was andere tun oder nicht tun sollen, wie sie sich verhalten, sprechen sollen usw. Erwartungen sind meist unausgesprochene Ansprüche, die an die Umwelt gerichtet werden, die aber auch umgekehrt seitens der Umwelt an den Einzelnen herangetragen werden. Erwartungen sind normative Regulative, die unser soziales Zusammenleben strukturieren und organisieren. Unsere gesamten Interaktionen sind erwartungsgesteuert. Wechselseitig antizipierbare Erwartungen sind gleichsam der Betriebsmodus

---

61 Vgl. Löwith, Das Individuum in der Rolle des Mitmenschen, S. 152 f.
62 Vgl. Marilyn Friedman: Freundschaft und moralisches Wachstum. In: Axel Honneth/Beate Rössler (Hrsg.), Von Person zu Person. Zur Moralität persönlicher Beziehungen. Frankfurt am Main: Suhrkamp 2008, S. 154.

sozialer Interaktion, der zum reibungslosen Gelingen anschlussfähiger Kommunikationsbeziehungen beiträgt.

Für empathische Beziehungen allerdings können solche Erwartungen des einen an den anderen zum Störfaktor werden. Denn Erwartungen haben es an sich, dass sie der notwendigen Dezentrierung des Ichs und damit der Einnahme einer Teilnehmerperspektive entgegenstehen. Erwartungen legen den Interaktionspartner auf subtile Weise fest, sie können zum Korsett werden, das den anderen einschnürt. Oftmals hängen Sympathie und empathische Zuwendung von der Bereitschaft des anderen ab, den Erwartungen, die in ihn gesetzt werden, zu entsprechen. Meistens sind es Erwartungen, von deren Erfüllung auch das Wohlwollen abhängt, mit dem etwa Betreuer den ihnen anvertrauten Personen gegenübertreten. Darin aber liegt eine subtile Form der Instrumentalisierung: Der andere wird zum Mittel zum Zweck – eben der zu erfüllenden Erwartungen – degradiert. Um die fürsorglichempathische Zuwendung aufrecht zu erhalten, wird der Partner mehr oder minder gezwungen, eine Rolle zu spielen, also den Erwartungen zu entsprechen, ohne sie vielleicht zu akzeptieren oder ihnen entsprechen zu wollen. Die empathische Zuwendung des einen erfolgt dann um den Preis der Selbstverleugnung des anderen, der sich verpflichtet fühlt, den an ihn herangetragenen Erwartungen zu entsprechen. Verhaltenserwartungen haben normativen Charakter: Ich soll mich in dieser oder jener Weise verhalten, wenn ich akzeptiert oder sogar geliebt sein möchte. Partnerschaftliche Beziehungen werden oft von solchen wechselseitigen Erwartungshaltungen bestimmt. Dieses erwartungsgesteuerte Verhalten untergräbt aber die Autonomie der Person, sie macht sie zum Erfüllungsgehilfen der Interessen anderer und beschädigt gerade darin ihre Würde. Der Philosoph Peter Bieri beschreibt diesen Sachverhalt so:

> »Wenn wir dem anderen die Würde lassen wollen, dürfen wir ihn nicht durch festgelegte Erwartungen einschnüren. Wir dürfen uns kein endgültiges Bild von ihm machen, unter dessen Last er ersticken müsste. Dieses Recht ist ein Aspekt des Wunsches, als ein Wesen betrachtet zu werden,

das ein Zweck in sich selbst ist: Kein Wesen, das andere zum bloßen Instrument ihrer Wünsche machen dürfen, zum Wasserträger im Rennen um ihr eigenes Glück«.[63]

Das gilt für gelingende Intersubjektivität im Allgemeinen und für empathische Beziehungen im Speziellen. Empathische Kommunikation darf gerade nicht den anderen vereinnahmen, ihn durch Erwartungen okkupieren, sondern muss ihm im Gegenteil den kommunikativen Raum des Selbstseinkönnens eröffnen. Selbstseinkönnen ist auch eine Frage der Würde des Menschen. Gerade der Hilfsbedürftige bedarf eines Raumes, in dem er selbst sein kann. Das kann nicht gelingen, wenn sich der Betroffene mit ausgesprochenen oder unausgesprochenen Erwartungen konfrontiert sieht, die es zu erfüllen gilt oder von denen Ausmaß und Qualität der Zuwendung abhängen. Empathische Kommunikation hat ihre vornehme Aufgabe darin, dem anderen Möglichkeiten zu eröffnen, verlorene oder infrage gestellte Autonomie schrittweise zurückzugewinnen. Dies kann nur durch eine kommunikative Kunst gelingen, die ich als *erwartungsfreies Engagement* bezeichnen möchte. Dieses erwartungsfreie Engagement lässt sich so beschreiben: *Du bist mir ein Anliegen und daher möchte ich alles tun, Dich in Deiner eigenständigen Entscheidung zu unterstützen.* Das Prinzip der Achtung in unseren Beziehungen lässt dem anderen eine »offene Zukunft« (P. Bieri). Erwartungen in empathischen Beziehungen, was der andere tun oder nicht tun soll, womit er rechnen oder nicht (mehr) rechnen kann, was er erhoffen oder nicht (mehr) erhoffen kann usw., sind ein beengendes Korsett, das dieser Absicht entgegensteht.

---

63 Peter Bieri: Eine Art zu leben. Über die Vielfalt menschlicher Würde. Frankfurt am Main: Fischer 2015, S. 153.

12

Wiederhergestellte Integrität

Schicksalsschläge und Lebensdramen sind immer auch Angriffe auf die Integrität des Menschen, also seine körperliche und seelische Unversehrtheit. Alles, was den Menschen früher ausgemacht hat, sein Selbstverständnis, sein Selbstvertrauen und seine Selbstwertschätzung, steht plötzlich zur Disposition. In solchen Situationen existenzieller Erschütterung bedürfen Menschen daher besonderer menschlicher Zuwendung und Anteilnahme. Bloße Mitleidsbekundungen reichen nicht aus, auch nicht unverbindliche Aufmunterungen – alle diese uns geläufigen Leerformeln fallen unter die Kategorie »toxische Positivität«: Sie dienen lediglich dazu, die eigene Verlegenheit angesichts des Unheils und Leids anderer zu kaschieren. Nur wenn Grenzerfahrungen miteinander geteilt werden, sich Menschen durch ihre Mitmenschen wahrgenommen, sich also als wahr angenommen fühlen, können sie neues Vertrauen und Zuversicht entwickeln. Wir alle brauchen die Erfahrung affirmativer, also bejahender und bestätigender Anerkennung, um unser Bild von uns selbst in den Wechselfällen des Lebens immer wieder neu entwerfen zu können. Die Herausforderung besteht darin, in der Auseinandersetzung mit der Verletztheit und Verletzlichkeit des Menschen Beistand zu leisten, dazu beizutragen, dass das, was zerbrochen ist, wieder heil werden kann.

In der Sorge um die verletzte Integrität eines vom Unglück heimgesuchten Nächsten kommt empathische Kommunikation ihrem impliziten therapeutischen Anspruch am nächsten. Dazu bedarf es keiner bestimmten gesprächstherapeutischen Methoden und Strategien, sondern eines Kommunikationsmodus ehrlicher emotionaler Zuwendung, die dem anderen dazu verhilft, eine der Erfahrung der Verletzlichkeit menschlicher Existenz angemessene Beziehung zu sich selbst (wieder-) zu finden. Krankheit, Not und Unglück hinterlassen seelischen Spuren. Selbstbild und Selbstwertgefühl geraten aus der Balance, Ohnmachtsgefühle machen sich breit und gehen einher mit Erfahrungen des Kontrollverlusts und der Zukunftsangst. Der Mensch hat das Gefühl, vor dem Scherbenhaufen seiner Existenz zu stehen. Seine als festgefügt erlebte Identität scheint sich aufzulösen, die Ganzheit seiner Person verliert ihren Zusammenhalt, scheint auseinanderzufallen – nichts ist mehr so, wie es früher einmal war, und das Künftige liegt im Dunkel. Es gibt ein eindrucksvolles Bild von Paul Klee mit dem Namen *Angstausbruch III*, das er 1939 im Zustand einer sich verschlimmernden Geisteskrankheit malte, das diesem elementaren Gefühl auf berührende Weise Ausdruck verleiht (▶ Abb. 1). Klees abstrakte Komposition zeigt in hellen und dunklen Gelb- und Brauntönen einen in einzelnen Bestandteile zerfallenen menschlichen Körper. Die einzelnen unspezifischen Teile lassen auf ein ihnen einmal zugrunde gelegenes Funktions-Ganzes schließen. Die glieder- und organartigen Teile des Torsos sind einem grob-plakativen Muster gleich angeordnet. Im vom Betrachter aus gesehen rechten oberen Teil dominiert ein Gesicht mit weit aufgerissenen Augen und offenem, das Entsetzen ausdrückenden oder auch zu einem Schrei geformten Mund. Aus psychiatrischer Sicht signalisiert dieses Bild Ich-Verlust und zwanghaftes Bemühen des Schizophrenie-Patienten, Grenzen der eigenen Identität zu ziehen, und das Entsetzen, dennoch den unaufhörlichen Zerfall des Ichs erleben zu müssen.[64] Im Krankseins, in der Konfrontation mit Unglück und Schicksalsschlägen kommt die Identität des Menschen ins Wanken, der Mensch gerät außer sich, seine zuvor festgefügte Ganzheit zerfällt, er befindet sich in einer besonderen Situation der Schutzlosigkeit und des Sich-ausgeliefert-Fühlens. Die Erfahrung des Unheils ist immer auch eine Erfahrung der Ohnmacht und der Scham, fremden Blicken ausgesetzt und auf fremde Hilfsangebote angewiesen zu sein. Und sie ist auch eine Erfahrung der Selbstentfremdung.

Empathisches Sprechen steht in solchen Situationen gefährdeter Integrität leidgeprüfter Nächster vor der Aufgabe, die Begegnung des Menschen mit sich selbst unter schicksalsbedingt quälenden, jedenfalls veränderten und nur bedingt selbst kontrollierbaren Umständen möglich werden zu lassen. Der Schlüssel dazu liegt in einer Kommunikation der *Anerkennung* – und nur dort. Das gilt für die psychotherapeutische Beziehung und das gilt nicht weniger für die viel häufigere alltägliche Kommunikationspraxis, in der sich der eine dem anderen in seinen Ängsten, Sorgen und Leiderfahrungen offenbart.

Bei der Achtung, so haben wir gesehen, geht es um eine grundsätzliche Wertschätzung von Personen als moralisch Gleiche, als zur rationalen Selbstbestimmung Befähigte, die schon deswegen

---

64 Ich habe an anderer Stelle dieses Bild als eindrucksvolle Illustration herangezogen, um deutlich zu machen, dass der kranke Mensch auch von vielerlei Ängsten und Ohnmachtsgefühlen geplagt wird – emotionale Zustände, die in jedem Arzt-Patienten-Gespräch zu den kommunikativen Eingangsbedingungen von Patienten zählen, die man nicht einfach ignorieren oder mit verbalen Tricks überspielen sollte. Vgl. Maximilian Gottschlich: Sprachloses Leid. Wege zu einer kommunikativen Medizin. Die heilsame Kraft des Wortes. Wien/New York: Springer 1998, S. 45–47.

12 Wiederhergestellte Integrität

Abb. 1: Paul Klee, *Angstausbruch III*, 1939 (Bild: Alamy Stock Foto).

nicht in den Dienst der Verfolgung eigener Interessen gestellt werden dürfen. Die Verpflichtung zur Achtung im Kant'schen Sinn bezieht sich nicht auf partikulare Qualitäten von Personen, deretwegen sie achtenswert sein könnten, sondern auf den inhärenten moralischen Wert von Personen im Allgemeinen.[65] Wechselseitige Achtung bietet Interaktionspartnern die Chance, sich dem anderen öffnen zu können, ohne Gefahr laufen zu müssen, dass ihre Selbstoffenbarung missbraucht und ihre Autonomie als Person und damit ihre Würde als Mensch durch Instrumentalisierung untergraben wird.

Anerkennung dagegen bezieht sich nicht auf eine abstrakte Bestimmung des Menschlichen, sondern auf das partikulare So-Sein einer Person, also auf ein ganz konkretes Du. In der Anerkennung nehmen wir den anderen wahr – wir nehmen ihn als *wahr* an und zeigen ihm dies auch. Anerkennung ist ein Kommunikationsakt der ausdrücklichen Befürwortung und Bejahung der anderen Person, durch die sie sich in ihrer Existenz und sozialen Bedeutung bestätigt sieht. Ihr wird bedeutet, »daß wir uns ihr gegenüber zu einer bestimmten Art des wohlwollenden Verhaltens verpflichtet sehen.«[66] Anerkennung bedeutet Wertschätzung der Person – eine Wertschätzung, die zwar am konkreten So-Sein des anderen orientiert ist, dieses aber nicht anhand bestimmter Kriterien beurteilt, sondern die den Menschen so nimmt, wie er gerade ist. Anerkennung beschreibt eine Gefühlsqualität, wie sie beispielsweise Eltern für ihr eigenes Kind empfinden, »wenn sie es als Persönlichkeit, ungeachtet seines augenblicklichen Verhaltens, anerkennen.«[67] Das Gleiche gilt auch für intime Partnerschaften, die durch wechselseitige Anerkennung und Wertschätzung getragen sind, woran sich

---

65 Vgl. Friedman, Freundschaft und moralisches Wachstum, S. 154.
66 Axel Honneth/Beate Rössler: Einleitung. Von Person zu Person: Zur Moralität persönlicher Beziehungen. In: dies. (Hrsg.), Von Person zu Person: Zur Moralität persönlicher Beziehungen. Frankfurt am Main: Suhrkamp 2008, S. 21.
67 Rogers, Therapeut und Klient, S. 218.

auch nichts ändert, wenn alltagsbedingte Spannungen und Konflikte ausgetragen werden. Und ähnlich verhält es sich auch in Kommunikationssituationen, in denen ein Gesprächspartner den anderen Anteil haben lässt an seinen existenziellen Sorgen, seiner Verzweiflung und seinen Ängsten.

Das Verlangen nach Anerkennung ist ein menschliches Grundbedürfnis, denn die Entwicklung des Selbst eines Menschen, seine Identität, bedarf dieser Erfahrung von Anerkennung durch die Mitwelt. Wo ein herabwürdigendes oder verächtliches Bild zurückgespiegelt wird, in dem sich das Individuum, insbesondere in der Frühzeit seiner geistigen, seelischen und sozialen Entwicklung, nicht wiederfinden kann, dort kann es zu psychischen Schäden wie etwa zu Selbstabneigung oder gar zu Selbsthass kommen. Selbstabneigung und Selbsthass bestehen in einem tiefen Gefühl des Ungenügens und Scheiterns mangels Erfahrungen positiver Wertschätzung und sozialer Bestätigung. Diese Menschen suchen sich dann ein Ventil, indem sie ihre Selbstabneigung und ihren Selbsthass nach außen projizieren – z. B. auf Minderheiten, Fremde, Juden, Politiker usw. Im zweiten Teil dieses Buches haben wir in diesem psychischen Mechanismus eine der zentralen Ursachen für den wachsenden Hass und das zunehmende Gewaltpotenzial in der Gesellschaft ausgemacht. Die Erfahrungen fehlender Anerkennung durch die Mitwelt hat weitreichende negative Folgen für das Individuum wie für das psycho-soziale Klima einer Gesellschaft.

Über andere zum Selbst

Anerkennung verhilft dem Menschen dazu, sein Subjekt-Sein, seine Identität zu entfalten. Sie ist das Medium des ständigen Wandels der Identität, die ja nicht statisch, sondern ständig im Werden begriffen ist. Identitätsentwicklung kann nur in zwischenmenschlichen Beziehungen geschehen. Denn, wie schon Johann Gottfried

Fichte, einer der Väter der philosophischen Anerkennungstheorie, diesen Umstand auf den Punkt brachte: »Der Mensch (so alle endlichen Wesen überhaupt) wird nur unter Menschen ein Mensch«.[68] Fichte hat in diesem Zusammenhang deutlich gemacht, dass im isolierten Zustand kein vernunftbegabtes Wesen ein freies Selbst zu werden vermag. Damit wird die Notwendigkeit des Du für das Selbstwerden des Ich erkennbar. Und er beantwortet die Frage: Wer bin ich denn eigentlich?, im *System der Sittenlehre* von 1798 so: Der »erste Zustand, gleichsam die Wurzel meiner Individualität« ist »nicht durch meine Freiheit bestimmt, sondern durch meinen Zusammenhang mit einem anderen Vernunftwesen.«[69]

Der Mensch braucht den anderen Menschen, um zu sich selbst zu finden. Identität bedarf der Intersubjektivität, also der zwischenmenschlichen Beziehungen – nur über den Umweg eines anderen und das Echo, das vom anderen zurückgesendet wird, vermag sich das Subjekt selbst zu erkennen. Auch zum Bewusstsein seiner Freiheit gelangt das Subjekt nach Fichte nur dadurch, dass es ein anderer zu einer freien Handlung auffordert und ihm gleichsam einen Handlungsspielraum freigibt. Dazu muss der andere aber seine eigene Freiheit beschränken. Erkennen der eigenen Freiheit ist demgemäß nur durch die Anerkennung der Freiheit des anderen möglich. Jeder kann am anderen die Möglichkeit der Selbstbestimmung erfahren, indem er seine eigene Freiheit begrenzt. Selbstbestimmung verdankt sich also einem *wechselseitigen Anerkennungsverhältnis*. Beide Partner können sich ihrer eigenen Freiheit nur bewusst sein, weil es den anderen gibt. Kommunika-

---

68 Johann Gottlieb Fichte: Grundlage des Naturrechts nach Principien der Wissenschaftslehre (1796), In: Johann Gottlieb Fichtes sämtliche Werke, hrsg. von Immanuel Hermann Fichte, Bd. 3, Berlin: Veit und Comp. 1845 (unveränderter Nachdruck Berlin: de Gruyter 1965), § 3 (Corollaria), S. 39.

69 Johann Gottlieb Fichte: Das System der Sittenlehre nach Principien der Wissenschaftslehre (1798), In: Johann Gottlieb Fichtes sämtliche Werke, hrsg. von Immanuel Hermann Fichte, Bd. 4, Berlin: Veit und Comp. 1845 (unveränderter Nachdruck Berlin: de Gruyter 1965), § 18, S. 222 f.

tion als Anerkennungsbeziehung ist beides: Medium und zugleich Ausdruck dieses Vorgangs eines Im-anderen-zu-sich-selbst-Findens. Anerkennung dient so der Selbstwerdung des Menschen durch andere. Der Mensch verdankt also seine Identität, seine Selbstbeziehung, sein Selbstbewusstsein einschließlich seiner moralischen und emotionalen Entwicklung der Erfahrung dieses Zusammenhangs mit anderen. Es ist das positive Bild, das andere von mir haben, das ich verinnerliche. Das *soziale Selbst* des Menschen bildet sich aus der Anerkennung, die er von der Mitwelt erhält. »Die Anerkennung unserer Existenz, die Vorbedingung jeder Koexistenz, ist der Sauerstoff der Seele«, formuliert es Tzvetan Todorov und ergänzt: »Jede Verweigerung der Anerkennung ist ein Attentat auf die Person.«[70]

Anerkennung gelingt – oder misslingt – nur in kommunikativen Beziehungen. Jeder Begegnung mit einem anderen geht eine Form von Anerkennung voraus, weil sie ein Element des Sich-Öffnens dem anderen gegenüber enthält – ein Element der Hingabe, man könnte sogar sagen der Liebe.[71] Bevor ich noch mit dem anderen spreche, habe ich ihn schon als *diesen* anderen anerkannt. Anerkennung bedeutet zunächst, sich von einem anderen affizieren zu lassen. Wer sich vom anderen nicht affizieren lässt, für den bleibt der andere bloß Objekt. Sich vom anderen affizieren zu lassen bedeutet, die Verhaltensäußerungen des anderen als Aufforderung zur eigenen Reaktion zu verstehen, damit der andere in mir Resonanz finden kann. Sonst nehme ich zwar Gestik, Mimik und die Worte des anderen kognitiv wahr – es fehlt aber das Verbundenheitsgefühl, das notwendig wäre, um von dem Wahrgenommenen auch bewegt zu werden.

Wenn die Arzt-Patienten-Beziehung beispielsweise nur mehr unter rein ökonomischen – auch zeitökonomischen – Gesichtspunkten gesehen wird, dann ist kein Raum für diese Resonanz ge-

---

70 Todorov, Abenteuer des Zusammenlebens, S. 74.
71 Vgl. Honneth, Verdinglichung, S. 51 sowie Axel Honneth: Kampf um Anerkennung. Frankfurt am Main: Suhrkamp 1994, S. 148–174.

geben. Der Arzt wird vom leidenden Subjekt, das der Patient ist, nicht affiziert. Weil sich der Arzt nicht vom Patienten emotional berühren lässt und sich ihm gegenüber auch nicht in seinen eigenen Emotionen zu erkennen gibt, sondern hinter der Fassade seiner Profession als Subjekt verborgen bleibt, vermag auch der Patient sich nicht wirklich dem Arzt gegenüber zu öffnen und zu erkennen zu geben. Das Ergebnis sind dann oft bloß *verdinglichte* Beziehungen, die lediglich der Logik zweckrationaler Effizienz folgen. Der Patient wird demgemäß bloß in seiner Pathophysiologie gesehen, also als medizinischer Fall und nicht als Person. Beide, Arzt und Patient sind solcherart nicht wirklich aufeinander bezogen, sie bleiben einander abstrakt und daher letztlich fremd, die leidende Person bleibt hinter ihrer Symptomatik verborgen. Wenn die Anerkennung fehlt, dann fehlt eine grundlegende Voraussetzung zwischenmenschlicher Beziehung. Anerkennung bedeutet, dem anderen als Person in seiner Aktualität und seiner Potenzialität zu begegnen und ihn darin expressiv, also für den anderen spür- und merkbar zu bejahen.

Das gilt natürlich nicht nur für die Arzt-Patienten-Beziehung, wenngleich Anerkennung hier von besonderer Bedeutung ist. Anerkennung ist auch in nicht-therapeutischen Interaktionen ein zentraler, weithin unterschätzter Faktor, an dem sich entscheidet, ob eine Beziehung gelingt oder misslingt, ob sich der eine durch den anderen verstanden fühlt, ob sich eine Person in ihrem So-Sein anerkannt oder nur als Objekt der (diagnostischen) Betrachtung, als Thema des professionellen (medizinischen, pädagogischen, ökonomischen usw.) Interesses erkannt sieht. Mangel an Anerkennung kommt einer sozialen Entwertung des Menschen gleich: Er zählt nichts, seine soziale Existenz ist austauschbar. Anerkennungsdefizite betreffen heute alle Bevölkerungsschichten, alle Altersgruppen – unabhängig von ihrer ethnischen Herkunft. Fehlt die Anerkennung in entscheidenden Lebensphasen wie der Kindheit oder auch in späteren Lebensjahren während der beruflichen Tätigkeit, kommt es nicht selten zu Störungen des Selbstverhältnisses. Die neurotischen Folgen solcher Störungen können sich in Gewaltbereitschaft und wachsendem Hass oder auch in narzisstischen Persönlichkeitsstörungen manifestieren. Vor allem aber: Wer unter Anerkennungsmangel leidet, ist selbst zu positiver Wertschätzung anderer unfähig.

Soziale Unsichtbarkeit

In seiner meisterhaften Erzählung *Aufzeichnungen aus dem Kellerloch* aus dem Jahr 1863 beschreibt Fjodor Dostojewski einen mit sich entzweiten Menschen, der am Rande von St. Petersburg, am Rande der Gesellschaft in einem Kellerloch lebt und an der »Grundlosigkeit seiner Existenz« leidet. Da er sich nutzlos und überflüssig vorkommt hat er sich in die innere Immigration des Kellerlochs zurückgezogen. Von allen gehasst, fühlt er sich wie eine allen fortwährend ausweichende Fliege, von allen erniedrigt und von allen beleidigt. Für Dostojewskis »Anti-Helden« wird die Konfrontation mit einem Offizier zu einer sein ganzes Denken bestimmenden Obsession: Würde er je den Mut aufbringen, sich diesem Hühnen zu stellen und ihm nicht ausweichen, wie mehrmals schon zuvor bei der Begegnung mit ihm auf dem Newskij, dem Prachtboulevard von St. Petersburg?

> »Einmal war ich schon vollkommen entschlossen, aber es endete damit, daß ich ihm nur vor die Füße kam, weil ich im allerletzten Augenblick, einige Zentimeter vor ihm, wieder mutlos wurde. Er schritt mit größter Seelenruhe über mich hinweg, ich aber flog wie ein Ball zur Seite. In der Nacht darauf lag ich wieder im Fieber und phantasierte.«

Schließlich ergibt sich dem Kellermenschen doch noch eine alles entscheidende Gelegenheit, sich der Herausforderung zu stellen:

> »Plötzlich, drei Schritte vor meinem Feind, entschloß ich mich, ganz unerwartet, drückte die Augen zu und – wir stießen gehörig Schulter gegen Schulter! Keinen Zentimeter war ich ausgewichen und ging, mit ihm auf gleichem Fuß stehend, an ihm vorbei! Er blickte sich nicht einmal um und

tat, als ob er überhaupt nichts bemerkt hätte; aber er tat nur so, davon bin ich überzeugt. [...] Natürlich bekam ich mehr ab als er, er war viel stärker, doch darum ging es nicht. Es ging darum, daß ich mein Ziel erreicht und meine Würde gewahrt, daß ich nicht einen einzigen Schritt nachgegeben und mich öffentlich mit ihm auf die gleiche soziale Stufe gestellt hatte. Ich bin vollkommen gerächt nach Hause zurückgekehrt.«[72]

Dostojewski beschreibt mit großem psychologischen Einfühlungsvermögen, worum es in der gesamten Anerkennungsproblematik geht – nämlich um nicht mehr und nicht weniger als die soziale Existenz des Menschen. Ohne Anerkennung wird der Mensch auf sein bloß vitales Dasein reduziert. Das Problem sozialer Unsichtbarkeit und verweigerter Anerkennung ist auch Thema in Ralph Ellisons klassischer Erzählung *Invisible Man* über einen amerikanischen Schwarzen:

»Ich bin unsichtbar, verstehen Sie, einfach weil die Leute sich weigern, mich zu sehen [...]. Da zweifeln Sie oft, ob Sie wirklich existieren [...]. Sie werden von dem Bedürfnis verzehrt, sich selbst davon zu überzeugen, dass Sie in der wirklichen Welt existieren[...]. Sie schimpfen und fluchen, damit die anderen Sie anerkennen müssen«.[73]

Die soziale Existenz eines Menschen und damit auch seine Selbstwertschätzung hängen an der Erfahrung von Anerkennung. Wer sich nicht durch seine soziale Umwelt anerkannt fühlt, dessen Selbstwertschätzung ist vermindert. Die anerkennende Haltung ist der psycho-soziale Kitt, der das gesellschaftliche Zusammenleben erst möglich macht. Sie ist die Voraussetzung dafür, dass wir einander überhaupt verstehen können – nicht nur auf kognitiver, sondern auch auf emotional-affektiver Ebene. Denn allem Erkennen und Verstehen eines anderen geht das prinzipielle Anerken-

---

72 Fjodor Dostojewski: Aufzeichnungen aus dem Kellerloch. Stuttgart: Reclam 2007, S. 61 f.
73 Ralph Ellison: Der unsichtbare Mann (Original: »Invisible Man«, 1952), Reinbek bei Hamburg 1995, S. 7. Zit. nach Axel Honneth: Unsichtbarkeit. Stationen einer Theorie der Intersubjektivität. Frankfurt am Main: Suhrkamp 2003, S. 10.

nen seiner Person voraus. Damit wird deutlich, warum gerade empathische Kommunikationsbeziehungen, in denen es vorzugsweise um das Verstehen verbaler oder non-verbaler Gefühlsäußerungen geht, nur als Anerkennungsbeziehungen möglich sind. Anerkennung und empathisches Verstehen stehen in einem Implikationsverhältnis – das eine ist ohne das andere nicht möglich: Die Partner müssen sich in einer Weise wechselseitig von Empfindungszuständen berühren lassen, die sie zu einer Reaktion veranlassen.[74] Um diesen Vorgang affektiven Berührt-Werdens – im Unterschied zu bloß beobachtenden, teilnahmslosen Verhaltensweisen – geht es ja. Gerade empathische Intersubjektivität ist an dieses Kriterium des affektiven Berührt-Werdens gebunden, das der anerkennenden Haltung zugrunde liegt. Wir verstehen einander nur unter der Bedingung, dass wir einander nicht als teilnahmslose Beobachter gegenüberstehen, sondern einander wechselseitig affizieren lassen und darauf reagieren. Anerkennung bedeutet, im anderen und seinem Gefühlszustand eine Aufforderung zur Reaktion zu erkennen. Das gilt für alle Formen der Intersubjektivität – das gilt umso mehr für empathische Beziehungen.

Die anerkennende Haltung im Rahmen allgemeiner, alltäglicher Intersubjektivität impliziert aber keineswegs, dass es sich hierbei, wie man zunächst meinen könnte, immer um Formen freundlicher Zustimmung oder liebevollen Wohlwollens handeln muss. Vielmehr ist jede Art von Reaktion denkbar. Worum es geht, ist, als Subjekt überhaupt wahrgenommen zu werden – selbst um den Preis negativer Reaktionen seitens der Mitwelt. Patienten etwa, die mit deutlicher Kritik ihres Arztes an ihrem Lebensstil oder ihrer Compliance, also ihrer Bereitschaft, den Empfehlungen ihres Arztes zu folgen, konfrontiert werden, bewerten solches negativkritische Engagement dennoch positiv, weil sie das emotionale Engagement des Arztes spüren, seinen Ärger, aber auch seine Sorge. In diesem emotionalem Engagement des Arztes vermittelt sich die Anerkennung des Patienten, selbst um den Preis der Kritik an sei-

---

74 Vgl. Honneth, Verdinglichung, S. 58.

nem Umgang mit sich selbst. Ein merklich nicht-partizipatives ärztliches Verhalten dagegen wird von Patienten deutlich negativer eingeschätzt. In diesen Fällen fühlen sich viele Patienten mit ihren Problemen vom Arzt nicht wirklich ernst genommen.

Anerkennung im engeren empathischen Sinn meint aber noch mehr als bewusste Wahrnehmung und affektives Berührt-Werden, das selbst negative Emotionen einschließen kann. Empathische Anerkennung bedeutet vielmehr, Reaktionen prinzipiellen Wohlwollens zu zeigen, die deutlich machen: *Du bist mir, so wie Du bist, ein Anliegen.* Die anerkennende Haltung schützt und stärkt die seelische Integrität des anderen, denn sie stiftet Selbstvertrauen und Selbstwertschätzung. Das gilt in unseren sprachlichen Alltagsbeziehungen genauso wie dort, wo wir mit Menschen zu tun haben, die in besonderen, schicksalshaften Lebenssituationen stehen. Wenn wir unsere Sprache empathisch imprägnieren wollen, um Hass, Narzissmus und Gleichgültigkeit zu bekämpfen, dann ist eine anerkennende Kommunikation die beste Möglichkeit, den verschiedenen Formen des destruktiven Umgangs miteinander zu begegnen. Dabei geht es nicht um jene toxische Positivität des billigen Zuspruchs, sondern um die entscheidende Möglichkeit des Sich-Wiederfindens des einen im anderen. Gerade in Situationen existenzieller Grenzerfahrung bedürfen Menschen dieses Resonanzraums, der durch wechselseitige Anerkennungsbeziehungen eröffnet wird. Es ist die Haltung von Akzeptanz und Bejahung, die nicht an bestimmte zu erfüllende Bedingungen und Erwartungen geknüpft ist, die dazu verhilft, diesen Resonanzraum zwischen den Partnern entstehen zu lassen. Umso mehr bedarf Fürsorge, die nicht entmündigt und abhängig macht, sondern die Autonomie des anderen fördert, dieser anerkennenden Haltung und einer Kommunikation der Anerkennung.

Denn gerade in physischen und psychischen Ausnahmesituationen, in denen die Integrität einer Person, ihr Selbstbild, ihr Selbstvertrauen und ihre Selbstwertschätzung – alles, was sie bisher ausgemacht hat –, massiv infrage gestellt erscheint, ist die Erfahrung der Anerkennung durch andere buchstäblich lebens- und überlebensnotwendig. Dazu bedarf es nicht immer vieler Worte – manchmal genügt das tröstende Mit-Sein des einen mit dem anderen. Der bekannte Benediktinermönch Anselm Grün schreibt über den Trost:

> »Trauernde Menschen fühlen sich oft isoliert. Sie haben das Gefühl, den Boden unter den Füßen zu verlieren, sie spüren keine Kraft in sich. Das Fundament, auf dem sie stehen, bröckelt. Sie haben Angst, in einem Sumpf von chaotischen Gefühlen zu versinken. Sie sehnen sich nach echtem Trost, nicht nach vertröstenden Worten. Trost zu geben, bedeutet Festigkeit und den Mut, stehen zu bleiben und die Tränen und die Verzweiflung des anderen auszuhalten. Wenn wir beim Trauernden stehen bleiben und seine Verzweiflung nicht mit frommen Worten zudecken, sondern sie aushalten, dann werden wir für ihn zum Engel des Trostes. Wenn uns in der Trauer jemand einfach nur die Hand hält und uns zeigt, dass er zu uns hält, dann erleben wir ihn als den Engel, den Gott uns gerade in diesem Augenblick geschickt hat.«[75]

---

75 Anselm Grün: Engel. 50 Himmlische Begegnungen. Freiburg im Breisgau: Herder 2018, S. 32.

13

Gerechte Kommunikation

Empathische Kommunikation verbindet Ungleiche. Der eine befindet sich in der unfreiwillig schwächeren Position des Angewiesenseins und des passiven Empfangens, der andere in der Position der Stärke, desjenigen, der im Vollbesitz seiner Möglichkeiten sich dem anderen helfend zuwendet. Zwischen beiden bestehen zunächst ungleiche – auch kommunikativ ungleiche – Verhältnisse. Unter welchen Voraussetzungen kann in dieser Situation das Sprechen des Helfers einem Hilfsbedürftigen gerecht werden? Schon die Fragestellung macht deutlich, dass es hier nicht um Gerechtigkeit im rechtsethischen, sondern im kommunikationsethischen Sinn geht. Zwar gibt es kommunikationsethische Postulate, deren Verletzung rechtliche Folgen haben können – etwa (straf-)rechtlich relevante Vergehen wie Beleidigung, Täuschung, Diskriminierung, Mobbing usw. –, aber darum geht es in empathischen Beziehungen nicht. Einem Hilfsbedürftigen oder Leidtragenden gerecht werden zu wollen, hat viel mehr damit zu tun, sein Person-Sein, also seine Partikularität zu beachten und anzuerkennen.

Das gerechte Wort respektiert die Individualität des anderen, seine Persönlichkeit, seine Gefühle, Einstellungen, Vorlieben – kurz: alles das, was ihn ausmacht und ihn von anderen unterscheidet. Unter dem Gesichtspunkt der Gerechtigkeit geht es dann nicht mehr um eine bloß abstrakte Achtung der Person des anderen als eines vernunftbegabten Wesens, das frei ist, die Beweggründe seines Handels selbst zu wählen, und deswegen Würde hat – wovon in Kapitel 11 die Rede war. Vielmehr richtet sich der Fokus der Aufmerksamkeit auch auf die Achtung und Anerkennung der Besonderheit der Person – ein Umstand der gerade in empathischen Beziehungen, die diesen Namen verdienen, unabdingbar ist.

Der Mensch hat ein Anrecht auf gleiche Behandlung im Sinn des Postulats des gleichen Rechts für alle, er hat aber auch ein Anrecht auf Berücksichtigung und Rücksichtnahme auf seine Individualität und die besonderen Gegebenheiten und charakteristischen Konstellationen seines Lebens. Vor Gericht zählen nicht nur die Prinzipien der Rechtlichkeit und der Gleichheit aller vor dem Gesetz, sondern auch die Berücksichtigung und Würdigung besonderer Umstände, die mit einer Gesetzesverletzung einhergegangen sind. Dazu gehören insbesondere die Persönlichkeit und Biografie eines Angeklagten sowie die besonderen Begleitumstände der möglichen Gesetzesverletzung. Neben die Prinzipien der Legalität, der Gesetzlichkeit – nach dem Motto: Gesetz ist Gesetz –, und der Gleichheit aller vor dem Gesetz, tritt unter Nutzung eines Ermessensspielraums also noch ein drittes, freilich immer nur kasuistisch, also von Fall zu Fall zu entscheidendes Prinzip der Gerechtigkeit, nämlich jenes der Verhältnismäßigkeit eines Urteils, das auch die besonderen, individuellen Umstände einer Tat zu würdigen hat. Das gilt noch mehr für unseren Umgang miteinander. Wie oft stellt sich in unserem alltäglichen Zusammenleben die Frage nach *der* Gerechtigkeit. Wie oft erheben oder hören wir den Vorwurf: »Das ist

Teil 3 Die Sprache des Mitgefühls

nicht gerecht«, oder: »Ich fühle mich von Dir ungerecht behandelt«! In diesen Fällen geht es weniger um Fragen der Legalität, also der Rechtlichkeit oder Gesetzeskonformität eines Verhaltens, sondern meist um Fragen der *Egalität* zwischen Einzelpersonen: Jemand fühlt sich von einem anderen, z. B. einem Geschäftspartner oder einem Vorgesetzen, im Vergleich zu anderen Personen ungleich behandelt. Er fühlt sich vielleicht vom Geschäftspartner übervorteilt, vom Vorgesetzten nicht mit der gleichen Aufmerksamkeit wie alle anderen Mitarbeiter bedacht und ähnliche Konstellationen zwischenmenschlicher Beziehungen mehr. In besonderer Weise kann sich dieses Problem mangelnder Egalität überall dort stellen, wo nicht Partnerschaftlichkeit sondern Abhängigkeit die Beziehung dominiert. Dies gilt für berufliche Verhältnisse genauso wie für private. Wer die Deutungshoheit besitzt und sie durchsetzt, schafft, ob er es will oder nicht, ein hierarchisches Gefälle der Über- bzw. Unterordnung. Das muss nicht immer problematisch oder gar negativ sein: Eltern, die für die Erziehung ihrer Kinder verantwortlich sind, werden pädagogische Maßnahmen nicht immer im egalitären Einvernehmen mit ihren Kindern ergreifen können, auch wenn sie sich gut in ihre Kinder einfühlen können; angestrebte Unternehmensziele lassen sich nicht ohne hierarchische Entscheidungsstrukturen erreichen, auch wenn heute viele Unternehmen um flache Hierarchien bemüht sind. Die Problematik, um die es im Zusammenhang mit der Beziehung zwischen Menschen in Betreuungssituationen verschiedenster Art (Sozialbereich, Gesundheitswesen, Pädagogik usw.) geht, ist wesentlich subtiler, weil sie mit fragilen und störanfälligen psychologischen Bedingungen zu tun hat, die sich auch auf das kommunikative Verhalten der Beteiligten auswirken. Dies gilt natürlich für jede soziale Beziehung, in der besonderes Einfühlungsvermögen des einen für die Situation des anderen notwendig ist. Manchmal fällt es dem bedürftigen Partner schwer, sich beim helfenden Partner Gehör zu verschaffen oder gar sich ihm mit den eigenen Ängsten, enttäuschten Hoffnungen oder Erwartungen anzuvertrauen. Umgekehrt kann sich der Helfende in seinem Engagement für den Hilfsbedürftigen nicht oder nur unzureichend gewürdigt sehen. Beide fühlen sich vom jeweils anderen missverstanden und ungerecht behandelt – die Asymmetrie des Verhältnisses verfestigt sich mehr und mehr. Diese Ungleichheit zwischen Helfer und Hilfsbedürftigem bedarf eines Ausgleichs, der nur auf kommunikativer Ebene und mit kommunikativen Mitteln herzustellen ist.

Asymmetrische Beziehung

Aus der gegebenen Ungleichheit erwächst dem Stärkeren, in diesem Fall dem Helfer, die Aufgabe, das Gefälle zum Schwächeren, also Hilfsbedürftigen, auszugleichen. Geschieht das nicht, so besteht die Gefahr, dass sich dieses Gefälle in ein Machtgefälle verwandelt, das in kommunikativem Fehlverhalten wie Demütigung, Verletzung der persönlichen Integrität, Abwertung usw. zum Ausdruck kommen kann. Die besondere kommunikationsethische Herausforderung, die mit diesem Anspruch der Verwandlung einer asymmetrischen Beziehung in eine partnerschaftliche, dialogische Beziehung verbunden ist, hat Simone Weil so beschrieben: »Ist man bei ungleichem Kräfteverhältnis der Überlegene, so besteht die übernatürliche Tugend der Gerechtigkeit darin, dass man sich genauso verhält, als wären die Kräfte gleichmäßig verteilt.«[76] Dieses Verständnis von Gerechtigkeit bzw. von gerechtem Ausgleich in der Beziehung zwischen einem Stärkeren und einem Schwächeren entspringt letztlich einer Grundhaltung der Compassion, des Mitgefühls. Die Schwäche des Bedürftigen darf ihm nicht zum Nachteil gereichen, was aber geschehen kann, wenn dieses Gefälle zwischen Stärkerem und Schwächerem nicht ausgeglichen wird. Denn dann besteht die Gefahr einer Beziehungspraxis der Über-

---

76 Simone Weil: Das Unglück und die Gottesliebe. München: Kösel 1953, S. 142.

und Unterordnung, die in empathischen Beziehungen keinen Platz haben darf. Dafür Sorge zu tragen, dass sich das natürliche, schicksalsbedingte Gefälle zwischen Stärkerem und Schwächerem nicht in ein empathieloses Machtgefälle verwandelt, das ist Aufgabe eines Prinzips, das ich als *kommunikative Gerechtigkeit* bezeichne.

Kommunikativer Ausgleich

Damit kommen wir der Antwort auf die Frage, wie eine kommunikative Beziehung gestaltet werden kann, die dem Gesprächspartner auch gerecht wird, um einen entscheidenden Schritt näher. Auch die kommunikative Beziehung erfüllt dann den Anspruch der Gerechtigkeit, wenn sie unterstellt, dass es sich bei ihr um eine reziproke Beziehung handelt, bei der die Kräfte zwischen den Beteiligten *gleich* verteilt sind. Jeder echte Dialog beruht ja auf dieser Voraussetzung einer auf Gleichheit bedachten, hierarchiefreien Beziehung, in der die beteiligten Partner gleiche Chancen haben, am Dialog teilzunehmen und den Gesprächsverlauf mitzubestimmen.

Mitgefühl und mitfühlende, empathische Kommunikation kann nur unter der Voraussetzung einer Gesprächssituation gelingen, in der es kein hierarchische Gefälle zwischen dem einen und dem anderen gibt, die Chancen am Dialog teilzunehmen gleich verteilt sind und auch der Schwächere davon ausgehen kann, dass seine Argumente oder Meinungen gleich viel wiegen wie diejenigen des stärkeren Partners. Die Haltung kommunikativer Gerechtigkeit bemüht sich um einen kompensatorischen Ausgleich zwischen ungleichen Verhältnissen. Dazu reicht es freilich nicht, wie dies oftmals geschieht, der Sache oder dem Thema, auf das sich das Gespräch bezieht, gerecht zu werden. Die möglichst zutreffende Deutung eines Sachverhalts, einer persönlichen Krise, eines erlittenen Unglücks oder einer persönlichen Leiderfahrung mag zwar etwa vom diagnostischen oder therapeutischen Standpunkt aus gesehen sinnvoll und notwendig erscheinen, aber damit allein wird man dem notleidenden anderen und der emotionalen und psychischen Ausnahmesituation, in der er sich befindet, kaum gerecht. Denn in empathischen Interaktionen geht es nicht primär um ein Urteil über Sachverhalte, sondern um die Zuwendung zu Personen, es geht nicht um etwas, sondern um jemanden. In einem bloß sachgerechten Gespräch gilt die Aufmerksamkeit weniger der bedürftigen Person selbst als vielmehr einer adäquaten, eben sachlich gerechtfertigten Interpretation der Person und ihrer physischen – seltener schon ihrer psychischen – Befindlichkeit. Damit aber verhält sich der Helfende nicht unmittelbar zur Person des Hilfsbedürftigen, sondern er lässt sich von einem vorgefertigten Beurteilungsrahmen leiten – etwa von der medizinischen Deutung von Krankheitssymptomen oder vom Versuch, die Dramatik des Unglücks eines Leidtragenden mit Schicksalsschlägen, die er selbst oder andere erlebt haben, zu vergleichen und damit eigentlich zu relativieren usw. Das ist zwar nicht unwichtig und gehört zu jedem aktiv helfenden Engagement im Dienst des anderen dazu, aber dieses Engagement wäre unvollständig, wenn die Interaktionsbeziehung an der *Sache* haften bliebe und die *Person* des anderen und sein individuelles Erleben, seinen subjektiv empfundenen Leidensdruck außer Acht ließe.

Der Person – nicht primär der Sache – gerecht zu werden, kann nur dann gelingen, wenn das hierarchische Gefälle vom Gebenden zum Empfangenden aufgehoben wird. Dieses Ungleichgewicht zwischen einer hilfsbedürftige und einer helfenden Person, zwischen einem Ohnmächtigen und einem Handlungsmächtigen kann nur auf *einer* Ebene ausgeglichen werden, nämlich auf *kommunikativer* Ebene. Die moralische und kommunikative Herausforderung besteht also für den Helfer darin, so zu kommunizieren, als wären die Kräfte, also die Voraussetzungen und Bedingungen des Gelingens der Beziehung zwischen beiden Partnern gleich verteilt. Der Überlegene lässt den Schwächeren seine Überlegenheit nicht spüren und ermächtigt ihn damit, in eine selbstbestimmte kommunikative Beziehung einzutreten. Verankert ist diese Unterstellung der Gleichheit auch in einer Beziehung zwischen real Ungleichen in einer solidarischen Grundhaltung.

Unter den vielfältigen Motiven, aus denen sich eine Solidaritätspflicht gegenüber hilfsbedürftigen anderen speisen kann, möchte ich vier mögliche Motive hervorheben. Ihnen gemeinsam ist, dass sie darauf abzielen, einen Ausgleich der gegebenen Asymmetrie des Gefälles zwischen dem einen und dem anderen Partner herbeizuführen. Da ist zunächst das religiöse Motiv des Gebots der Nächstenliebe, aus dem sich eine Verpflichtung zur Solidarität mit Leidtragenden und Hilfsbedürftigen ableitet. Das Gebot, Werke der Barmherzigkeit zu vollbringen, nimmt in allen Weltreligionen einen zentralen Stellenwert ein. Dann gibt es die ethische Selbstverpflichtung zu Mitleid und Mitgefühl mit leidenden Mitmenschen. Schopenhauer sah – wie in Kapitel 2 schon angesprochen – im Mitleid und der Fähigkeit des Menschen mitzuleiden überhaupt die Grundlage aller Ethik. Das aktive Mitleid ist es – im Unterschied zum bloßen caritativen Erbarmen, das den anderen in seiner leidbedingten Passivität belässt –, das eine Brücke schlägt zwischen dem Leidenden und dem, der sich nach Kräften ganz auf dieses fremde Leiden einlässt. Diese verbindende Brücke können beide, der Helfer wie der Hilfsbedürftige, betreten und aufeinander zugehen. Ein Helfer kann sich, drittens, für seine vom Schicksal begünstigte Situation erkenntlich zeigen. Er mag es als nur allzu gerecht empfinden, etwas von dieser Bevorzugung, was Gesundheit, materielles Auskommen, soziale Sicherheit usw. betrifft, denjenigen zurück- bzw. weiterzugeben, die dieses Glück und diese Bevorzugung augenscheinlich nicht oder nicht mehr haben. Auf diese Weise stellt der Helfer durch seine Hilfeleistung und sein Bemühen um andere eine Art ausgleichender Gerechtigkeit her. Er könnte sich sagen: »Mir geht es vergleichsweise gut und ich möchte einen Beitrag leisten, dass es den bedürftigen anderen zumindest etwas besser geht.«[77] Ein viertes Motiv zur Solidaritätspflicht speist sich aus der Einsicht, dass auch der Helfer einmal in die Si-

---

77 Vgl. Jan C. Joerden: Staatswesen und rechtsstaatlicher Anspruch. Ethische Fragestellungen zwischen Recht und Politik. Berlin: Duncker & Humblot 2008, S. 107–109.

tuation des Hilfsbedürftigen kommen kann. Er erkennt auch sich selbst in der Begegnung mit dem Hilfsbedürftigen als verletzt und verletzbar. In Kapitel 2 war von diesem Motiv empathischer Solidarität bereits die Rede. Aus dieser Erkenntnis oder dem Ahnen, dass auch der helfende Stärkere in jedem Moment in die gleiche oder eine ähnliche Situation kommen kann wie der schwächere Hilfsbedürftige, dass sich also die Verhältnisse in jedem Moment wenden können, entsteht ein Gefühl der Solidarität zwischen Gleichen im existenziellen Ausgesetzt-Sein: Ich bin genauso verwundbar und bedürftig, wie Du es jetzt bist – wir sind Verschiedene, aber in diesem existenziellen Ausgesetzt-Sein Gleiche unter Gleichen. Du und ich sind darin gleich, dass wir der menschlichen Schicksalsgemeinschaft angehören. Im Zustand gemeinsam erkannter existenzieller Bedürftigkeit fallen nicht nur die Masken, sondern auch das hierarchische Gefälle zwischen dem einen und dem anderen. Einander gegenüber stehen dann nicht mehr ein Stärkerer und ein Schwächerer, sondern Existenz für andere Existenz. Der Helfer handelt im Widerhall des bedürftigen anderen, der Hilfsbedürftige empfängt als jemand, der sich im Helfer erkannt und anerkannt fühlt.

Ich sehe in dieser vierten hier angeführten Position das stärkste Motiv solidarischer Selbstverpflichtung. Denn vor dem Hintergrund eines verbindenden Bewusstseins oder Gefühls existenzieller Ähnlichkeit und Gleichheit zwischen Helfer und Hilfsbedürftigem lassen sich am ehesten ungleiche Verhältnisse in gleiche, also dialogische Verhältnisse verwandeln. Das geschieht dadurch, dass sich beide, Helfer und Hilfeempfangender, Starker und Schwacher, wechselseitig subjektivieren, das heißt, einander als ein Du anerkennen und zum Handeln ermächtigen. Diese wechselseitige Ermächtigung erfolgt bei keinem der Partner aus sich selbst heraus, sondern vom Antworten auf den anderen her. Denn so wie jedes Ich angewiesen ist auf den anderen – ich sehe mich im anderen, wie der andere sich in mir sieht[78] –, so ist nicht nur jeder Hilfsbe-

---

[78] Vgl. Jaspers, Von der Wahrheit, S. 372 f.

dürftige auf den Helfer angewiesen, sondern auch umgekehrt jeder Helfer auf den Hilfsbedürftigen. In der expressiven Reaktion des Helfers auf seinen stummen Appell sieht sich der Bedürftige als Subjekt anerkannt und geachtet. Der hilfsbedürftige andere bleibt aber nicht nur passiver Empfänger, sondern erkennt sich auch als jemand, der beim anderen etwas zu bewirken vermag. So wie der Hilfsbedürftige muss auch der Helfer seinerseits bereit sein, zum Empfangenden, zum Beschenkten zu werden. Der Helfer bestimmt sich durch den Hilfsbedürftigen, wie auch umgekehrt der Hilfsbedürftige sich im Helfer erkannt und anerkannt sieht. Auf diese Weise findet wechselseitige Ermächtigung statt und wird Asymmetrie aufgehoben.

Existenzielle Verbundenheit

Ohne ausgeglichenes Gefälle zwischen Helfer und Hilfsbedürftigem besteht immer die Gefahr der Instrumentalisierung des Schwächeren durch den Stärkeren und auch die Gefahr, dass der Stärkere den Schwächeren seiner eigenen, monopolisierten Interpretation von Welt und Wirklichkeit unterwirft. Sich so zu verhalten, als ob die Kräfteverhältnisse gleich verteilt wären, ist also gleichermaßen ein Gebot der Gerechtigkeit wie auch der Achtung und der Solidarität – alle drei Haltungen wurzeln in der Würde des Menschen. Es ist die Achtung vor der Würde des anderen, die auch den Wunsch nach einer gerechten, das heißt eben ausgeglichenen, einander wechselseitig zur freien Begegnung ermächtigenden Beziehung zwischen Gleichwertigen nach sich zieht. Und umgekehrt hat die Haltung der Gerechtigkeit in der Würde des Menschen ihren letzten bestimmenden Grund und ihr eigentliches Bewährungsfeld.

Kommunikative Gerechtigkeit als normatives Prinzip empathischer Intersubjektivität beruht also auf der unausgesprochenen Voraussetzung einer *solidarischen Schicksals- und Leidensgemeinschaft* zwischen Helfendem und Hilfsbedürftigen. Es ist diese existenzielle Ebene der Beziehung, das Bewusstsein des »Zerbrochenseins allen

Seins für uns« (K. Jaspers), die Helfer und Hilfsbedürftigen miteinander im Tiefsten verbindet und auf der sie einander als Gleiche unter Gleichen begegnen. Alle anderen Formen von Gleichheit resultieren aus diesem Umstand existenzieller Verbundenheit und existenziellen Gebundenseins. Etwa, dass beide Beziehungspartner von den gleichen kommunikativen Rechten Gebrauch machen können: dem Recht, das auch einem Hilfsbedürftigen zukommt, als gleichberechtigter Gesprächspartner anerkannt zu werden; dem Recht, seine Meinung ohne äußeren Zwang ausdrücken zu können; dem Recht, sich aber auch dem Gespräch verweigern zu können, ohne Nachteile befürchten zu müssen. Alle diese kommunikativen Gleichheitsrechte auch und gerade in Beziehungen, in denen der eine Partner verzweifelt und voll quälender Sorgen ist, weil ihn Unglück, Krankheit und Not bedrücken, wurzeln in diesem unaufhebbaren Umstand existenzieller Verbundenheit, der zur Solidarität verpflichtet und die jede Form von Macht durch Asymmetrie in der empathisch-kommunikativen Beziehung ausschließt.

Für die empathische Kommunikationspraxis heißt das: Der hilfebietende Gesprächspartner steht vor der Herausforderung, weder in bloße passiv machende Mitleidsrhetorik zu verfallen noch seine Überlegenheit aus der geschützten Position des nicht unmittelbar Betroffenen in die Waagschale zu werfen. Dass dies mitunter eine schwere Übung ist, liegt auf der Hand. Simone Weil spricht mit gutem Grund von der Gerechtigkeit als einer »übernatürlichen Tugend«. Denn nur allzu verständlich wäre es, die eigene Überlegenheit, Kompetenz und Handlungsfähigkeit dem anderen gegenüber auszuspielen, sich selbst und die eigene Position durchzusetzen, um das eigene Rollenverständnis bestätigt zu sehen und ähnliche Formen einer selbstverhafteten Einstellung mehr. Empathisches Sprechen bedeutet aber nicht, Sprechen aus einer Position der Stärke, der Selbstgefälligkeit oder der Überlegenheit, sondern ein Sprechen in Hingebung an den anderen im solidarischen Bewusstsein existenzieller Verbundenheit.

Intimität und Scham

Existenzielle Lebenskrisen – Leid, Krankheit, Unglück, einschneidende Verlusterfahrungen – stellen oftmals auch Selbstbild und Selbstachtung eines Menschen infrage. Er erfährt sich ohnmächtig, in seiner Autonomie eingeschränkt und einem schicksalhaften Geschehen ausgeliefert. Das oft stumme Eingeständnis subjektiver Bedürftigkeit und Hilflosigkeit wird von einer quälenden Empfindung begleitet – dem Gefühl der *Scham*: Scham über das eigene Opfersein, die eigene Schwachheit und das eigene Unvermögen, Scham vor allem darüber, in dieser Situation der Schwäche und Bedürftigkeit fremden Blicken ausgesetzt zu sein. Gerade Situationen der Hilflosigkeit und Hilfsbedürftigkeit werden von Betroffenen als peinlich und beklemmend empfunden. Es ist für sie emotional belastend, »auf der sozialen Bühne ausgestellt zu sein.«[79] Solche Situationen des Sich-ausgesetzt-Fühlens, der mangelnden Abgrenzung des Ich von anderen durch erzwungene Nähe, werden in der Regel von Betroffenen mit dem bedrückenden Gefühl der Scham verbunden. Scham tritt ja nicht nur im Zusammenhang mit schuldhaftem Tun auf, sondern auch mit dem Nicht-Tun, mit dem Unvermögen. Wir schämen uns nicht nur für das, wofür wir etwas können, sondern wir schämen uns – vielleicht noch tiefgehender – für unsere Machtlosigkeit.[80]

Zur Haltung kommunikativer Gerechtigkeit gehört es daher auch, auf dieses Grundgefühl der Scham zu achten und den Hilfsbedürftigen nicht durch kommunikative Fehlhandlungen zusätzlich zu beschämen. Situationen, in denen menschliche Zuwendung und Fürsorge besonders wichtig sind, sind meist Situationen, in denen sich der eine dem anderen gegenüber in seiner Machtlosigkeit, seinem Unglück und seiner Hilfsbedürftigkeit zu erkennen

---

79 Maria-Sibylla Lotter: Scham, Schuld, Verantwortung. Über die kulturellen Grundlagen der Moral. Berlin: Suhrkamp 2019³, S. 84.
80 Vgl. ebd., S. 113.

gibt. Er gibt sich preis, und dieses Sich-Preisgeben ist schambesetzt. Der Zustand eingeschränkter Autonomie und verlorener Kontrolle über das eigene Leben wird oftmals auch als demütigend empfunden. Einschneidende Ereignisse wie der Tod eines Angehörigen, Scheidung, Verlust des Arbeitsplatzes, Obdachlosigkeit usw. gehen oftmals mit Autonomie- und Kontrollverlust einher. In besonderem Maße trifft das natürlich für den Verlust der Kontrolle über den eigenen Körper einschließlich des Verlusts bestimmter mentaler Fähigkeiten zu. Solche Erfahrungen des Kontrollverlusts stellen das Selbstwertgefühl des Menschen, sein Ich-Ideal infrage. Nicht immer trifft diese Situation des Kontrollverlusts kranker und betagter Menschen auch auf entsprechende Sensibilität bei Angehörigen, Ärzten und Pflegepersonen. Und es passiert nicht selten, dass zu einer an sich schon demütigenden und schambesetzten sozialen oder krankheitsbedingten Situation noch zusätzlich Demütigungen durch die Mitwelt hinzukommen. Wenn betagte Menschen im Altersheim respektlos geduzt oder wie Kinder behandelt werden, wenn ihre Hilflosigkeit zur Belustigung ihrer Betreuer dient oder dazu, deren Machtbedürfnisse auszuleben, dann handelt es sich um bewusste Demütigungen. Dazu kommt der gesamte Graubereich unabsichtlicher, aber um nichts weniger bedrückender Demütigungen in der Beziehung zwischen Betreuern und Betreuten – auf welcher Ebene auch immer. Wenn eine Pflegekraft einem betagten Patienten im Altersheim die dritten Zähne ohne dessen Wissen und Zustimmung wegräumt, »weil er sie jetzt ohnehin nicht braucht«, dann ist das eine schwere Verletzung der Integrität, der Identität und Würde des Menschen – eine subversive Demütigung, wie sie so oft mit einer bloß an Pflegeroutine und Effizienz orientierten Arbeitseinstellung einhergeht. Verletzt wird dabei nicht nur die Würde des Menschen, sondern er wird dadurch auch beschämt.

Der beschämende Blick

Wir sind nicht unabhängig davon, wie andere mit uns umgehen oder uns sehen. Denn unsere Selbstachtung hängt in nicht unerheblichem Maße auch von der Haltung anderer Personen uns gegenüber und von ihrer Sicht auf uns ab. Der Blick der anderen, den der Unglückliche auf sich zieht, ihr Urteil, dem er sich ausgesetzt sieht und auf das er keinen Einfluss hat, lassen ihm keine andere Wahl, als sich in diesen Umstand schutzloser Selbstpreisgabe einzufinden. Es ist der fremde Blick der anderen, der auf ihn selbst zurückweist. Er zwingt ihn, sich selbst in den Blick zu nehmen, sich und sein Unvermögen, seinen Mangel aus der imaginierten Sicht der anderen wahrzunehmen. Sich selbst im schamlosen Blick der anderen wahrzunehmen, geht mit dem Empfinden von Scham einher. Wer von Unglück und Leid heimgesucht ist, wird zum Appell an seine Mitwelt, von der er zugleich weiß oder ahnt, dass sie sich diesem Appell wahrscheinlich gerne entziehen wollte. So erlebt sich der Unglückliche als etwas, was er ganz und gar nicht sein will, nämlich als ständige Zumutung, ja als Ärgernis für seine Mitmenschen. Ohne es zu wollen, bringt er andere in die Lage, sich mit seinem Unglück und seinem Leid auseinandersetzen und Mitgefühl zeigen zu müssen. Auch dafür schämt er sich. Er hat sich sein Schicksal, sein Unglück, seine Bedürftigkeit nicht ausgesucht, aber er muss damit leben und das heißt auch: sich dem Blick der anderen auszusetzen, auf der sozialen Bühne ausgestellt zu sein. Seine Not und Hilfsbedürftigkeit werden ihm zum Stigma: *Um alles in der Welt*, sagt sich der Bedürftige, *würde ich Dich mit meiner Hilflosigkeit verschonen wollen, aber ich kann es nicht, ich brauche, so leid es mir auch tut, Deine Hilfe – und ich brauche sie jetzt ...*

Diese notgedrungene Unbedingtheit des Verlangens nach Zuwendung und Hilfe ist es, die von Scham begleitet ist. Denn niemand will als hilflos gelten. Das ist der Moment, in dem die Tugend kommunikativer Gerechtigkeit gefragt ist. Sie hat die Aufgabe, dem schambesetzten Stigma der Ohnmacht gleichsam den Stachel zu ziehen und alles zu vermeiden, dass dem Hilfsbedürftigen den Eindruck vermitteln könnte, Objekt der Betrachtung und Beurteilung durch Fremde zu sein. Ein gespielt amikaler und lockerer Umgang mit Patienten beispielsweise ist mit Sicherheit die falsche Art und Weise, mit der Scham von Patienten umzugehen, denn er gaukelt eine Intimität der Nähe vor, die nicht gegeben ist und auch nicht mit saloppen Alltagsfloskeln hergestellt werden kann. Es geht nicht um gespielte, sondern um mitfühlende Solidarität. Der *beschämende* Blick muss durch einen *solidarischen* Blick ersetzt werden – einen Blick, der signalisiert: *Ich bin genauso verwundbar wie Du und Dir darin ähnlich.* Daraus erst erwächst die besondere Verantwortung einer wahrhaft empathischen Beziehung, die vom dunklen Schatten der Scham befreit ist und erst so freie Begegnung möglich werden lässt.

Stummer Anruf

Jede Begegnung, jede Beziehung ist zugleich auch Appell an mich – Appell, Verantwortung zu übernehmen, also für den Hilfsbedürftigen nicht nur Antworten zu *haben*, sondern selbst Antwort zu *sein*. Den anderen zu verstehen, heißt nicht, ihn zu betrachten, ihn zu definieren, also auf den Begriff zu bringen, sondern zunächst einmal, auf seinen stummen Anruf an mich zu reagieren. Emmanuel Lévinas spricht hier vom »Aufsichnehmen des anderen Schicksals« – man könnte dies auch als Nächstenliebe bezeichnen.[81] Die Verantwortung besteht darin, Anteil zu nehmen, sich einzumischen, sich einzubinden und sich einbinden zu lassen. Das ist der eigentliche moralische Anspruch an unsere zwischenmenschliche Alltagspraxis im Umgang mit Menschen in Not. Simone Weil geht mit jenen, die bloß unechtes Mitgefühl zeigen, hart ins Gericht:

> »Sie sind hochmütig, oder geben sich herablassend, oder tragen ein zudringliches Mitgefühl zur Schau, oder lassen den Unglücklichen spüren, daß er in ihren Augen nur ein Exemplar einer bestimmten Sorte von Unglück ist. Im-

---

81 Vgl. Lévinas, Zwischen uns, S. 132.

mer ist ihre Gabe unweigerlich etwas, das verwundet [...]. Ihre Berührung mit den Unglücklichen kann nur in der Lüge stattfinden, denn die wahre Erkenntnis der Unglücklichen setzt die des Unglücks voraus.«[82]

Weils schonungslose Abrechnung mit den Formen unechten Mitgefühls sind nicht von der Hand zu weisen. Unechtes Mitgefühl vergrößert noch den Abstand zwischen dem Bedürftigen und dem zum Helfen Aufgerufenen. Solches unechte Mitgefühl operiert oftmals – wer wüsste es nicht aus eigenem Erleben – mit jener toxischen Positivität, also mit beschwichtigenden Phrasen, mit gespielter Heiterkeit oder mit pseudo-amikalem Schulterklopfen einer »Alles-wird-gut«-Vertröstungsstrategie. Wahrscheinlich ist jene vertrauensvolle und nicht schambesetzte Intimität der Nähe, um die es in wahrhaft empathischen Beziehungen geht, umso besser herzustellen, je mehr der eine mit dem anderen die Erfahrungen von Unglück, Schmerz und Leid teilen kann, weil jeder vom anderen weiß, was dieses Erleben bedeutet und welche körperlichen und mehr noch seelischen Spuren es hinterlässt. Wer selbst durch die Hölle der Verzweiflung, durch die Finsternis existenzieller Grenzerfahrungen und seelischer Erschütterungen gegangen ist, der ist dem ihm begegnenden Unglücklichen auf eine Art nahe, die anderen, die diese Erfahrungen nicht durchgemacht haben, verwehrt bleibt. Andererseits ist die eigene erfahrungsgesättigte Anschauung von Unglück und Leid nicht als *conditio sine qua non* für wahrhaft mitfühlende Zuwendung vorauszusetzen. Um dem Unglücklichen wahrhaft mitfühlend zu begegnen, ihm nahe zu sein, ihn zu berühren, bedarf es nicht unbedingt eigener Leiderfahrung, auch wenn damit ein höheres Maß an Sensibilität für die vitalen, sozialen und seelischen Bedürfnisse verbunden sein mag. Zu wissen, worüber man spricht, wenn man über Unglück und existenzielle Grenzerfahrungen, über Gefühle von Ohnmacht und Sinnverlust, über Einsamkeit und Hoffnungslosigkeit spricht, ist sicher von Vorteil und verleiht der empathischen Zuwendung Au-

---

82 Weil, Zeugnis für das Gute, S. 35.

thentizität und Glaubwürdigkeit. Aber auch das ist keine Garantie für echte Teilhabe am Schicksal des anderen oder für ein höheres Maß an Aufmerksamkeit für die Person des Hilfsbedürftigen. Denn es ist nie auszuschließen, dass zwar das Gespräch beim Unglück des anderen seinen Ausgangspunkt nimmt, aber letztlich dazu dient, die eigenen Leid- und Unglückserfahrungen zum Thema zu machen. Der eine erzählt, welches Unglück ihm widerfahren ist, worauf der andere mit seiner Unglücksgeschichte dagegenhält. Solche Gespräche zwischen den von Unglück Betroffenen werden kaum als empathische Gespräche empfunden werden können, eher laufen sie Gefahr, Austragungsort für eine Art Unglückskonkurrenz zu werden. Das Unglück des einen wird gegen das Unglück des anderen gegengerechnet. Die Gesprächspartner wissen zwar, wovon sie sprechen – sie haben im Sinne Simone Weils zwar Kenntnis und Erkenntnis des Unglücks, des eigenen, wie desjenigen des anderen –, sie sind aber deswegen einander keineswegs auch nahegekommen. Vielmehr bleibt jeder *bei* sich und im eigenen Unglück *für* sich, obwohl sie es als Thema miteinander geteilt haben. Auf besonders sensible Weise trifft hier die sprachphilosophische Einsicht zu: Wozu man miteinander spricht, das trennt und verbindet zugleich die miteinander Sprechenden. Das gilt für das Sprechen über erfahrenes Missgeschick und Unglück genauso wie für alle anderen Gesprächsthemen. Wir begegnen hier nochmals der prinzipiellen Ambivalenz sprachlicher Vermittlung, die immer schon das Element der Distanz enthält, die es zu überwinden gilt, wenn Verstehen möglich werden soll, an der aber auch Verstehen scheitern kann.

Der aufmerksame Blick

Das Gefühl der Scham ist eine in ihrer kommunikationspraktischen Bedeutung meist unterschätzte, präkommunikative Bedingung empathischer Intersubjektivität. Jede unfreiwillige Selbstpreisgabe ist schambesetzt. Empathische Beziehungen, die ja von ihrem Anspruch her Intimität der Nähe zwischen Menschen herstellen und pflegen wollen, stehen immer auch vor der Aufgabe, die Grenzen zum Ich des anderen zu respektieren und sie nicht – auch nicht in bester Absicht – zu überschreiten. Nur so kann sich der andere öffnen, ohne dabei Scham zu empfinden. Denn wer sich dem anderen öffnet, ist verletzbar und er tut dies auch im Bewusstsein seiner Verletzbarkeit. In dieser höchst fragilen Situation eines immer präsenten Risikos, verletzt zu werden, kann Interaktion – wie schon gesagt – nur auf Basis wechselseitigen Vertrauens gelingen. Daher gehört es zur Kunst empathischer Kommunikation, dieses Vertrauen herzustellen, was aber nur dann gelingen kann, wenn mit der schambesetzten Verletzbarkeit des bedürftigen anderen behutsam umgegangen wird. Dazu reicht routiniertes Zur-Kenntnis-Nehmen der Hilfsbedürftigkeit nicht aus. Vielmehr bedarf es der Wachheit der Sinne, einer hohen Aufmerksamkeit und der entschlossenen Bereitschaft zur Anteilnahme und Teilhabe am Schicksal des anderen. Auf die Notwendigkeit hoher Aufmerksamkeit hat Simone Weil eindringlich hingewiesen:

> »Die Unglücklichen bedürfen keines anderen Dinges in der Welt als solcher Menschen, die fähig sind, ihnen ihre Aufmerksamkeit zuzuwenden. Die Fähigkeit, einem Unglücklichen seine Aufmerksamkeit zuzuwenden, ist etwas sehr Seltenes und sehr Schwieriges; sie ist beinahe ein Wunder; sie ist ein Wunder. Fast alle, die diese Fähigkeit zu besitzen glauben, besitzen sie nicht. Die Wärme des Gefühls, die Bereitschaft des Herzens, das Mitleid genügen hierzu nicht.«[83]

Das ist ein hoher Anspruch, den Simone Weil hier formulierte, aber um weniger lässt sich wahrhafte empathische Zuwendung nicht haben. Die bloße *Wärme des Gefühls* ist blind ohne gleichzeitige konzentrierte Aufmerksamkeit – wiewohl es schon gut wäre, gäbe es mehr an einer solchen Wärme des Gefühls in unserem täglichen Zusammenleben. Was aber ist das Besondere eines aufmerksamen Blicks? Der wahrhaft aufmerksame, empathische Blick, der

---

[83] Ebd., S. 52.

sich auf den unglücklichen anderen richtet, macht ihn nicht zum beschämten Objekt der Betrachtung. Er ist – um nochmals den Bereich der empathiearmen Medizin als Beispiel heranzuziehen – auch kein primär diagnostischer Blick, kein Blick, der an der äußeren Erscheinung des anderen haften bleibt, etwa an der Pathophysiologie des bedauernswerten Kranken. Vielmehr ist es ein Blick, der hinter die Oberfläche der Erscheinung gerichtet ist, der den Menschen in seiner auch emotionalen und seelischen Verfassung zu erkennen sucht. Und es ist es ein offener Blick, ein Blick, in dem sich der Betrachter dem Betrachteten offenbart und sich ihm darin zugleich öffnet, »wobei die Seele«, so Simone Weil, »sich jedes eigenen Inhalts entleert, um das Wesen, das sie betrachtet, so wie es ist, in seiner ganzen Wahrheit, in sich aufzunehmen. Eines solchen Blickes ist nur fähig, wer der Aufmerksamkeit fähig ist.«[84]

Genaugenommen geht es um eine Identifikation des aufmerksamen Helfers mit der Person des Hilfsbedürftigen. Simone Weil beschreibt diesen Vorgang als psychischen – oder man könnte fast sagen: metaphysischen – Vorgang der Übertragung:

> »Indem sie [Menschen mit hoher Aufmerksamkeit für das Subjekt des Unglücklichen – Anm. MG] ihr eigenes Sein und Wesen in den verlagern, dem sie zu Hilfe kommen, verleihen sie ihm für einen Augenblick jenes Eigendasein, dessen er durch das Unglück beraubt ist. Das Unglück ist wesentlich Zerstörung der Persönlichkeit, der Unglückliche verfällt der Namenlosigkeit [...]. Er hat keine andere Existenz mehr als dieses Mißgeschick selber. In den Augen der anderen wie in seinen eigenen ist er gänzlich definiert durch sein Verhältnis zum Unglück [...]. Wer beim Anblick eines Unglücklichen sein Sein und Wesen in ihn hinüberverlagert, verleiht ihm, wenn auch nur für einen Augenblick, aus Liebe eine von dem Unglück unabhängige Existenz.«[85]

Könnte man einem Hilfsbedürftigen besser gerecht werden, als ihm – sei es auch nur für wenige Momente eines guten, also aufmerksamen Gesprächs – eine Existenzmöglichkeit zu eröffnen, die

---

84 Ebd., S. 53.
85 Ebd., S. 36.

vom bedrückenden Unglück befreit ist? Was denn anders könnte Gerechtigkeit im kommunikativen Umgang miteinander bedeuten, als dass beide Partner einander wechselseitig die Möglichkeit eröffnen, sich in ein neues Verhältnis zu sich selbst zu setzen. Das gilt für unseren kommunikativen Alltag im Allgemeinen – das gilt aber noch viel mehr für die empathische Beziehung zwischen Hilfsbedürftigen und Helfern. Wir brauchen den anderen und die sprachliche Beziehung zu ihm, um uns inmitten auch oftmals turbulenter Gefühlsregungen quälender Verzweiflung und Ungewissheit selbst zu verstehen. Wo denn anders als in der sprachlichen Beziehung kann ein solcher Raum intimer Nähe geschaffen werden, in dem der eine gemeinsam mit dem anderen *selbstsein* kann, ohne sich über sein Unglück oder Missgeschick, seine Schmerzen oder sein Leid zu definieren oder sich dessen schämen zu müssen? Wo denn anders als in der sprachlichen Beziehung kann dieses so fragile Selbstverhältnis des Unglücklichen gegen allen Leidensdruck gestärkt und aufrechterhalten werden? Das ist Aufgabe empathischen Sprechens im Horizont kommunikativer Gerechtigkeit. Dabei geht es nicht nur um Zuwendung und Fürsorge, sondern auch um die in Lebenskrisen unverzichtbare Begegnung mit dem eigenen Selbst. Dem Hilfsbedürftigen kommunikativ gerecht zu werden, bedeutet also, ihm zu einem Selbstseinkönnen zu verhelfen, das nicht durch Unglück und Leid allein bestimmt ist. Dazu ist es notwendig, dass sich der Hilfsbedürftige und Notleidende in den Helfer, der sich ihm fürsorglich und aufmerksam zuwendet, gleichsam hineinverlängern und in ihm Resonanz finden kann. Das kann aber nur gelingen, wenn sich dieser Helfer »jedes eigenen Inhalts entleert«, wie Simone Weil es formulierte, also keine Eigeninteressen hat, keine eigene Agenda verfolgt. Denn nur unter dieser Voraussetzung kann er den bedürftigen anderen in seinem »Wesen, so wie es ist«, in sich aufnehmen. Nur so kann wirkliche Intimität der Nähe entstehen – eine Intimität, ohne die Mitgefühl über bloße Rhetorik nicht hinauskäme.

Indem sich der Helfer im Gespräch mit dem Hilfsbedürftigen verbindet und sich damit zugleich bindet, sich ihm öffnet und da-

13 Gerechte Kommunikation

mit auch beim anderen Öffnung ohne Scham ermöglicht, verhilft er ihm, sich aus der Umklammerung durch das Unglück, den Schmerz und das Leid – wenigstens für Augenblicke lang – zu lösen. Im empathischen Gespräch wird das Unglück nicht eliminiert, aber es kann seine quälende Unmittelbarkeit und seine alles Sein des Unglücklichen absorbierende Definitionsmacht brechen. Darin liegt der gesamte moralische und therapeutische Anspruch einer Sprache des Mitgefühls. Sie macht es möglich, aus der Unmittelbarkeit des Erlebens von Unglück und Leid herauszusteigen, einen Schritt zurückzumachen und sich selbst aus einiger Distanz zu betrachten. In der kommunikativen Verbindung zwischen den Gesprächspartnern bedarf es dann auch gar keiner Worte. Was geschieht, ist, dass dem leidenden Du für kurze Augenblicke, wie Weil es formulierte, seine Existenz zurückgegeben wird und damit das Gefälle zwischen dem einen und dem anderen, zwischen dem einen und der Welt jenseits seines Unglücks aufgehoben wird. Das ist ein Akt kommunikativer Gerechtigkeit: Sie liegt in der Herstellung solidarischer Gleichheit der Kräfte zwischen einem Ich und einem Du, die zum Selbstseinkönnen ermutigt. Wie auf einer Waagschale – Symbol für Gerechtigkeit – sucht diese kommunikative Verbindung existenzieller Solidarität, ein Gegengewicht zur Schwerkraft des Unglücks zu bilden, versucht, den leidenden, den bedürftigen anderen den Fesseln des Unglücks zu entreißen und ihm den Freiraum zu eröffnen, sich nicht ausschließlich durch sein Verhältnis zum Unglück und zum Leid bestimmen zu lassen. Das kann nur in der sprachlichen Vermittlung gelingen.

Das Prinzip kommunikativer Gerechtigkeit macht deutlich, dass es in empathischen Beziehungen auch um eine Haltung *persönlicher Hingabe* geht. Das lässt sich durchaus wörtlich verstehen: Einer bringt sich dem anderen dar, gibt sich selbst als Gabe. Dass darin der moralische wie religiöse Imperativ der Nächstenliebe enthalten ist, ist offensichtlich. Nicht umsonst sind die hier zitierten Überlegungen Simone Weils religiös konnotiert, indem sie die Selbstlosigkeit des sein ganzes Sein und Wesen in den unglücklichen anderen verlagernden Wohltäters in die Tradition der Mission und Passion

Jesus Christi einordnet. Es ist diese Hingabe, die dem Unglücklichen, dem vom Leid in seiner ganzen Existenz Erschütterten wenigstens für wenige Augenblicke sein »Eigendasein, dessen er durch das Unglück beraubt ist« (S. Weil), zurückgibt. Das ist Aufgabe kommunikativer Gerechtigkeit – die Existenz des einen steht hier für die Existenz des anderen, aus sich miteinander Verbindenden werden Verbündete. Das biblische Wort: »Einer trage des anderen Last« (Galater 6, 2), meint genau dieses: die existenzerhaltende Beziehung der Solidarität – einer Solidarität der Verletzten und Verletzbaren.

Man muss sich auf das Unglück des anderen ganz einlassen können, um dem anderen wenigstens für Momente ein Dasein jenseits dieses Unglücks und Schmerzes zu ermöglichen. Das geht nur mit dem ganzen »Sein und Wesen« – nie mit Halbherzigkeit, geistiger Abwesenheit oder aus Eigeninteresse. Das ist es, worauf Simone Weil aufmerksam machen wollte. Wenn dies gelingt, dann stellt der eine für den anderen eine Art von ausgleichender Gerechtigkeit her – und sei es nur für die wenigen Augenblicke einer sich hingebenden, mitfühlenden Zuwendung oder einer anderen Gabe, die dem Mitgefühl entspringt. Es kommt hier nicht darauf an, viele Worte zu machen, sondern vielmehr kommt es auf die innere Haltung an. Wer einem Bettler die zusammengesuchten Münzen nur eiligst in den Hut oder den bereitstehenden Becher wirft und den Bettler keines Blickes würdigend davoneilt, der macht ihn zum bloßen Almosenempfänger, zum Bittsteller, und nimmt ihm damit seine Würde. Wer dem Bettler hingegen das Geld gibt und ihm dabei aus einer Grundhaltung des Wohlwollens ins Antlitz sieht, der gibt ihm die Möglichkeit, den Blick dankbar zu erwidern, er gibt ihm vielleicht die Möglichkeit eines kurzen Nickens. Er kann so mit den bescheidenen Mitteln eines dankbaren Ausdrucks dem Spender etwas zurückgeben, ihn nun seinerseits zum Empfänger machen, wenigstens für einen kurzen Moment eine Beziehung herstellen und so für den Bruchteil dieser flüchtigen Sekunde die Asymmetrie zwischen beiden beheben. Es ist die Gabe und der freundliche Blick des Spenders, der den Bettler ermächtigt, seinerseits zu geben, was immer ihm als Ausdruck zur Verfügung steht: leise Worte des Danks, vielleicht ein kurzer Segen oder auch nur der stumme, dankbare Blick. Der Spender wird dem Bettler nicht so sehr darin gerecht, dass er ihm ein paar Münzen zukommen lässt, denn dadurch wird keine soziale oder ökonomische Gerechtigkeit hergestellt – wie denn auch? –, sondern darin, dass er durch die kommunikative Geste wechselseitigen Gebens und Empfangens mit diesem gemeinsam Gerechtigkeit in der Beziehung von Mensch zu Mensch verwirklicht. Auch, wenn es sich nur um einen Augenblick handelt und Gerechtigkeit nur für diesen Augenblick gilt. Aber beide, Bettler wie Spender, nehmen aus der Erfahrung dieses kurzen, flüchtigen Augenblicks etwas mit, das über diesen Augenblick der Begegnung hinausreicht und das die eigentliche existenztragende Qualität des Zwischenmenschlichen ausmacht ...

Epilog

Nur universales Mitgefühl kann uns retten

Die ökologische Zeitenwende wird eine empathische Wende sein oder sie wird nicht gelingen. Ökologie bedarf der Empathie, um nachhaltig zu sein. Ohne empathische Imaginationsfähigkeit, die sich nicht bloß auf unseren unmittelbar Nächsten bezieht, sondern auf alle Lebewesen, ja auf unseren Planeten insgesamt, fehlt dem ökologischen Bewusstsein das notwendige emotionale Fundament. Was wir brauchen, ist nicht nur globales Risikobewusstsein, sondern auch universales Mitgefühl, wie es der Dalai Lama seit Jahrzehnten einmahnt. Die Klimakrise ist nicht nur die Folge eines falschen, von Maßlosigkeit, Profitwahn und plakativer Fortschrittsideologie getriebenen Bewusstseins, sondern auch die Folge einer mit der Herrschaft der instrumentellen Vernunft einhergehenden emotionalen Verarmung. Wir haben gelernt, die Natur zu beherrschen, und dabei verlernt und vergessen, sie wertzuschätzen, vielleicht – ganz unschwärmerisch gesagt – zu lieben. Wir sind so sehr von unserer Hybris geblendet, dass wir die Vorboten der Selbstzerstörung der Zivilisation negieren und fortfahren, auf das überkommene, aufklärerische Modell des Fortschritts als Kontrolle und Beherrschung der Natur und damit auf ihre Ausbeutung zu setzen. Nun schlagen die destruktiven Kräfte der Natur zurück und zwingen den Menschen, sein Verhältnis zur Natur und zu sich selbst neu zu bestimmen.

Was also tun? Eine mögliche Antwort lautet, dass es Zeit wäre, die anthropozentrische Sicht auf die Welt zu beenden und die alte Aufklärung und ihre überkommene Idee von Fortschritt und Humanität mit der Fixierung allein auf die Würde des Menschen durch eine neue Aufklärung zu ersetzen. Die alte Aufklärung brachte, so das Argument, als ihr eingeschriebenes regressives Moment den Gegensatz von Kultur und Natur und damit die destruktive Herrschaft des Menschen über den Menschen, seine Mitgeschöpfe und die Natur. Deswegen bedürfe es einer neuen Aufklärung, die die anthropozentrischen und dualistischen Grundlagen der alten Aufklärung auflöst, nach dem Motto: Alle sind mit allem verwandt, mit der Natur und allen anderen Lebewesen – Maschinen der Künstlichen Intelligenz miteingeschlossen. Unter dem Titel »Milch der Träume« versuchte die Biennale 2022 in Venedig dieser Vision eines Posthumanismus in ihrem Ausstellungskonzept künstlerisch Gestalt zu verleihen. Aber die neue »posthumanistische Theorie« ist die falsche Antwort auf unsere Probleme. Es geht nicht um eine Überwindung des Humanismus, sondern um seine Neubestimmung, was nichts anderes bedeutet, als das Verhältnis von Kultur und Natur jenseits einer anthropozentrischen Engführung neu zu denken. Der Mensch lebt immer schon als Koexistenz, er ist Geschöpf unter Mitgeschöpfen, das für sich und für andere Verantwortung trägt. Der neue Humanismus kann gar nicht anders als ökologisch gedacht werden. Ein solches humanistisch-ökologisches Denken überwindet die Entgegensetzung von Kultur und Natur, Mensch und Umwelt und geht von der Vernetztheit und wechselseitigen Interdependenz aller Lebewesen, allen Seins aus. Notwendigerweise bedarf dieses humanistisch-ökologische Denken einer affektiven Entsprechung in Gestalt universalen Mitgefühls und einer empathischen Imaginationsfähigkeit, die über die engen Grenzen menschlicher Selbstbezogenheit hinausreicht. Das Mitgefühl ist, wenn schon nicht das einzige, so doch das einzige nachhaltige Korrektiv für die destruktiven Folgen eines Fortschrittsprinzips, das sich darin erschöpft, gleichermaßen die Natur wie auch den Menschen zu kontrollieren und zu beherrschen.

Die verschiedentlich propagierte posthumanistische Idee einer Wiederbelebung der längst überwundenen archaischen Erzählung paradiesischer Zustände der Einheit von Mensch und Natur als Antwort auf eine seelenlose Moderne und Postmoderne führt in die falsche Richtung einer Remythologisierung unseres Bewusstseins und einer vermeintlichen Wiederverzauberung der Welt durch die Aufhebung der Grenzen zwischen Mensch, Natur und Maschine. Zuletzt war es die Nazi-Ideologie und der Hitlerismus, die sich aus den gleichen archaischen Quellen speisten, mit deren Hilfe die Natur vom technokratischen Nihilismus erlöst werden sollte. Freilich war damals noch keine Idee von Künstlicher Intelligenz und digitalen Technologien. Das Ergebnis war jene geistfeindliche Regression, die keinerlei Hemmung mehr kannte, den mythologischen Wahn mit Hitler als Guru und im Widerhall von Wagner und Nietzsche in die Tat umzusetzen und die Welt in den Abgrund zu stürzen. Das posthumanistische Programm einer Verschmelzung von Natur und Mensch, von Mensch und Maschine ist keine erstrebenswerte Utopie, sondern die Dystopie eines auf seine biologischen Voraussetzungen und Funktionen reduzierten Menschseins, das sich nun umso leichter dem sanften Diktat der Systeme Künstlicher Intelligenz fügt. Es ist zu befürchten, dass die prometheische Hybris, die uns dem Untergang der Zivilisation aussetzt, in der angestrebten Konvergenz von Mensch und Maschine ihre letzte Stufe erreichen wird. Im Cyborg der nahen Zukunft wird der Geist der Humanität zum algorithmischen Prozess, zum Softwareprogramm geschrumpft, das auf noch unerbittlichere Weise, als es in der Tradition des mechanistischen Weltbilds Descartes' der Fall ist, im Dienst der Beherrschung und nicht der Befreiung des Menschen steht.

Die Antwort auf die Fehlentwicklungen einer anthropozentrischen Sicht auf die Welt findet sich nicht in der Überwindung des Humanismuskonzepts der alten Aufklärung, sondern nur in seiner Erweiterung. Das bedeutet nicht, den Menschen – die »Krone der Schöpfung« – vom Podest zu stoßen und ihn auf eine Stufe mit Maschinen Künstlicher Intelligenz, Pflanzen und Tieren zu stellen, wie dies die Ideologen des Posthumanismus fordern, sondern den Humanitätsanspruch neu zu definieren. Weil der Mensch Würde hat und das einzige Wesen ist, das kraft seiner Vernunft auch sein unvernünftiges, würdeloses Handeln der Kritik unterziehen kann, steht er in ungeteilter Verantwortung für alles Sein auf diesem Planeten. Seine Würde räumt ihm keine privilegierte Sonderstellung ein, sondern macht ihn zum Hüter des Planeten und aller Mitgeschöpfe. Der Anspruch der Würde ist kein Freibrief zur Ausbeutung der Natur oder anderer Lebewesen. Im Gegenteil: Die Sorge um die Mitgeschöpfe und um das Überleben dieses Planeten ist nichts anderem als gerade dieser Würde des Menschen geschuldet. Reicht diese Sorge nicht aus, um die notwendige radikale Wende herbeizuführen, dann ist der Mensch an sich selbst gescheitert und mit ihm sein würdevolles Konzept des Humanismus.

Aber wenn diese humanistische Neubestimmung bloß philosophisch gedacht wird, ist es zu wenig. Sie muss als Idee und ethischer Imperativ auch emotional verankert sein. Dieser Anker ist das Mitgefühl. Mitgefühl gehört zum Innersten unserer Humanität. Solange unser Mitfühlen aber nur uns selbst und unseren unmittelbar Nächsten gilt und die Leiden anderer, uns ferner Mitmenschen und auch die Leiden der Mitgeschöpfe des Menschen ausklammert, solange bleiben wir Gefangene unserer Hybris. Erst eine Haltung universalen Mitgefühls ist es, die als untrügliche Instanz für die Fehlleistungen unserer aufgeklärten Vernunft fungiert und die den regressiven Momenten unseres Fortschritts auf der Spur zu bleiben vermag. Die nachhaltige Antwort auf die fortschrittsgetriebene Maßlosigkeit des Menschen ist die Stärkung und Förderung seines empathischen Vermögens von Kindheit an. Dass die globale Bewegung *Fridays for Future* maßgeblich von jungen Menschen getragen wird, ist ein erstes positives Zeichen einer sich vollziehenden ökologischen und auch empathischen Wende. Auch wenn diese Bewegung derzeit – zumindest in Europa – unter dem Eindruck des russischen Vernichtungskriegs gegen die Ukraine und den damit einhergehenden veränderten geo- und energiepolitischen Bedingungen erlahmt ist. Das Verständnis der Menschheit als Gesamtheit, als Schicksalsgemeinschaft, die alles dazu tun muss, die Bedrohung des Planeten und damit ihre eigene existenzielle Bedrohung abzuwenden, bleibt bloßes Lippenbekenntnis, wenn das Band globaler empathischer Solidarität fehlt und Empathievergessenheit vorherrschendes Prinzip individuellen wie auch gesellschaftlichen oder staatlichen Handelns ist. Empathievergessenheit bedeutet, den Umstand zu negieren, dass sich unsere Existenz sowohl als Subjekte als auch als menschliche Gattung dem Zusammenhang mit unserer Mitwelt und unserer natürlichen Umwelt verdankt. Existenz ist also immer zugleich Koexistenz. Diesen Zusammenhang immer wieder aufs Neue auszubuchstabieren, ist Aufgabe und normativer Anspruch einer ökologischen Humanität. Damit dies gelingen kann, bedarf es einer Kultur des Mitgefühls. Denn im Zustand der Empathievergessenheit kann es keine neue ökologische Humanität geben, weil ihr *die* entscheidende Dimension fehlen würde: die unverzichtbare emotionale Affizierbarkeit, wie sie etwa im Gefühl menschlicher Verbundenheit, existenzieller Betroffenheit angesichts des Leids Unschuldiger oder dem Gefühl der Verantwortung für eine schutzbedürftige und ausgebeutete Natur zum Ausdruck kommt. Empathie ist die entscheidende Überlebensfrage der Menschheit und zentrales Prüfkriterium für ihrer Humanität. Was anderes vermag gegen jene antihumanistische Empathievergessenheit zu helfen als eine neue empathische Kommunikationskultur, die der stummen Not und dem sprachlosen Leid der Menschen und seiner Mitgeschöpfe eine vernehmbare Stimme verleiht? Es ist – wie ich in diesem Buch zu zeigen versuchte – unsere Sprache, in und vermittels der wir einander begegnen, die der fruchtbare Boden für eine so überlebensnotwendige Kultur des Mitgefühls ist – überlebensnotwendig für uns als Individuen, aber auch für die menschliche Gattung und diesen Planeten insgesamt.

Das 21. Jahrhundert wird ein Jahrhundert der empathischen Erneuerung sein müssen, um die apokalyptischen Bedrohungen von Mensch und Natur abzuwenden. An die Seite des *homo digitalis*, der noch Produkt der alten Aufklärung ist, wird in Zukunft der *homo empathicus* als Repräsentant einer neuen Aufklärung treten, die den überkommenen Gegensatz von Kultur und Natur zugunsten einer integrativen, systemischen Sicht der Welt aufhebt. Dieser *homo empathicus* besitzt ein waches Bewusstsein für die Verwobenheit des einzelnen mit dem Ganzen, ein Bewusstsein auch für die Fragilität des Verhältnisses von Mensch und Natur. Der *homo empathicus* hat kein funktionales, an Maximierungseffekten, Effizienz und Selbstoptimierung orientiertes Verhältnis zur Welt, sondern ihn zeichnet eine »libidinöse Weltbeziehung« (H. Rosa) aus, eine

Haltung des echten und uneigennützigen Interesses am anderen und dessen Schicksal, eine ständige Bereitschaft zur Resonanz mit seiner Um- und Mitwelt. Der *homo empathicus* fühlt sich der Welt und dem Weltgeschehen verbunden und lässt sich involvieren. Er ist bereit, sich ganz auf den bedürftigen Mitmenschen einzulassen und dessen Perspektive zu teilen. Er weiß, dass er sich damit dem Risiko aussetzt, in seiner Identität immer wieder aufs Neue infrage gestellt zu werden. Aber zugleich weiß er auch, dass die Begegnung mit anderen primär keine Bedrohung der eigenen Identität ist, sondern auch Bereicherung sein kann. Der *homo empathicus* versteckt sich daher auch nicht hinter der Fassade einer sozialen Rolle, sondern er ist offen und gibt sich zu erkennen und macht sich damit verletzbar. Nur um diesen Preis der Selbstpreisgabe kann jenes »Zwischen« entstehen, von dem Martin Buber spricht, wenn er beschreibt, worin der wahrhafte Dialog zwischen Ich und Du besteht.

Diese Haltung prägt auch das Sprachverhalten des *homo empathicus*: Er versteht, dass es nicht genügt zu reden, sondern dass es darum geht, so zu reden, dass die Worte einem bedürftigen anderen wohltun und nicht schaden. Zugleich aber rechnet der *homo empathicus* auch mit dem Risiko des Scheiterns. Ihm ist klar, dass das Bemühen, dem anderen mit Worten gerecht zu werden, zwar ein gute Voraussetzung ist, aber keine Garantie für das Gelingen bedeutet. Vom *homo empathicus* kann man sagen, dass er ein hohes Maß an Enttäuschungsresistenz besitzt, er lässt sich durch die Erfahrungen auch des Scheiterns nicht in seinem Engagement entmutigen. Denn jedes kommunikative Handeln ist vom Risiko des Scheiterns bedroht, von möglichen Missverständnissen, von wechselseitigen Fehldeutungen. An empathische Begegnungen lassen sich keine Erfolgserwartungen knüpfen, wie dies bei anderen – strategischen – Formen sozialer Kommunikation der Fall ist. Vielmehr leben sie vom Kairos, von ihrer Einmaligkeit und Unwiederholbarkeit. Wenn solche Begegnungen empathischer Intimität gelingen, dann nur um den Preis des Verzichts auf jegliche Erfolgserwartung. Denn worin sollte auch ein solcher »Erfolg« liegen, wo es doch in empathischen Beziehungen gerade nicht um die Artikulation oder gar Durchsetzung bestimmter kommunikativer Interessen geht? Das Bestreben des *homo empathicus* ist es daher, in der Begegnung mit anderen einen Kommunikationsraum zu eröffnen, in dem die Gesprächspartner sie selbst sein können. Im 3. Teil dieses Buches habe ich versucht, die Architektur eines solchen empathischen Kommunikationsraums zu skizzieren. Empathisches Sprechen – davon war ja ausführlich die Rede – bedeutet wechselseitige Ermächtigung zum Selbstseinkönnen und zur Begegnung von Existenz zu anderer Existenz. Nur unter diesen kommunikativen Voraussetzungen eines »Atemraums des echten Gesprächs« (M. Buber) vermag der eine den anderen aus seiner Stummheit zu befreien, kann Leiden beredt und so bewältigbar werden. Darin wird der *homo empathicus* auch zum therapeutischen Mitmenschen – sein Sprechen und Handeln strahlt auf verborgene Weise zugleich auch auf das Ganze aus, dem sich eine Humanität im Zeichen der Bewahrung – nein, der Rettung – der Schöpfung verpflichtet weiß ...

Literaturverzeichnis

Adorno, Theodor W.: Aspekte des neuen Rechtsradikalismus. Berlin: Suhrkamp 2019

Arendt, Hannah: Elemente und Ursprünge totaler Herrschaft. Antisemitismus, Imperialismus, totale Herrschaft. München: Piper 1986

Barthes, Roland: Fragmente einer Sprache der Liebe. Frankfurt am Main: Suhrkamp 2015[17]

Bataille, Georges: Die Literatur und das Böse. Berlin: Matthes & Seitz 2011

Baudrillard, Jean: Der Feind ist verschwunden. Interview geführt von Nikolaus von Festenberg und Claudius Seidl. In: Der Spiegel Nr. 6/1991, auch online: https://www.spiegel.de/politik/der-feind-ist-verschwunden-a-de20d391-0002-0001-0000-000013487866 (abgerufen am 06.04.2022)

Bauer, Joachim: Warum ich fühle, was du fühlst. Intuitive Kommunikation und das Geheimnis der Spiegelneurone. München: Heyne 2006[5]

Bauer, Joachim: Wie wir werden, wer wir sind. Die Entstehung des menschlichen Selbst durch Resonanz. München: Blessing 2019[2]

Bauman, Zygmunt: Retrotopia. Berlin: Suhrkamp 2017

Becker, Tobias: Die größte Liebe unseres Lebens. In: Der Spiegel Nr. 26/2016

Bieri, Peter: Eine Art zu leben. Über die Vielfalt menschlicher Würde. Frankfurt am Main: Fischer 2015

Bloch, Ernst: Das Prinzip Hoffnung. Bd. 1. Frankfurt am Main: Suhrkamp 1980[7]

Blom, Philipp: Was auf dem Spiel steht. München: dtv 2017

Boym, Svetlana: The Future of Nostalgia. New York: Basic Books 2001

Breithaupt, Fritz: Die dunklen Seiten der Empathie. Berlin: Suhrkamp 2017[2]

Brooks, David: A New World Takes Shape. In: The New York Times International Weekly, 19.04.2022, S. 3

Brück, Michael von: Veneratio et contemplatio vitae. Albert Schweitzers Intuition der Ehrfurcht vor dem Leben. In: Peter Lengsfeld (Hrsg.), Mystik – Spiritualität der Zukunft. Freiburg im Breisgau: Herder 2005

Brunner, Simone: Zuerst Butscha, dann Putin. In: Die Zeit, Nr. 16 vom 13.04.2022, S. 19

Buber, Martin: Das dialogische Prinzip. Gütersloh: Gütersloher Verlagshaus 2009[11]

Buber, Martin: Einsichten. Wiesbaden: Inselverlag 1953

Buber, Martin: Logos. Zwei Reden. Heidelberg: Lambert Schneider 1962

Bundesministerium für Inneres, für Bau und Heimat: Politisch motivierte Kriminalität im Jahr 2019. Bundesweite Fallzahlen. https://www.bmi.bund.de/SharedDocs/downloads/DE/veroeffentlichungen/2020/pmk-2019.pdf?__blob=publicationFile&v=11 (abgerufen am 25.11.2020)

Claussen, Detlev: Grenzen der Aufklärung. Die gesellschaftliche Genese des modernen Antisemitismus. Frankfurt am Main: Fischer 2005

Czef, Herbert: Leben wir in einer narzisstischen Gesellschaft? In: Internationale Zeitschrift für Philosophie und Psychosomatik (IZPP) 2/2015, http://www.izpp.de/fileadmin/user_upload/Ausgabe_2_2015/Csef_IZPP_2_2015.pdf (abgerufen am 07.04.2022)

Dalai Lama: Empathie. Es fängt bei dir an und kann die Welt verändern. Freiburg im Breisgau: Herder 2017

Dalai Lama: Meine spirituelle Autobiographie. Zürich: Diogenes 2009

Dostojewski, Fjodor: Aufzeichnungen aus dem Kellerloch. Stuttgart: Reclam 2007

Ellison, Ralph: Der unsichtbare Mann (Original: »Invisible Man«, 1952), Reinbek bei Hamburg 1995

epd: Jeder vierte hat antisemitische Gedanken. In: Jüdische Allgemeine, 24.10.2019, https://www.juedische-allgemeine.de/politik/jeder-vierte-hegt-antisemitische-gedanken (abgerufen am 26.02.2021)

Fichte, Johann Gottlieb: Das System der Sittenlehre nach Principien der Wissenschaftslehre (1798), In: Johann Gottlieb Fichtes sämtliche Werke, hrsg. von Immanuel Hermann Fichte, Bd. 4, Berlin: Veit und Comp. 1845 (unveränderter Nachdruck Berlin: de Gruyter 1965)

Fichte, Johann Gottlieb: Grundlage des Naturrechts nach Principien der Wissenschaftslehre (1796), In: Johann Gottlieb Fichtes sämtliche Werke, hrsg. von Immanuel Hermann Fichte, Bd. 3, Berlin: Veit und Comp. 1845 (unveränderter Nachdruck Berlin: de Gruyter 1965)

Flusser, Vilém: Medienkultur. Frankfurt am Main: S. Fischer 2008[5]

Frankl, Viktor: Ärztliche Seelsorge. Wien: Deuticke 1995

Franziskus: Predigt auf Lampedusa am 08.07.2013. https://www.vatican.va/content/francesco/de/homilies/2013/documents/papa-francesco_20130708_omelia-lampedusa.html (abgerufen am 08.04.2022)

Freud, Sigmund: Die Frage der Laienanalyse [1926]. In: Gesammelte Werke, Bd. 14. Frankfurt am Main: S. Fischer 1948

Friedman, Marilyn: Freundschaft und moralisches Wachstum. In: Axel Honneth/Beate Rössler (Hrsg.), Von Person zu Person. Zur Moralität persönlicher Beziehungen. Frankfurt am Main: Suhrkamp 2008

Fromm, Erich: Die Pathologie der Normalität. Zur Wissenschaft vom Menschen. Berlin: Ullstein 2005

Gadamer, Hans-Georg: Die Unfähigkeit zum Gespräch. In: Gesammelte Werke, Bd. 2. Tübingen: Mohr Siebeck 1993
Gadamer, Hans-Georg: Ich und Du (Karl Löwith). In: Gesammelte Werke, Bd. 4. Tübingen: Mohr Siebeck 1987
Gadamer, Hans-Georg: Sprache und Verstehen. In: Gesammelte Werke, Bd. 2. Tübingen: Mohr Siebeck 1993
Gehlen, Arnold: Soziologische Texte. Studien zur Anthropologie und Soziologie. Neuwied/Berlin: Luchterhand 1963
Geier, Manfred: Das Glück der Gleichgültigen. Reinbek bei Hamburg: Rowohlt 2017
Gerhardt, Volker: Humanität. Über den Geist der Menschheit. München: Beck 2019
Gilligan, Carol: Die andere Stimme. Lebenskonflikte und Moral der Frau. München: dtv 1996
Girard, René: Ich sah den Satan vom Himmel fallen wie einen Blitz. Eine kritische Apologie des Christentums. München: Hanser 2008
Goethe, Johann Wolfgang: Faust. Kommentiert von Erich Tunz. München: Beck 1996[16]
Gottschlich, Max: Einleitung. In: Franz Ungler: Bruno Liebrucks' »Sprache und Bewusstsein«. Hrsg. von Max Gottschlich. Freiburg/München: Karl Alber 2014
Gottschlich, Maximilian: Die große Abneigung. Wie antisemitisch ist Österreich? Kritische Befunde zu einer sozialen Krankheit. Wien: Czernin 2012
Gottschlich, Maximilian: Die tiefreichenden Wurzeln des (europäischen) Antisemitismus. Wien 2019. https://www.antisemitismus2018.at/wp-content/uploads/maximilian_gottschlich%E2%80%93die_tiefreichenden_wurzeln_des_europaeischen_antisemitismus.pdf (abgerufen am 07.04.2022)
Gottschlich, Maximilian: Journalismus und Orientierungsverlust. Graz: Böhlau 1980
Gottschlich, Maximilian: Medizin und Mitgefühl. Die heilsame Kraft empathischer Kommunikation. Wien/Köln/Weimar: Böhlau 2007
Gottschlich, Maximilian: Sprachloses Leid. Wege zu einer kommunikativen Medizin. Die heilsame Kraft des Wortes. Wien/New York: Springer 1998
Gottschlich, Maximilian: Unerlöste Schatten. Die Christen und der neue Antisemitismus. Paderborn: Ferdinand Schöningh 2015
Gottschlich, Maximilian: Versöhnung. Spiritualität zwischen Thora und Kreuz. Spurensuche eines Grenzgängers. Wien/Köln/Weimar: Böhlau 2008
Gottschlich, Maximilian: Zukunft ist gestern. Was den Rechtspopulismus so erfolgreich macht. In: Illustrierte Neue Welt 3/2019, https://publizistik.

univie.ac.at/fileadmin/user_upload/i_publizistik/MA/Gottschlich/PDF/INW 0319.pdf (abgerufen am 07.04.2022)

Gruen, Arno: Der Verlust des Mitgefühls. Über die Politik der Gleichgültigkeit. München: dtv 1998²

Grün, Anselm: Engel. 50 Himmlische Begegnungen. Freiburg im Breisgau: Herder 2018

Han, Byung-Chul: Im Schwarm. Ansicht des Digitalen. Berlin: Matthes & Seitz 2013

Harbou, Frederik von: Empathie als Element einer rekonstruktiven Theorie der Menschenrechte. Baden-Baden: Nomos 2014

Hegel, Georg Wilhelm Friedrich: Vorlesungen über die Geschichte der Philosophie II, In: Werke, Bd. 19. Frankfurt am Main: Suhrkamp 1986

Heidegger, Martin: Sein und Zeit. Tübingen: Max Niemeyer 2006¹⁹

Heuermann, Hartmund: Medienkultur und Mythen. Regressive Tendenzen im Fortschritt der Moderne. Hamburg: Rowohlt 1994

Honneth, Axel: Kampf um Anerkennung. Frankfurt am Main: Suhrkamp 1994

Honneth, Axel: Unsichtbarkeit. Stationen einer Theorie der Intersubjektivität. Frankfurt am Main: Suhrkamp 2003

Honneth, Axel: Verdinglichung. Frankfurt am Main: Suhrkamp 2005

Honneth, Axel/Rössler, Beate: Einleitung. Von Person zu Person: Zur Moralität persönlicher Beziehungen. In: dies. (Hrsg.), Von Person zu Person: Zur Moralität persönlicher Beziehungen. Frankfurt am Main: Suhrkamp 2008

Horkheimer, Max: Der soziologische Hintergrund des psychoanalytischen Forschungsansatzes. In: Ernst Simmel (Hrsg.), Antisemitismus. Frankfurt am Main: Fischer 1993, S. 23-34.

Horkheimer, Max/Adorno, Theodor W.: Dialektik der Aufklärung. Philosophische Fragmente. Frankfurt am Main: Fischer 2010¹⁹

Hume, David: Eine Untersuchung über die Prinzipien der Moral. Übersetzt und hrsg. von Gerhard Streminger. Stuttgart: Reclam 1984

Jabés, Edmond: Das Buch der Fragen. Frankfurt am Main: Suhrkamp 2019

Jaeggi, Rahel: Entfremdung. Zur Aktualität eines sozialphilosophischen Problems. Berlin: Suhrkamp 2016

James, William: The Principles of Psychology. Cambridge/MA: Harvard University Press 1981

Jaspers, Karl: Vernunft und Existenz. München: Piper 1973

Jaspers, Karl: Von der Wahrheit. München/Zürich: Piper 1991⁴

Joerden, Jan C.: Staatswesen und rechtsstaatlicher Anspruch. Ethische Fragestellungen zwischen Recht und Politik. Berlin: Duncker & Humblot 2008

Johannes Paul II.: Enzyklika Dives in misericordia. Über das Göttliche Erbarmen. Linz 1980

Literaturverzeichnis

Jüttner, Julia: Ein Mord, drei Versionen. In: Der Spiegel, Nr. 47/2020

Kafka, Franz: Du bist die Aufgabe. Aphorismen. Hrsg. von Reiner Stach. Göttingen: Wallstein 2019[2]

Kant, Immanuel: Eine Vorlesung Kants über Ethik. Im Auftrage der Kantgesellschaft hrsg. von Paul Menzer. Berlin: Pan Verlag R. Heise 1924

Kant, Immanuel: Grundlegung zur Metaphysik der Sitten. Stuttgart: Reclam 1961[4]

Kemper, Peter: Wirklichkeit 2.0: Medienkultur im digitalen Zeitalter. Ditzingen: Reclam 2012

Kernberg, Otto F.: Hass, Wut, Gewalt und Narzissmus. Stuttgart: Kohlhammer 2012

Kierkegaard, Søren: Die Krankheit zum Tode. In: Der Begriff Angst / Die Krankheit zum Tode. Hrsg. von Thomas Sören Hoffmann. Wiesbaden: Marix 2005

Kraus, Karl: Aphorismen und Gedichte. Auswahl 1903 bis 1933. Hrsg. von Dietrich Simon. Wien/Köln/Graz: Böhlau 1985

Lakota, Beate: Hass eines Versagers. In: Der Spiegel Nr. 46/2020

Lammers, Claas-Hinrich: Psychotherapie narzisstisch gestörter Patienten. Ein verhaltenstherapeutisch orientierter Ansatz. Stuttgart: Schattauer 2017

Lévinas, Emmanuel: Außer sich. Meditationen über Religion und Philosophie. München: Hanser 1991

Lévinas, Emmanuel: Jenseits des Buchstabens. Frankfurt am Main: Neue Kritik 1996

Lévinas, Emmanuel: Vier Talmud-Lesungen. Frankfurt am Main: Neue Kritik 1993

Lévinas, Emmanuel: Zwischen uns. Versuche über das Denken an den anderen. München: Hanser 1995

Liebrucks, Bruno: Sprache und Bewußtsein, 2 Bde. Frankfurt am Main: Akademische Verlagsgesellschaft 1964/65

Liebrucks, Bruno: Sprache und Metaphysik. In: ders., Irrationaler Logos und rationaler Mythos, Würzburg 1982

Lobo, Sascha: Daten, die das Leben kosten. In: Frankfurter Allgemeine Zeitung, 01.04.2014, https://www.faz.net/aktuell/feuilleton/debatten/die-digital-debatte/politik-in-der-digitalen-welt/sascha-lobo-digitale-daten-gefaehrden-leben-und-freiheit-12874992.html (abgerufen am 07.04.2022)

Lotter, Maria-Sibylla: Scham, Schuld, Verantwortung. Über die kulturellen Grundlagen der Moral. Berlin: Suhrkamp 2019[3]

Löwith, Karl: Das Individuum in der Rolle des Mitmenschen. Darmstadt: wbg 1962

Loy, David: Nondualität. Über die Natur der Wirklichkeit. Frankfurt am Main: Krüger 1988

Lübbe, Hermann: Information und Ohnmacht. In: Oskar Schatz (Hrsg.), Die elektronische Revolution. Wie gefährlich sind die Massenmedien? Graz/Wien/Köln: Böhlau 1975

Lütz, Manfred: Was hilft Psychotherapie, Herr Kernberg? Freiburg im Breisgau: Herder 2020

Maaz, Hans-Joachim: Die narzisstische Gesellschaft. Ein Psychogramm. München: Beck 2012

Maio, Giovanni: Mittelpunkt Mensch. Lehrbuch der Ethik in der Medizin. Stuttgart: Schattauer 2017^2

Miller, Alice: Am Anfang war Erziehung. Frankfurt am Main: Suhrkamp 1983

Musil, Robert: Der Mann ohne Eigenschaften. Hamburg: Rowohlt 1981

Nunez, Sigrid: Was fehlt dir? Berlin: Aufbau Verlag 2021

Nussbaum, Martha C.: Politische Emotionen. Berlin: Suhrkamp 2014

Rogers, Carl R.: Therapeut und Klient. Grundlagen der Gesprächspsychotherapie. Frankfurt am Main: Fischer 2002^{17}

Rorty, Richard: Kontingenz, Ironie und Solidarität. Frankfurt am Main: Suhrkamp 2021^{13}

Roth, Joseph: Die Filiale der Hölle auf Erden. Schriften aus der Emigration. Köln: Kiepenheuer & Witsch 2003

Schmid, Wilhelm: Auf der Suche nach einer neuen Lebenskunst. Die Frage nach dem Grund und die Neubegründung der Ethik bei Foucault. Frankfurt am Main: Suhrkamp 2000

Schopenhauer, Arthur: Die beiden Grundprobleme der Ethik. In: Sämtliche Werke. Hrsg. von Arthur Hübscher. Bd. 4: Schriften zur Naturphilosophie und Ethik. Wiesbaden: F. A. Brockhaus 1972^3

Schopenhauer, Arthur: Gedanken zur Ethik. Berlin: Ullstein 1997

Schulz, Thomas: Goldbergs Variationen. In: Der Spiegel Nr. 29/2012

Simmel, Ernst: Antisemitismus und Massen-Psychologie. In: Ders. (Hrsg.), Antisemitismus. Frankfurt am Main: Fischer 1993, S. 58–100.

Simmel, Ernst: Einleitung. In: Ders. (Hrsg.), Antisemitismus. Frankfurt am Main: Fischer 1993, S. 12–19.

Sloterdijk, Peter: Erwachen im Reich der Eifersucht. Notiz zu René Girards anthropologischer Sendung. In: René Girard, Ich sah den Satan vom Himmel fallen wie einen Blitz. Eine kritische Apologie des Christentums. München: Hanser 2008

Sloterdijk, Peter: Kritik der zynischen Vernunft. Frankfurt am Main: Suhrkamp 1983

Literaturverzeichnis

Steinmeier, Frank-Walter: Rede gehalten anlässlich des 5. World Holocaust Forums am 23.01.2020, https://www.bundespraesident.de/SharedDocs/Reden/DE/Frank-Walter-Steinmeier/Reden/2020/01/200123-Israel-Yad-Vashem.html (abgerufen am 07.04.2022)

Todorov, Tzvetan: Abenteuer des Zusammenlebens. Versuch einer allgemeinen Anthropologie. Frankfurt am Main: Fischer 1998

Trabant, Jürgen: Was ist Sprache? München: Beck 2008

Weil, Simone: Das Unglück und die Gottesliebe. München: Kösel 1953

Weil, Simone: Schwerkraft und Gnade. München: Kösel 1981³

Weil, Simone: Zeugnis für das Gute. Traktate, Briefe, Aufzeichnungen. Hrsg. von Friedhelm Kemp. München: dtv 1990

Woschnak, Maria: »Handle sprachlich«. Zur Ethik bei Bruno Liebrucks. In: Max Gottschlich (Hrsg.), Die drei Revolutionen der Denkart. Systematische Beiträge zum Denken von Bruno Liebrucks. München: Karl Alber 2013

Zuboff, Shoshana: Lasst Euch nicht enteignen. In: Frankfurter Allgemeine Zeitung, 15.09.2014, Nr. 214